文學叢刊之五十七

浮生隨筆

張放著

文史哲出版社印行

國立中央圖書館出版品預行編目資料

浮生隨筆 / 張放著. -- 初版. -- 臺北市：文史哲，民85
面； 公分. -- (文學叢刊；57)
ISBN 957-547-984-X(平裝)

855　　84013758

文學叢刊 ㊼

浮生隨筆

著者：張放
出版者：文史哲出版社
登記證字號：行政院新聞局局版臺業字五三三七號
發行人：彭正雄
發行所：文史哲出版社
印刷者：文史哲出版社
台北市羅斯福路一段七十二巷四號
郵撥○五一二八八一二彭正雄帳戶
電話：三五一一○二八
實價新台幣四六○元
中華民國八十五年一月初版

ISBN 957-547-984-X

浮生隨筆目次

人物篇

思想篇

山水篇

人物篇

記石達開

太平天國翼王石達開，才氣橫溢，詩作瀟灑豁達，猶如其性格。相傳石達開身材魁偉，壯貌猙獰，顴高膚黑，齒白，多髭。常穿草鞋。在天京翼王府前，掛一匾，自題「了不得，不得了」六字。別人不解。有一天楊秀清問他啥意思？石達開笑答：「此意甚明，成則了不得，不成則不得了耳。」可見石達開的頭腦保持冷靜、清醒。若是他作領袖，太平天國也許不致覆亡如此迅速。

試讀石達開的一首七律：

「揚鞭慷慨蒞中原，不爲仇讎不爲恩。只覺蒼天方憒憒，莫憑赤手拯元元。三年攬轡悲羸馬，萬衆梯山似病猿。吾志未酬人已苦，東南到處有啼痕。」

看來石達開關懷群衆的疾苦，深植心靈深處。石達開被擒時年僅三十三歲，他的浪漫主義與英雄思想，畢竟有其侷限性，從下面一首五言律詩充分表現出來：「大盜亦有道，詩書所不屑。黃金若糞土，肝膽硬如鐵。策馬渡懸崖，彎弓射胡月。人頭作酒杯，飲盡仇讎血。」石達開豪放而野性的思想，和前一首詩是矛盾的，前後判若兩人。這也許他的思想尚未成熟吧。

文人性格

看清朝雍正時代的文字獄，不少浙江人是重要角色。雍正皇帝當時最頭痛的就是浙江文人，他們具有擇善固執的韌性，爲了堅持立場，絕不妥協。這是中國知識份子的美德。到了乾隆當政，每次下江南，對於江、浙兩省文人動態特別注意。自幼在愛新覺羅．弘曆印象中，江浙文人如方孝孺、顧炎武、金聖嘆、張蒼水、吳日生、陳臥子、夏考功等，皆是難以駕馭的人物。

爲了鎭壓江浙文人，弘曆於乾隆三十九年八月，下了一道手諭：「明季造野史者甚外，其間毀譽任意，傳聞異詞，必有詆觸本朝之語，正當及此一番查辦，盡行銷毀……大率江、浙兩省居多……」乾隆五十七年又下手諭：「江蘇、浙江等省分較大，素稱人文之淵藪，民間書籍繁多，所以不能禁絕者，皆由督撫等視爲等閒耳。……」

歷史像浪潮般湧翻過去。在民主自由的今天，談起這段歷史，藉此博君一笑。

朦朧大師揚雄

揚雄是西漢文學家、哲學家和語言學家。蜀郡成都（今四川）人。他的文章玄虛晦澀而難懂。他的《太玄》模倣《易經》寫成，故意用語艱澀、詞義不明，不少文句讓人去猜，在可解不可解之間。結果「觀之者難知，學之者難成」（〈漢書・揚雄傳〉）。妙極。

據揚雄自己解釋，其一，他認為用語不凡以致艱深乃聖人創作之特點。其二，深奧的內容就應用艱深之文字表達。這眞是荒謬的話。

歷來批評揚雄的名家，如蘇東坡說他「以艱深之詞，文淺義之說」，魯迅說：「〈離騷〉雖有方言，倒不難懂，到了揚雄，就特地『古奧』，令人莫名其妙，這離斷氣不遠矣。」

魯迅指出揚雄寫的「蠢廸檢柙」四個字，讓人翻破字典也不知是何意？原意是「動由規矩」四個平常字，揚雄這種故弄玄虛、賣弄文字的伎倆，實在可惡至極！

揚雄做官多年，成帝時為給事黃門郎。王莽時，校書天祿閣，官為大夫，為了拍王莽馬屁，這位朦朧派專家寫了〈劇秦美新〉。他為了成名成家，時常發表奇談怪論，寫玄虛晦澀文章。若不是馬掛兒，揚雄怎麼混上文學家哲學家語言專家之名，這不是歷史的誤會嗎？

揚雄去世已一千九百七十多年，但是直到今日，仍有些亂用新名詞、生造字，不中不西不倫不類的詞句，以文學家身分佔領文藝陣地。若揚雄地下有知，看到徒子徒孫的繁榮，當會莞爾一笑。

金聖嘆絕命詩

金聖嘆於清順治十八年（公元一六六一年）以哭廟案被殺，後傳出一些他臨刑前的滑稽事。清人筆記〈里乘〉、〈對山書屋墨餘錄〉皆有記載。如有人記：「當人瑞在獄時，付書於妻曰：殺頭至痛也，籍沒至慘也，而聖嘆以無意得之，不亦異乎？」不過這種玩笑，是否眞實，値得存疑。若從清人編選金聖嘆〈沉吟樓詩選〉中，錄有他三首絕命詩，卻和前面諧謔態度截然不同。

第一首是：「鼠肝蟲臂久蕭疏，只惜胸前幾本書。雖喜唐詩略分解，莊騷馬杜待何如。」第二首「與兒子雍」，前有小引：「吾兒雍不惟世間眞正讀書種子，亦是世間本色學道人也。」詩曰：「與汝爲親妙在疏，如形過影只於書。今朝疏到無疏地，無著天親果宴如。」第三首「臨刑前又口號遍謝彌天大人謬知我者」，詩曰：「東西南北海天疏，萬里來尋聖嘆書。聖嘆只留書種在，累君青眼看何如。」這種淒涼的情思，才是金聖嘆臨刑前的眞實寫照。

金聖嘆的死，實在冤枉。他參與「哭廟」只是對濫官略示抗議而已。順治十七年，有人從北京回來，告訴他皇上見了批的才子書，讚揚「此是古文高手，莫以時文眼看他」。金聖嘆聞悉賦詩一首：「絳縣塗泥不記春，江南梅柳漫驚新，忽承帝里來知己，傳道臣名達聖人。合殿近臣聞最切，九天溫語朗如神，昌黎好手夫何敢，蘇軾奇逢始信眞。」看啊，文人何等天眞可憐！統治者何等殘酷無情！

紅豆

江蘇江陰縣顧山鄉紅豆村，有一棵老紅豆樹。每逢開花結子季節，吸引大批遊客前來觀賞。這棵紅豆樹是梁代昭明太子在此編撰〈昭明文選〉時親手種植的，已有一千多年歷史。

紅豆是被詩人捧出名而染上一層浪漫的色彩。王維〈相思〉詩：「紅豆生南國，春來發幾枝，願君多採擷，此物最相思」。韓偓〈玉合〉詩：「中有蘭膏漬紅豆，每回拈著長相憶。」

五四時代著名詩人劉大白寫了不少紅豆詩。他和吳芙霞戀愛，紅豆也作爲愛情禮物。後來吳琵琶別抱，紅豆也不知去向。後來劉大白病逝，有一位不知名的紅衣女郎，前來弔喪，撫棺痛哭不已，手上拿著一粒紅豆，作爲愛情信物。夏丏尊在〈白屋雜憶〉也提起此事：「大白死後，聞有某女士曾親至杭州，撫棺痛哭，大白家人戚友咸不知伊人爲誰。女人自承與大白有戀愛關係，且出紅豆以爲憑信……」詩人多情可見一斑。

史諾秘訪魯迅

最近發現新資料，一九三三年五月二十一日的晚上，美國記者史諾採訪魯迅。他提出三十六個有關文學問題，其中一則問題是「哪些人是法西斯作家？」魯迅回答風趣而巧妙，他說：「我無法辨認誰是法西斯作家，因爲如果有，他們也不會貼上標簽。在中國，這樣的人必須藏起來，他們會千方百計收買別人爲他們服務。」

據說史諾早在一九三二年就和劇作家姚莘農（姚克）合作翻譯魯迅〈阿Q正傳〉，並多次接近魯迅。這位「中國通」對中共的宣傳可眞是貢獻至鉅，他的墳墓在北京大學未名湖畔。

記胡樸安

近代經學、訓詁學大師胡樸安，已過花甲之年，患腦溢血，左半身癱瘓。他致友人信中風趣地說：「幸而不死，遂成偏枯，半耕半讀之胡樸安，成爲半生半死之胡樸安，幸右手尚能寫作，可堪告慰耳。」從此他著文別署「半邊翁」。

胡樸安大病發作第三天，昏迷中作成〈待死詩〉腹稿。第六天脫險後，由妻子攙扶，以厚紙鋪木板上寫出：「血壓高於二百零，□□顚倒難認眞，定知一死即爲鬼，撒手乾坤□□人。」凡□者，是連他自己也想不起來的字，可見他與病魔苦鬥的情況。他大病後頻頻用腦，引起醫師嚴重抗議。一九四六年陰曆五月二十一日，胡樸安逝世，壽年六十八歲。

年羹堯罪狀

年羹堯是清朝值得爭議的人物。他的功勞大，平西藏、平青海，對於開拓疆土，穩定大清政權有卓越的貢獻。最後年羹堯死於雍正之手，成爲做官的悲劇。年羹堯因功勞大、貪婪、驕傲、奢侈而且殘忍，這是鑄成他失敗的遠因。他的部屬、最後和他一起被殺的汪景祺寫的〈西征隨筆〉，記載年羹堯率兵西征的罪行：「入山搜番女數百人，裸而沓淫之，稍厭則棄舊而易新者。兵多，每數人一嬲女，不捨晝夜，番女有不勝其苦而死者。」對少數民族作戰，如此殘暴：「臨陣斬獲者無算，有擄其全部者，除賊首三人解京正罪，餘五十以下十五以上者，皆斬之。所殺數十萬人……女子皆以賞軍士。」

軍事指揮官，若是沒有監察官的約束與監督，任其胡作非爲，那就會使軍隊士氣低落，給廣大民衆帶來災難與痛苦。

李伯元〈南京筆記〉記載：「年用兵之際，聲威赫然，而所至殊貪黷。」年羹堯征西歸來，勝利沖昏頭腦，「入京，公卿跪接於廣寧門外，年策馬過，毫不動容。王公有下馬問候者，年頷之而已。至御前，昂首箕踞，無人臣禮。」他生活奢侈至極。僕婢數百，「一人只司一衣或一菜，必須斟酌盡善。」年羹堯在吃飯時，如發現飯內有一顆穎子，做飯的便要人頭落地。有一位當年專門給年羹堯炒肉絲的婦女，後來嫁給一位學究。學究嚐了她炒的肉絲，果然好吃。若年羹堯不被雍正所殺，這位婦女恐怕要做一輩子廚師。

若清軍設政工制度，年羹堯不致如此猖狂吧！

油條與秦檜

油條，北京稱果子。燒餅夾果子，若再喝一碗豆汁兒，是平民化早點。油條原名油炸檜，相傳起源於浙江杭州。南宋時秦檜以「莫須有」罪名害死岳飛，消息傳出，杭州民衆氣憤萬分。有一家小吃店，以麵粉和水，加以鹽和石膏搓成條狀。以兩條合一，長約一尺，用滾油炸之，名曰「油炸檜」。後來走了音，稱爲「油炸鬼」。

清朝張西林〈瑣事・閑錄〉上說：「油炸條麵類如寒具（散子），南北各省均食此點心，或呼果子，或呼爲油胚，豫省又呼爲麻糖，爲油饃，即都中之油炸鬼也。」

臺語油條爲「油炸粿」，判係轉音於江浙的「油炸檜」。

記錢鍾書

早在三十年代，清華大學吳宓教授曾說：「當前我國文史方面傑出人才，老一輩中要推陳寅恪先生，年輕一輩要推錢鍾書。他們是人中之龍，其餘你和我，不過爾爾！」那時，錢鍾書只二十二三歲。

錢鍾書一九一〇年生，江蘇無錫人。古文家錢基博長子。他的優點是讀書淵博，永遠不驕傲。他深入研究中國的史學、哲學、文學經典，而且不間斷地對西方新舊文學、哲學、心理學的閱讀和研究。他的代表著作〈談藝錄〉、〈管錐篇〉極爲豐富而有學術價值。

司空圖〈詩品·精神〉中所說的「生氣遠出」，是對神韻說的闡揚。錢鍾書說：「氣」者「生氣」，「韻」者「遠出」。赫草創爲之先，圖潤色爲之後，立說由粗而漸精也。曰『氣』曰「神」，所以示別於形體。曰「韻」所以示別於聲響。「神」寓體中，非同形體之顯實。「韻」裊聲外，非同聲響之亮徹，然而神必託體方見，韻必隨聲得聆，非一亦非異，不即而不離。〈管錐篇〉錢鍾書對「氣」、「神」和「韻」的概念以及它們的關係，作了很好的說明。

巴爾札克照鏡子

巴爾札克筆下的小說人物老葛朗臺，是個財迷。他看到金子，「連眼睛也是黃橙橙的，染上了金子的光采。」

這件事使我聯想起狄更斯，每當他文思枯竭，寫不出作品，常照鏡子。據我推斷他是擔心眼睛因變黃而散發金子的光采。

好的文學作品絕不拖泥帶水，力求精簡。陶淵明〈桃花源記〉只不過數百字，卻寫出人類厭戰追求寧靜生活的願望。怪不得美國小說家海明威站著寫稿，一來寫得字數少，二則易疲乏，使他增多思考時間，作品才會精純而有深度。

范仲淹原姓朱

范仲淹，北宋政治家、文學家。「先天下之憂而憂，後天下之樂而樂」的話即是他提出的。他幼時家貧，二歲喪父，歐陽修爲他寫的〈神道碑〉上記載：「母夫人貧無依，再適長山朱氏」。范仲淹隨母到朱家，大抵叫「朱仲淹」，直到二十九歲才恢復范姓。換句話說，婦女改嫁在古代也是合乎情理的事。

比范仲淹還早的韓愈，唐著名作家，他的女兒結婚二次，竟然寫進〈墓志銘〉，可見婦女離婚改嫁是平常事。這件軼事有記載：「其長女初適李漢，改適樊宗懿。」

林語堂愛鄉音

林語堂在美國前後居住三十年，既未購屋，亦未入美國籍。他的生命最後十年在臺北度過。因爲心懷祖國，最愛聽閩南鄉音。他在文章中寫過：「我來臺灣，不期然而然聽見鄉音，自是快活。電影戲院，女招待不期然而說出閩南話。坐既定，隔座觀客，又不期然說吾閩土音。既出院，兩三位女子，打扮的是西裝白衣紅裙，在街中走路，又不期而然，聽她們用閩南話互相揶揄，這又是何世修來的福份。」

我最早於五十年代見過林氏，他風華尙茂，向聚集臺北中山堂數千文學青年演說，開場白是「我認爲演講應該像女人的裙子，愈短愈好。」引起哄堂大笑。我是軍人出身，缺乏幽默感，當時聽了直皺眉頭。不過我對於林氏治學精神、愛國情操，佩服至極。

盧前是老饕

盧前，號冀野，南京人。爲吳梅得意門生，因此他對於戲曲雜劇極有研究，曾爲國立編譯館編刻〈全元曲〉，雇刻工監督刻板，已有〈飲虹簃〉刻曲六十一種問世。此人是胖子，而且能詩能文能曲能唱，他對元曲雜劇的吟唱，恐怕是民國以來最後一人了。

盧冀野胖而好吃，絕不忌嘴。抗戰時期到了四川，吃不到鮮魚，有一次參加酒宴，伙計端上一盤醋溜鮮魚，盧冀野喜不自禁站起來，摘掉小帽，向魚鞠躬說：「久違了！」他吃魚很快，嘴上幾根山羊鬍子也沾上了魚湯魚刺。他還愛吃肥鴨、肥肉，酒量也很出名。像盧前這樣的大胖子喜歡狂喝，不知節食，實在有礙健康。

西泠印社

印章爲我國文化之一。西泠印社成立於清光緒三十年，即公元一九〇四年。因設於杭州西湖孤山西麓的西泠橋畔而得名。自成立九十年來，始終奉行「保全金石，研究印學，兼友書畫」的宗旨。

西泠印社創建人是當時著名印人丁仁、王禔、葉銘、吳隱。首任社長是中國近代篆刻、書法、繪畫大師吳昌碩，繼任社長是著名學者和藝術家馬衡、張宗衡、沙孟海，現任社長是書法藝術家趙樸初。過去九十年來，有二百多著名書畫篆刻家、收藏家和鑑賞家爲社員，包括傅抱石、豐子愷、潘天壽、程十髮、方去疾、錢君匋、啓功、程功等，另外還有日本籍篆刻家小林斗庵、梅舒適、蒔田浩。目前海峽兩岸有數萬人從事治印工作。

記徐悲鴻

徐悲鴻自法國留學歸來，於民國十七年十月任北平藝術學院院長。他爲了聘請齊白石任教，三顧茅廬。當時北平一些保守派看不起齊白石，但進入藝術學院作教師，聲名大噪。齊白石贈給徐悲鴻一幅山水畫，畫上題詩是：

少年爲寫山水照，自欲豈欲世人誇。

我法何辭衆人罵，江南傾膽獨徐君。

謂我心手出怪異，鬼神使之非人爲。

最憐一口反萬衆，使我衰顏滿汗淋。

齊白石對徐悲鴻的知遇之情，心存感激。因此徐悲鴻離校，齊白石贈畫題詩「草廬三顧不容辭，何況雕蟲老畫師」之句，抗日戰爭勝利，徐悲鴻寫信向白石老師問好。白石老人覆信中有這樣的話：「生我者父母，知我者徐君也。」傳爲藝壇佳話。

入廁看書

作家楊海宴生前有一習慣，上廁所時必看書。一次，我去高雄軍中廣播電臺找他，遍尋不著，偶進廁所，忽見海宴蹲在糞池前，左手挾紙煙，右手持屠格涅甫〈父與子〉，看得津津有味，國字臉上堆滿憨笑。我喚他一聲，海宴道：「你去辦公室等我，我看完這一章再走。」那正值三伏六月天，雖廁所打掃清潔，但總有一股怪味。海宴蹲在公廁看書，深覺訝異。

郝懿行〈曬書堂筆錄〉卷四〈入廁讀書〉云：

錢思公言平生好讀書，坐則讀經史，臥則讀小說，上廁則閱小詞。謝希深亦言宋公垂每走廁必挾書以往，諷誦之聲琅然聞於遠近。余讀而笑之，入廁脫褲，手又攜卷，非惟太褻，亦苦太忙，入即篤學，何至乃爾耶。

過去廁所未置馬桶，蹲著看書，的確有點辛苦。但讀好書，好文章，即使辛苦些也是樂趣。若是讓我坐在馬桶上讀政治小說、酸兒瓜嘰的新詩，白送我一包五五五牌紙煙我也不幹！

林琴南的牢騷

五四新文化運動時，林琴南看不慣激進青年的改革行爲，以激動心情致函蔡元培說：「晚清之末造，慨世者恒日去科舉，停資格，廢八股，斬豚尾，復天足，逐滿人，撲專制，整軍備，則中國必強；今百凡皆遂矣，強又安在！」

對於林琴南的牢騷，有兩種理由解釋：一是舊知識份子多留戀傳統，對於改革不感興趣，所以看到缺點，內心便灰心氣餒。二是文人多有浪漫主義的幻想，對於新的事物充滿不切實際的嚮往，一見到不如意之處，便失望起來。俄國詩人葉遂寧，曾爲「十月革命」奔走呼號，並寫詩歌頌列寧：十月革命成功後，葉遂寧卻自殺身死。魯迅說葉遂寧的悲劇是「碰死在自己所謳歌希望的現實碑上。」

郭沫若婚事

關於郭沫若和日籍妻子佐藤富子重逢的事，坊間書刊史料記載不詳。抗日戰爭起，郭沫若於民國二十六年七月二十五日留下紙條，悄悄棄家返回上海。航途上寫了一首七律：「此來拚得全家哭，今往還當遍地哀。四十六年餘一死，鴻毛泰岱早安排。」郭雖逃離日本，日警曾把佐藤富子抓進監獄，用皮鞭抽打，逼迫她的兒女入日籍，但被她拒絕。郭回國後，蔣委員長派他作總政治部三廳廳長，他和于立羣於二十八年四月在重慶結婚。

郭沫若曾在三十六年十一月赴香港。佐藤富子獲悉，急忙帶兒女轉道臺灣飛往香港。離別十一年的患難夫妻會面，才知道郭沫若又娶妻生子，相對無言。郭沫若請朋友馮乃超說服佐藤富子，勸她犧牲，去大連居住。佐藤富子只有淚灑胸懷，別了郭沫若和于立羣。

民國六十七年春，郭沫若病逝前，一位八十四歲的老婦前往醫院探望，這就是從大連來的佐藤富子。這場悲劇過去從未發表過，大抵郭沫若是「中國科學院院長」的緣故，眞是一大諷刺。

立此存照

清咸豐年間，一位藝人在咸豐面前唱八角鼓。〈萬壽香〉段子中有一句：「手拿著一炷香兒來上壽。」被發往雲南充軍十年。因咸豐名「奕佇」、「一炷」與之諧音，故犯了欺君罪。

光緒年間說評書的王致元，曾到恭王府說〈彭公案〉，內中有一句帶「疑心」二字，恭王認爲與他名字「奕訢」同音，即打罵轟走。

袁世凱做總統時，李德錫（即萬人迷）到總統府說相聲，內有「元宵」二字，被副官打了好幾個嘴巴轟出。因「元宵」與「袁消」同音，認爲不禮貌。

張壽臣、焦德海於北伐前夕在北京三慶園說相聲，內中提到「黑狗白鼻子」，被警察打了一頓。因爲那個警察外號叫「黑狗白鼻子」。

生活在民主社會的朋友，應該重溫舊夢，才理解藝人的辛酸史。

弘一印書風波

李叔同皈依佛門，法號弘一。他將過去的詩稿精心挑選，滙編成冊，藏在書櫃。弘一法師弟子豐子愷、史良、鄒韜奮、沙文漢等人到廟裡見他，希望將詩稿印出來，但弘一非常固執，斷然拒絕。

那時，弘一法師有一個徒弟小玲，八歲，聰明可愛，深受弘一寵愛，時常出入法師禪房。豐子愷利用這個機會，以橘子、糖果哄騙小玲，叫他把詩稿偷了出來。豐子愷把弘一每一首詩配畫，由鄒韜奮負責送商務印書館出版。書名爲「護師錄」。後獲稿費一萬八千七百元，郵寄弘一法師。弘一接到大怒，寫信痛責豐子愷，使豐子愷再也不敢見他。直到弘一法師在福建病逝，豐子愷才去靈前嚎啕大哭！

雍正死於春藥

雍正死於西元一七三五年，清檔案〈起居手冊〉記載：「八月二十一日，上不豫。子寶親王、和親王朝夕侍側。戌時，上疾大漸，召諸王、內大臣及大學士至寢宮，授受遺詔。至二十三日子時，龍馭上賓。大學士宣讀朱筆諭旨，著寶親王繼位。」由於雍正死得突然，加上他爲人陰鷙，民間有「謀父、逼母、弒兄、屠弟」傳說，所以傳出雍正是被呂留良的孫女呂四娘刺死。但上列兩種死法皆不可置信。

雍正受了「做了皇帝想成仙」的傳統思想影響，他崇尚方術，迷信占卜，四處延攬修煉之士。晚年私生活糜爛。當時朝鮮參贊官洪景輔久駐北京，常回國報告情報，一次稟告朝鮮王說：「雍正沉淫女色，病入膏肓，自腰以下不能運用者久矣。」（見〈承政院日記〉）

雍正在位時，聘用道士賈士芳以「祝由」術治病，後改由擅長煉丹藥的婁近垣作「醫藥顧問」，不久，婁近垣得到巨額銀兩，回江西虎龍山擴建道院。於是，另兩位道士張太虛、王定乾進宮服務，由於他倆急功好利，想以偏方獲寵，沒料到雍正吃了他倆煉的丹藥便一命嗚呼。據常進寢宮的大學士張廷玉在〈自訂年譜〉中說，他「每日進見」，直至那晚十時許，才知雍正突然逝世。同時次日嗣主乾隆立即下諭，將張太虛、王定乾「驅出」，「各回本籍」，而且下諭「若伊等因內廷行走數年，捏稱……一經訪聞，定嚴行拏究，立即正法。」雍正確爲服餌丹藥中毒死亡。

鄭振鐸買書

抗日戰爭之始，日軍攻陷上海，將鄭振鐸寄藏於虹口開明書店的一百多箱古書，燒成紙灰，鄭振鐸心痛如絞。但是上海淪爲孤島時期，他依然勒緊肚皮買書。一次，他見到中國書店將一大批古書論斤賣給造紙廠，竭力勸阻，店主執意不肯，鄭振鐸便毅然表示，願出高價收買，最後花了一筆鉅款買下這七八百種書。那時生活困難，鄭振鐸買這些書的錢，足夠他一家十口半年買糧。他這種一擲救書的行爲，傳爲佳話。

記胡蘭成

胡蘭成的〈今生今世〉，模倣〈浮生六記〉筆法，寫他的生活回憶。不過，胡的文筆非常彆扭，讓人讀起來艱澀難解。宛似發霉的奶粉，以開水冲過，雖成奶汁，卻有不少溶不掉的奶疙瘩。我不妨引一二小段供你欣賞，也許你不會苦笑吧？

「二月愛玲到溫州，心裡即刻不喜，甚至沒有感激，夫妻患難相從，千里迢迢特爲來看我，此是世人之事，但愛玲也這樣，我只覺不宜。」

「當下我看完了這信，竟亦不驚悔。因每凡愛玲有信來，我總是又喜歡又鄭重，……」

胡蘭成是浙江嵊縣人，文學作品並不出色，但因被汪精衛賞識，派爲僞宣傳部副部長、僞行政院法制局長，成爲汪政權公館派親信人物，在「官大學問大」原則下，便出了名。他風流韻事特多，一生曾和四個女人結婚，計原配玉鳳（不知何姓）、張愛玲（女作家）、范秀美、余愛珍。目前胡在日本，近況不詳。

記張愛玲

現年七十五歲的作家張愛玲，目前隱居美國洛杉磯，依舊沉浸在〈紅樓夢〉考據中。她從事紅樓考據十年，說過心得：「十年一覺迷考據，嬴得紅樓夢魘名。」

張愛玲於一九五二年離開上海，到了香港。時年三十二歲。進美國新聞處供職，曾爲〈今日世界〉寫了兩部長篇小說〈秧歌〉與〈赤地之戀〉。過了三年，張愛玲便到了美國。後來，她結識了名戲劇家賴雅，此人比她年長三十歲。賴雅才華高，觀念新，但自三十年代起爲好萊塢寫劇本，被每週五百元美元高薪消蝕了她的才華，中斷了她的文學創作。這是文藝商品化的罪證。一九六七年賴雅去世，張愛玲去了劍橋雷德克里芙女校任駐校作家，劍橋離波士頓很近，她在那兒爲臺灣報刊寫了不少小說。後來移居加州，過著清苦的文學創作生活。

張愛玲患神經性皮膚炎，不能接觸空氣，只能穿紙衣服。她晚間看書、喝咖啡、寫作，直到翌日下午起床。因此，她過著半隱士生活。

這位充滿傳奇性的女作家，祖母爲李鴻章的女兒李菊耦。

范仲淹治鬼

北宋政治家、文學家范仲淹少年時曾在山東鄒平長白山醴泉寺讀書，雖「斷虀劃粥」，卻怡然自得。傳聞長白山有厲鬼，每到深夜子時，常變成美女，迷惑青年男子。范仲淹抱著「不入虎山，焉得虎子」的冒險精神，趁星月皎潔夜晚，坐在廟前石階看書、納涼。一夜，范仲淹忽見一個妙齡美女，從烟籠霧鎖的月下走來，遞給他一把扇子。范仲淹持筆在扇面上寫道：「清風不用扇。」那美女轉身隱沒。不久，又有一名書僮持紙燈而來，他又在紙燈上寫上「明月何需燈」。頃刻，厲鬼伸出一丈多長的紅舌頭，站在他眼前嘿嘿直笑。范仲淹面不改色心不跳，握著毛筆在厲鬼舌頭上題詞：「五惡雖凶大，難吞范仲淹。」最後，厲鬼倖然離去。

這是一則流傳在民間的鬼話，不可置信。但是値得探索的是范仲淹一介書生，他爲什麼可以驅除厲鬼呢？范仲淹對於我國文化有深遠的影響，他的名句「先天下之憂而憂，後天下之樂而樂」、「寧鳴而死，不默而生」，以及「不爲聖賢，便爲禽獸」等，照亮了我國知識份子前進的路。范仲淹有一股偉大的正氣，他以國家興亡爲己任，置生死於不顧，所謂「軍中有一范，西賊聞之驚破膽」，連賊盜都懼他三分，那山野間的孤魂厲鬼又怎不退避三舍呢？

記朱元璋

明太祖朱元璋登基，大殺功臣，一時朝廷百官風聲鶴唳，一片驚恐。一日，朱元璋到大理寺審視獄案，發現范文從獄史，因忤旨入獄，已判死罪，只待執行。朱元璋看過范文從的籍貫，親自問他：「你和范仲淹是同鄉，有啥關係？」范文從奏道：「微臣是文正公十二世孫。」朱元璋馬上動了惻隱之心，命人拿出五塊錦帛，御筆寫下范仲淹〈岳陽樓記〉的名句：「先天下之憂而憂，後天之樂而樂」，賜給范文從，並說：「赦你不死！」

范仲淹死後數百年，他的名字和作品竟然救了他後人的性命，可見傳誦之廣，感人之深。

光餅

臺北南門市場一帶出售光餅，福州人做的。圓形，平底、面上稍微凸起，從爐內烤熟時呈棕黃色。中有小孔。原名「征東餅」。相傳戚繼光率部到福建驅逐入侵的倭寇，製作這種餅，用繩把餅串起，掛在士兵的頸上，作為戰爭時的飯食。後來福州民衆為紀念戚繼光為人民除外寇，用他的名字命名此餅。

抗戰前夕，作家郁達夫到福州任職，看到這種中間有小孔的餅，感到新奇。他問明原委，當即買了一大串光餅套在頭上，跑到于山戚公祠憑弔戚繼光。並在壁上題七言律詩，詩云：「舉世盡聞不抵抗，輸他少保姓名揚。四百年來陵谷變，而今麥餅尚稱光。」

吃熱光餅，若佐以辣菜、雪裡蕻、豬油渣，其味無窮。

喝豆漿

初搬臺北那年，聞聽永和鎮有豆漿店，生意特好，慕名前往者絡繹不絕。一日，偕友去吃早點，叫一碗甜豆漿，稠糊糊的，清香至極。不過油條炸得不到火候，燒餅也軟趴趴的不甚可口。豆漿以甜的爲宜，加上一枚雞蛋更好。如喝鹹豆漿，因倒入醬油麻辣調料，豆漿部分變作豆花，變味也變了營養價值。

〈唐宋傳奇〉記載：「李師師者，汴京東二廂永安坊染局匠王寅之子也。寅妻既產女而卒，寅以菽漿代乳乳之，得不死。」原來李師師這位北宋名妓是喝豆漿長大，難怪細皮白肉，明眸皓齒呢！

豆漿也稱豆汁兒，傳統風味飲料。過去北平清早常見小販挑擔，一頭是一個被炭火煨著的大鍋，另一頭是一個四方的小案，案上擺一盆辣鹹菜，以及碗筷。喝豆汁兒者佐以細鹹菜絲或糖，就著熱呼呼燒餅果子（油條）吃，實在過癮。

喝熱豆漿比喝牛奶還好，它是中國人的營養飲料。不過豆漿要少摻水，哪怕稍微賣貴一點也不要緊。

談氣功

我國歷史上著名學者、詩人皆愛好氣功，如李白、蘇東坡、陸游、王陽明、白居易等。儒家講氣功是見〈尙書·大禹謨〉：「人心惟危，道心惟微，惟精惟一，允執厥中。」這即是氣功「十六字心傳。」另外，〈四書·大學〉的「知止而後能定，定而後能靜，靜而後能安，安而後能慮，慮而後能得」，以及〈孟子〉：「吾善養吾浩然之氣」都是氣功的精要總結。

氣功既然可以平衡陰陽、協調臟腑，所以能防病治病。過去中國大陸發現馬王堆三號漢墓內，曾出土帛書，其中有〈卻穀食氣篇〉，即不吃食物，也不喝水，全靠氣功維持生命。可見漢朝練氣功已很風行。〈北史·李先傳〉中記載：「服氣絕粒數十年，九十餘，顏如少童。」若果眞如此，世界恐會發生翻天覆地的變化。

中國大陸著名氣功專家郭林，過去創造新氣功療法，治癒不少重病，而且使一些癌症病人延長了生命，有的還重返工作崗位，這卻是一件事實。

熊十力愛抬槓

熊十力，著名哲家學。辛亥革命曾參加光復黃州活動，繼赴武昌任湖北督軍府參謀。是年臘月，爲慶祝光復，黃岡四傑——吳崑、劉子通、李四光、熊十力聚會武昌雄楚樓，爲抒發壯志題詞。吳崑書李白〈山中問答〉詩：「問余何事棲碧山，笑而不答心自閑；桃花流水杳然去，別有天地非人間。」劉子通發揮老子〈道德經〉思想，寫出「生而不有，爲而不恃，功成而弗居，若有心若無心，飄飄然飛過數十寒暑。」李四光題了「雄視三楚」四字。熊十力提起毛筆，借佛經所言，寫了八個字：「天上地下，唯我獨尊。」熊十力自少年起自負、自信、自尊而率眞，在鄉間讀私塾時便說過：「舉頭天外望，無我這般人」。

熊十力雖未受過正規學堂教育，以獨創的〈新唯識論〉哲學體系名聞全國。他愛抬槓，常和朋友討論學問，吵得面紅耳赤。文學作家、湖北黃梅籍廢名（馮文炳）爲熊十力摯友，青年時常在一起辯論學問，始則大吼大叫，繼而動手動拳扭打一團。但是過了一二日，廢名再來找他討論學術，二人談笑風生，和好如初，傳爲佳話。

廢名、俞平伯、周作人曾被文學界戲稱爲「苦雨齋三和尚」。

記許地山

許地山原籍臺南，乳名阿丑，五四時代作家。他在民國六年考取燕京大學文學院。那時他父親許南英爲生活所迫，跑到蘇門答臘爲棉蘭的華僑市長編寫生平事略。南英得知幼兒考取大學，寫了一首〈沁園春〉：

送汝出門，前程萬里，臨岐不盡歔唏。金臺雪色，玉練霜華，此際寒生。燕市寒威若此，早凍了桑乾河水。此去好立雪程門，不知雪深有幾？不患獨行踽踽，有亞歐文人相助爲理。噫，吾老矣！何日歸來，想見入門有喜。勗哉小子，不願汝紆青拖紫，只願汝秋蟀春鵰到時，寄我雙鯉！

不料過了半年，許南英竟病逝棉蘭，長眠異域了。

馮玉祥趣聞

抗戰前，馮玉祥隱居位於山東境內的泰山，日軍特務頭子土肥原爲了瓦解我高級將領力量，想盡任何辦法接近馮玉祥。他探知馮將軍生活樸素，常年以大餅爲主食，便帶了不少大餅上泰山，以示和馮將軍志同道合。但馮玉祥仍拒絕接見口蜜腹劍的敵酋。

一日，馮玉祥的衛士發現土肥原表演吃大餅的難受表情，告訴了馮玉祥。馮玉祥立即命衛士以火腿、濃茶招待土肥原，並向土肥原說：「馮將軍知道你每天吃西餐，上了泰山故意吃大餅，想聯絡感情，但馮將軍於心不忍，以此敬先生，以免難於下咽。」土肥原收下食物，大窘。

土肥原等了數日，才獲接見。枯坐等候二小時後，馮玉祥穿衛士服出來會晤。馮玉祥摘下帽子坐下，良久，土肥原才知道此人是馮玉祥。但馮玉祥卻拿出書來看，不理客人。過了二小時，馮玉祥終於對土肥原說：「今天心情不好，請改日再談吧。」即命衛士送客。自己率領一排衛士隨其後，像押解犯人一樣。從此土肥原再也不敢去拜訪馮玉祥了。

記徐訏

徐訏在民國六十年前後，曾和我通信多次，那時我正主持一份文學刊物。他寫過〈悼亡組曲〉組詩，寫過長篇小說《憂鬱的年代》，稿費皆由他服務於退輔會的公子領取，其公子年輕英俊，大抵是一位工程師。

徐訏自大陸到香港後，生活清苦。五十年代經易君左介紹到浸信會辦的一所學院中文系作系主任，教授現代文學。他身材高，很有詩人氣質，常吸香煙沉思，頭習慣朝左微偏，如時鐘十一時五十七分。徐訏曾服務〈掃蕩報〉，追隨黃少谷。他去世後臺北文藝界開追悼會，黃老曾發表演講。抗戰勝利次年，阮成章當武漢被服廠長，徐訏曾任短期秘書，這是阮老親口告訴我的。徐訏字跡清秀，他寫給我的數封信不愼遺失，引爲憾事。

談長壽

蘇聯長壽老人米斯尼莫夫活了一百六十八歲。他生前曾答覆日本老人有關長壽秘訣的問題，他說：「每天清晨六時起床，用泉水洗臉，經過兩小時的林中散步，吸飽了空氣，然後吃點麵包，喝牛奶。上午在果園裡勞動，劈柴、割草。午餐吃剛摘的野菜，喝酸牛奶。不吸烟，不喝酒。晚飯後散步二公里。無論冬夏，從不間斷冷水洗澡。」最後他說：「這樣的生活，我記得大概過了一百四十年。」

長壽，首先要注意養性，即培養道德，孔子提出「仁者壽」絕非迷信。其次是勞逸適度，不必過勞，但亦不能終日睡懶覺。最後是節制房事。怎樣節制房事？早在元朝的養生學家王中陽說過：「古法以男子三十而婚，女子二十而嫁。三十歲者八日一施洩，四十歲者十六日一施洩，五十歲者二十一日一施洩，六十歲當閉固勿洩也。」這是元朝時代的話。如今六十歲的男女，仍具青春活力，當然可以享受施洩之樂。不過節制一些，確與長壽有益。

詩人林徽音

林徽音，福建閩侯人。林覺民姪女。三十年代最漂亮的女詩人。民國十三年印度詩人泰戈爾來華，林徽音、徐志摩陪同。據吳泳《天壇史話》記載：「林（徽音）小姐人艷如花，和老詩人挾臂而行，加上長袍白面、郊荒島瘦的徐志摩，猶如蒼松竹梅的一幅三友圖。」

林徽音的美，不在於美貌，而是她的風度、談吐眞會令人傾倒。詩人徐志摩追求她多年未遂，爲她寫出一首情詩《偶然》，此詩譜成歌曲。哲學家金岳霖爲她終身未娶。最後她嫁給留美同學、著名建築學家、梁啓超的公子梁思成。梁思成曾向林洙談起林徽音：「她是個很特別的人，她的才華是多方面的。不論是文字、藝術、建築乃至哲學，她都有很深的修養。她能做爲一個嚴謹的科學工作者和我一同到村野僻壤去調查古建築，爬樑上柱，測量平面，做精確的分析比較；又能和徐志摩一起用英語探討英國古典文學或我國新詩的創作。她具有哲學家的思維和高度概括事物的能力。」（註）

林徽音風趣至極，她能模仿很多朋友講話的音調，維妙維肖。和她相處的不管男女，如沐春風。她既是好同事、好情人、好老師、好妻子，也是好朋友。可是天妬英才，她的肺結核症是在抗日戰爭艱苦環境中染上的。病逝時僅五十一歲。

林洙在文章中記載林徽音的文藝談話：「一個文藝作品最重要的是眞實，要忠實地反映生活。誠實是佔首位的。藝術是表現內容的手段，是第二位的。當然，對於一個眞正的文藝作品來說，兩者都是重要的，缺一不可。」林徽音說：「革命文學絕不排斥藝術。不能因爲它的革命性而用大喊大叫的政治口號來代替，歷史上各個革命時期，都有優秀傑出的文學作品。」

三十年代，梁思成住在北平總布胡同，金岳霖就住在他家附近。有一次，梁思成從寶坻從事田野調查回來，林徽音苦惱萬分，低頭對他說：「我同時愛上了兩個人，怎麼辦？」梁思成借用莎氏的話：如果你眞心地愛一個人，就應該希望那個人幸福。他說：「如果你選擇了老金，祝願你們幸福。」金岳霖聽了這句話，決心退出。他們成爲志同道合的朋友。甚至後來梁思成和林徽音吵架也要找來老金「仲裁」，這是我國文化史上的佳話。可貴的是金岳霖終身未婚。林徽音病逝，金岳霖寫了一幅輓聯：「一身詩意千潯瀑，萬古人間四月天。」林徽音是四月死的。林徽音的愛情與靈魂，永遠是四月天，活在廣大群衆的心裡。

林徽音是我國三十年代新月派傑出詩人。過去臺灣對她的介紹不多。最近世界書局出版《林徽音傳》，作者判係林徽音生前親近的人，頗值一讀。

【註】林洙從少女時代就是梁思成、林徽音夫婦的學生和朋友，一九六二年與梁思成結婚。林洙的《碑樹國土上，美留人心中——我所認識的林徽音》一文，發表在一九九〇年第五期《人物》雙月刊。

「性博士」張競生

「性博士」張競生、廣東饒平人。早年留法取得哲學博士學位。他提倡節育，反對多子多孫傳統陋習。他以「美人自古如名將，不許人間見孩兒」的詩句，力勸少生育。民國十五年四月，張競生編了一冊惹起軒然大波的〈性史〉，全書目錄如后：序（張競生）、我的性經歷（一舸女士，即褚問鵑）、初次的性交（小江平，即金滿成）、我之性生活（SW生）、春風吹度玉門關（映青）、別有一番滋味在心頭（冠生）、我的性經歷（志霞女士）、佳境—我們的性交歷史（淪殿）。這本書出版，轟動一時。出版界紛紛盜名推出「性史」二至十多集，挨罵的是「性博士」張競生，賺鈔票的是出版商。

最令人難以接受的，張競生提出思想觀念西化、人的軀體也全盤西化。在所謂「中國人生來醜陋」的前提下，張競生極力宣揚塑造新形象：男子應具有碩大的鼻子、濃密的鬍鬚、寬濶的肩膀、強健的肌肉：女子則應具有高聳的鼻樑、紅潤的面頰、豐滿的乳房、肥胖的臀部，粗壯的大腿以及發達的性器官。這些都是性交過程中性趣達到高峯的條件。

六十年代，香港出張競生的回憶錄〈十年情場〉、〈愛的漩渦〉，後者強調將肉慾、情慾、靈感三體連成一氣，以實現他的「美的性慾」。這兩本書我曾看過，可惜已散失多年。張競生在文革時期在饒平縣進行勞動改造，一九七〇年的一日，他腦溢血死在與牛棚爲鄰的茅棚裡，終年八十二歲。他受辱近半世紀，直到一九八四年才恢復政治名譽。稱他是「哲學家、文學家、性心理學、教育改革家、社會學家和鄉村經濟發展實驗家」，張競生地下有靈，當抱頭一哭！

書法家長壽

我國的書法是文化特點之一，寫字可以集中精神，促進血液循環，對於健康很有影響。因此歷代書法家多半長壽。隋唐之際的虞世南，活了八十一歲。唐朝柳公權享年八十八歲。顏眞卿被害去世時七十九歲。明朝文徵明「書名雄天下」，九十歲去世。清朝俞樾八十六歲高齡時，還爲江蘇巡撫手書了張繼〈楓橋夜泊〉詩碑。民國以來的書法家于右任、齊白石、黃賓虹、章士釗、郭紹虞均享壽九十以上。在大陸的書法家活到百歲以上的如北京的劉墨佛、上海的蘇局仙、沈邁士，其他活到九十以上的更多了。

蓋叫天練功

京劇著名演員蓋叫天，練功六十年，即使一度折斷了臂、摔斷了腿，蓋叫天依然堅持練功，做好武生演員。五十年代，他曾對名畫家李可染說：「要把練功看得重如泰山。偷懶取巧永遠不會在藝術上有什麼成就。」

一天，李可染和他在西湖畔一家茶館喝茶，蓋叫天盤腿而坐，卻把長衫蓋在膝蓋上。當時李可染納悶問他爲何這麼坐？蓋叫天立刻掀開長衫，原來他把一隻腳插在八仙桌橫撐裡，那是在練伸筋拔骨功夫哩。

蓋叫天在文革時被政治迫害而死。他墓碑上刻有「學到老」三字，是老畫家黃賓虹的墨寶。

筆耕者

生活在臺灣的作家，寫作環境比較舒適，如茶藝館、咖啡廳、旅館，有冷暖氣設備，進食飲茶也非常方便，眞是幸運萬分。記得六十年代初，田原每到週末隱居臺北一家小旅館，埋頭寫長篇小說，直到週一清晨才提皮包直進辦公廳。姜貴住於武昌街一家小旅館，他的幾篇著名小說皆在那兒寫成。我願提出說明，他倆生活清苦，用功之勤，値得學習。

宋朝董棻〈閒燕常談〉記載：「歐陽文忠公謂謝希深曰：吾平生作文章，多在三上——馬上、枕上、廁上也。蓋唯此可以屬思耳。」

歐陽修的散文說理暢達，抒情委婉。因他在馬上、枕上和廁所作文，絕不拖泥帶水，添加字數，多掙稿費，所以成爲著名作家。我聯想起美國小說家海明威最喜歡清晨寫作，而且是站立寫作，這跟歐陽文忠的寫作習慣相近，皆爲文壇佳話。

于右任遺言

于右任（一八七六—一九六四）名伯循，陝西三原人。詩人、書法家，中國國民黨元老。一九六四年十一月十日晚，他躺在臺北榮民總醫院彌留時，向床榻旁的監察院秘書長楊亮功瞅了一眼。楊老問：「院長有什麼話要說？」于右任當時腦筋還清楚，不過喉炎不能言語，於是伸出一個指頭，楊亮功朦朧不解，找出筆紙請他寫，但因手顫抖不停，未能寫成。接著他伸出三個指頭，楊問：「是否掛著三公子于中令？」于右任搖頭。最後楊亮功輕聲道別：「等你身體好些，我再來看望你。你休息吧。」孰料于公當晚病逝，這二次伸指竟成最後遺言。有人推測：于右任的意思是等中國統一，將我靈柩運回三原安葬。

記羅曼・羅蘭

法國著名作家羅曼・羅蘭一生患哮喘病，他的不少小說是在病床上寫出的。他有一句名言：「從我的健康狀況來看，我有明天早晨起不來的思想準備；從我的工作計畫來看，有準備寫作一百年的打算。」

羅曼・羅蘭的長篇小說〈約翰・克里斯朵夫〉一百二十萬字，早在四十多年前臺北即有譯本。他的另一部字數相等的巨著〈母與子〉尚未有中譯本。據聞老翻譯家羅大岡十年前已將〈母與子〉譯完。羅大岡已八十五歲，患心臟病、慢性支氣管炎病多年，近況不明。不過他這種執著翻譯工作精神值得佩服。

聞一多刻印

抗戰末期，詩人聞一多在雲南昆明西南聯大任教，因物價飛漲，生活難以維持，只得掛牌治印。聞一多年輕留美學過美術，對金石甲骨頗有研究，篆刻藝術造詣甚深，因此求治印者絡繹不絕。他在主動為華羅庚刻印的印章邊緣上，刻下這樣的字句：

甲申歲晏，爲羅庚教授製印兼爲之銘曰：

頑石一方，一多所鑿，
奉貽教授，領薪立約。
不算寒傖，也不闊綽，
陋於牙章，雅於木戳，
若在戰前，不值兩角。

侯寶林「上課」

著名相聲演員侯寶林，享譽大江南北。他生前最大的願望想做大學教授。十年前，侯寶林應邀前往美國訪問，有一次在哥倫比亞大學作學術演講，介紹說唱藝術的沿革流派。可是講了半天，一位教授打斷他的演說，提出質問：「你說過兩分鐘之內不能使聽衆發笑，即爲相聲表演者之失敗，你說了半天，大家還沒有笑！」

侯寶林聽了大窘，草草結束演講，下臺。

大抵從那次碰了釘子之後，侯寶林再也不作學術演講。其實大學教授並不比相聲演員清高，在廣大群衆心目中，侯寶林是名相聲演員、語言大師，他們最愛聽他的相聲，而不是愛聽他的藝術理論。

〈亞細亞之子〉事件

佐藤春夫是日本近代詩人、小說家。他曾和郁達夫結交爲友，後來佐藤春夫夫婦來華旅行，郁達夫陪同他倆遊西湖，逛上海，介紹文學朋友聚會，竭盡朋友的情份。但是抗日戰事爆發，這位日本作家爲了維護日本軍閥進行「大東亞聖戰」，竟翻臉無情，恣意醜化郁達夫，這就是〈亞細亞之子〉事件。

〈亞細亞之子〉是佐藤春夫發表在日本〈中央公論〉的一篇小說。寫一位汪姓文學青年，北伐之後亡命日本，與日籍妻子度過十年放逐生活。一個深秋的傍晚，他的一位鄭姓朋友受了「最高領袖」的密諭，邀約他回國作抗日宣傳工作。汪某回國，發現自己被人利用，鄭姓朋友竟把他國內的情人騙去作了妾。於是汪某「幡然悔悟」，跑到華北僞冀東自治政府做了醫院院長。汪的日籍妻子也在「皇軍」保護下到了通州，重新過起幸福生活。

明眼人一看便知道這是影射郁達夫協助郭沫若返國的事。佐藤春夫爲了政治宣傳，胡謅八扯，故意歪曲醜化，不僅毀滅了他與郁達夫的友誼，也有損於作家的人格。郁達夫忍無可忍，於一九三八年五月九日寫了一篇〈日本的娼婦與文士〉，發表在〈抗戰文藝〉雜誌。文中寫著：

「佐藤在日本，本來是以出賣中國野人頭吃飯的。平常只在說中國人是如何如何的好，中國藝術是如何如何的進步等最大頌詞。而對於我們的私人友誼呢，也總算是並不十分大壞。但是毛色一變，現在的這一種阿附軍閥的態度，和他平時的所說所行，又是怎麼樣的一種對比！……至於佐藤呢，平時卻是假冒清高，以中國之友自命的。他的這一次的假面揭開，究竟能比得上娼婦的行為不能？……我們對於那些軍閥的走狗文士，只能以一笑一哭來相向，如對於搖尾或狂猘老犬之一樣。」

這件風波過後第七年，郁達夫竟被日本憲兵殺死於蘇門打臘的荒郊。他的死縱然不至於歸咎於佐藤春夫的小說，但在郁達夫的悲劇上，佐藤春夫是一個極為醜惡的角色，這卻是連日本作家也承認的歷史事實。

佐藤春夫發表〈亞細亞之子〉小說，最早是日本留學生崔萬秋看到，告知郭沫若。崔萬秋在臺北時曾向我談起此事，這又是二十多年前的事了。

康熙養生之道

愛新覺羅．玄燁在清朝所有皇帝中，最懂養生之道。他八歲即位，年號康熙，文治武功，頗具業績。康熙生活比較樸素，他不吃補藥，也不按摩，他認爲養生之道「惟飲食有節，起居有常，如是而已。」他說：「朕每日進膳二次，此外不食別物，烟酒及檳榔等物皆屬不用。」康熙二十八年南巡時，有人進獻〈煉丹養生秘書〉，他把獻書者痛罵一頓，擲還其書說：「人之有生必有死，如朱子之言，天地循環之理，如晝如夜。」在封建皇帝之中，康熙這種科學思想確屬難能可貴。當他年近六旬，嘴上長起白鬍鬚時，有人勸他使用「烏鬚藥」，他笑道：「從古到今有幾個白鬚皇帝？我若能鬚髮皓然，豈不爲萬世之美談乎？」他活了六十九歲。

李鴻章「雜碎菜」

美國菜館有一道「雜碎菜」，流傳已一百年，這是晚清末年李鴻章留下的名菜。一八九五年五月，李鴻章蒞臨舊金山，索狄路市長爲了款待貴賓，召集華人廚師辦了一桌菜，菜單包括四熱葷：核桃炒蟾腿、石裡藏龍、花開富貴、紗意明月。八大碗：蟹王魚翅、八寶雀肉、片皮鴨、鳳爪鱉肚燉山瑞、清蒸甲魚、軍機扒鴨、一品嘉禾官燕、翡翠托龍蔓皮。八大盤：白灼響螺片、遊龍戲鳳、鮮菇扒鴿蛋、燒雲腿併鵪鶉片、鳳胎扒竹笋、百鳥朝鳳，群兒弄蝶、紅燒大網鮑片。菜上桌，李鴻章用筷子向菜盤點了點，皺起眉頭，擱下筷子，用右手揉起肚子來。

索狄路市長以爲這位從太平洋彼岸來的大清國外交首長嫌菜不好，便謹愼地問翻譯人員。通過翻譯的叩問，李鴻章才以濃重的安徽合肥話說：「不是菜不好，我拉肚子，不能吃油膩東西。」

於是，侍立在旁的華人廚師，腦筋一動，跑回廚房，把剩下的清淡的菜，七拼八湊，弄了一盤雜碎菜。李鴻章吃得非常過癮。從此以後，「雜碎菜」出了名，傳遍美國各大城市，有些美國佬還以爲「雜碎菜」是一道中國名菜哩。

盲學者陳寅恪

陳寅恪，江西修水人，著名史學家。精通英、德、法、拉丁、希臘文。他在我國魏晉南北朝以及隋唐史的研究，前無古人，恐怕後無來者。五十年代末，郭沫若說過：「在史學研究方面，我們在不太長的時間內，就在資料佔有上也要超過陳寅恪。這話我就當著陳寅恪的面也可以說。當仁不讓於師。陳寅恪辦得到的，我們掌握了馬列主義的人爲什麼辦不到？我才不相信。」儘管郭沫若藐視權威學者，不相信權威學者，但是在三十年後，還是無人超過陳寅恪。

陳寅恪年輕時看書過多，因而患眼疾失明。盲了眼，阻止不了他做學問。他在〈論再生緣〉一書中指出：「六朝及天水一代思想最爲自由，故文章亦臻上乘。」他同情〈再生緣〉作者陳端生的悲劇身世，對書內「搔首呼天欲問天，問天天道可能還」數語，反覆寄以同情。陳端生是女子，她地下有靈，受到史學大師陳寅恪讚揚，當引爲欣慰吧。

陳寅恪窮二十年寫成〈論再生緣〉，空前偉著。此書臺北坊間有售。

齊白石題畫詩

近代畫家齊白石通詩、書、印，且是丹青妙手，堪稱四絕。齊老的題畫詩很妙，如〈蝦〉畫詩：「有蝦有蝦，手足如麻；似此成群，海水終渾。」〈魚蝦〉詩云：「蝦何大，魚何小；蝦何多，魚何少。」題〈不倒翁〉詩云：「烏紗白帽儼然官，不倒原來泥半團。將汝忽然來打破，通身何處有心肝。」眞絕！

出家人愛國

李叔同是愛國主義者，他出家之後，長住福建，當日軍佔領廈門，曾題所居爲「殉教堂」，並畫一朵菊花，題詩是：「亭亭菊一枝，高標矗勁節。云何殷紅色，殉教應流血。」以示出家人不忘國家民族苦難。民國三十一年弘一法師（李叔同）圓寂泉州溫陵養老院，終年六十三歲。

李叔同年輕時患肺結核，否則他不會去世那麼早。

記范文瀾

浙江紹興歷史學家范文瀾，家窮，愛讀書。有點書呆子味道。民國初年在北大讀書，住學生宿舍，一次忘了鑰匙，爬窗進屋，給人抓著以爲「小偷」。他爲了節省時間，只擦洋油燈罩一小塊，便急忙燈下讀書。別人暗笑他有精神病。

范文瀾曾留學日本，因手頭困難，住在東京神田區，每日吃兩個麵包，一壺白開水。東京冬季寒冷，他無錢買厚衣不敢出門，只有躲在被窩看河上肇、牧野奈良作品，或是寫作，這樣足足過了兩年時光。

這位歷史學家於一九六九年七月二十九日在北京病逝，終年七十六歲。

番薯來源考

番薯，北京叫白薯，四川叫紅苕，山東叫地瓜，上海叫山芋，陝西、河南叫紅薯，福建叫金薯、番薯。它原是中南美洲產品，哥倫布發現新大陸後把它種籽携回西班牙栽種。後來西班牙海上霸權的擴張，佔領菲律賓，番薯也隨著傳入。當時僑居菲律賓的福建長樂人陳振龍，看到番薯種植容易，旱澇保收，而且生熟皆可食，是最好的解饑食物，所以想辦法引進祖國。但西班牙統治者規定，禁止番薯出境，如有違反將嚴予懲治。公元一五九三年（明朝萬曆二十一年春），陳振龍滿懷興奮心情，滿載貨物上船，駛出馬尼拉灣。他透過研究瞭解到「其藤雖萎，剪插種之，下地數日即榮」的特點，截取數段番薯藤蔓，「絞入汲水繩中」。出航前，海關人員登船檢查，搜遍船艙內外，也不會注意髒而濕的纜繩。這樣順利地返回福建漳州。

陳振龍引進番薯的經過，福建〈長樂縣志〉、徐光啓〈農政全書〉、周亮工〈閩小記〉和施鴻保〈閩雜記〉等典籍有記載。陳振龍逝世後，福建人民爲了感念他的恩情，在烏石山修建「先薯祠」。

番薯引進我國已四百年。四百年來，番薯在旱澇年月，救活了億萬善良而苦難的炎黃子孫。「吃果子拜樹頭」，我們應永世感激福建僑胞陳振龍！

王維與陶潛

詩人陶淵明不願與當權的馬褂兒混在一起，摘烏紗帽，毅然返鄉務農，留下「不爲五斗米折腰」佳話。

但是唐朝詩人、畫家王維卻對陶淵明的作風表示不滿。〈王右丞集〉卷十八有〈與魏居士書〉，其中有這樣的話：「近有陶潛，不肯把屈腰見督郵，解印綬棄官去。後貧，〈乞食〉詩云『叩門拙言辭』，是屢乞而多慚也。嘗一見督郵，安食公田數頃。一慚之不忍，而終身慚乎？此亦人我攻中，忘大守小，不知其後之累也。」

王維所指〈乞食〉詩，是陶淵明晚年遭遇的凄苦情境。陶淵明雖窮，但依然樂觀豁達，不向官僚低頭。不客氣地說，王維的爲人處世的格調比不上陶淵明清高。

窮不怕

清朝咸豐年間，北京有一位相聲演員朱紹文，別號窮不怕。原先他唱京劇小花臉，因清廷規矩過多，如齋日（祭天、祭地之日）、辰日（皇帝、皇后、太后忌日）都不准演戲，若逢上「國孝」（即皇帝、皇后、太后逝世），二十七個月停止唱戲，所以朱紹文爲了吃飯，改行說相聲。

光緒二十年，慈禧太后六十生辰，十月十日那天，北京城各業攤販集中頤和宮門外，開設攤子，供西太后觀賞。同時被西太后封爲「八大怪」的都去獻藝。「八大怪」即：朱紹文（說相聲的）、處妙高（學各種唱腔）、紘子李（一人班）、趙瘸子（盤槓子的）、傻王（大力士）、萬人迷（學唱二簧梆子的）、胡胡周（學唱梆子的）、楞新三（耍八大錘的）。當時，朱紹文紅極一時，引爲無上光榮。

在舊時代，藝人是被輕視的。窮不怕朱紹文到了八十多歲，仍以說相聲爲餬口職業，他窮途潦倒，常向觀衆自諷：「我是混吃等死，早晚餵狗。」

段玉裁軼事

段玉裁，清朝著名經學家、文字訓詁學家。此人用功之勤，廢寢忘食，他住的「經韻樓」的地板，由於天長日久的踱步、沈思，竟被磨薄了。他爲弄清幾個字的形、音、義，騎著毛驢從故鄉金壇到杭州查詢。十冬臘月天，他頂風冒雪，來回花了近兩個月時間，才把問題弄清楚。有人問他：「您家有七十二箱書，難道這幾個字還查不到麼？」段玉裁說：「書到用時方恨少嘛！」又有人問：「爲了幾個字，吃這麼大苦，値麼？」段玉裁嚴肅地說：「一字之誤，貽害千古。一字之正，造福子孫。這事可馬虎不得啊！」

這位著名的文字學家有一首詩，流傳甚廣：「張杜西京說外家，斯文吾述段金沙：尋河積石舊東海，一字源流奠萬嘩。」

灶神

我國民間流傳甚久的灶神，供奉在污穢陰暗的鍋灶前。一年到頭，灶神看到人們煮飯、炒菜、燻得頭暈眼花。直到臘月二十三日，灶神才嚐到粃粑飴糖，被送上天，向玉皇大帝報告人們的善惡考核；灶神只在天庭逗留七日，便結束假期，重返人間作監察工作。因爲祂一年到頭位於鍋灶前，故獲「東廚司命」官銜。

在我魯西農村，每家廚屋鍋灶壁上，都供奉灶王爺神像。神像的對聯爲「上天言好事，回宮降吉祥」，橫批是「一家之主」。灶神既主宰一家人命運前途，權力特大。魏晉時便留傳若灶神稟告玉皇大帝，會給人家損身奪壽的懲罰。晉葛洪〈抱朴子．內篇．微旨〉：「月晦之夜，灶神亦上天白人羅狀，大者奪紀，紀者三百日也；小者奪筭，筭者三日也。」但是道高一尺，魔高一丈，咱們炎黃子孫對付耳聾眼花的灶神手腕非常高明：每年臘月二十三日，灶王爺前住天庭前夕，人們先給灶王爺一點飴糖，讓祂嚐甜頭，記住人們的好處；再嚐到黏糊的粃粑把嘴糊住，灶王爺見了玉皇大帝，即使有一肚子話也講不出口。說起來咱們的同胞頭腦固然聰明，但卻不夠厚道！

有關灶神的由來，衆說紛紜。其中有浪子說，灶神姓張，是一位負情浪子，因羞見休妻而躲藏在鍋灶旁，不敢出頭露面，久而成爲灶神。我國封建社會婦女終身圍著鍋台轉，這位負情浪子沉埋廚屋，合情合理的懲罰。唯一讓我存疑的是〈百家姓〉上姓氏近百，何以祂偏姓張呢？

鄭板橋做官

清朝乾隆年間傑出詩人、書法家、畫家鄭板橋說過，他的畫只是用來「慰天下之勞人」，也就是爲廣大的民衆服務，這在二百年前是非常進步的藝術思想，也是當時士大夫難以理解的奇談怪論。

鄭板橋在山東做過縣令。因爲他看清當時爲官者，清廉不多，所以要打破「千里做官只爲財」的庸俗觀念，將「明理」、「作好人」奉爲「第一」要義。曾衍〈小豆棚雜記〉中記載：(板橋)涖任之初，署中牆壁悉令人挖孔百十，以通於街。人問之，曰：「出前官惡習俗氣耳。」若要剷除官僚鄉愿惡習俗氣，首先應該了解人民大衆的疾苦，繼而去解決民生問題，這才是百姓的好公僕。鄭板橋在濰縣署內作詩，具體地表現出他做官的心境：「衙齋臥聽蕭蕭竹，疑是民間疾苦聲，些小吾曹州縣吏，一枝一葉總關情。」這種與廣大群衆共呼吸的縣令，怎不受民衆的衷心擁護呢？

乾隆十七年初冬，鄭板橋爲了解決農民糧食困難，勒令大戶開倉賑災濟民，得罪上峯與地方紳商，最後竟判貪污罪撤職。試問鄭板橋既然「貪污」，他離去時帶走什麼財物呢？〈小豆棚雜記〉有這樣的記載：

當其去濰之日，止用驢子三頭：其一板橋自乘，墊以舖陳；其一馱兩書夾板，上橫擔阮弦一具；其一則小皀隸騎以前導。板橋則風帽氈衣，出大堂揖新令尹，据鞍而告之曰：「我鄭燮以婪敗，今日舊裝，其若是輕而且簡，諸君子力挹清流，雅操相尙，行見上游擢重，指顧鶯遷，倘異日去濰之際，其無忘鄭大之泊也。」言罷，跨蹇郎當以行。

鄭板橋是一位優秀的地方首長，他的藝術文學上的成就，淹沒了他爲官廉明公正的美德。當時「三年清知府，十萬雪花銀」。而他呢，落了「貪婪」惡名，臨去時只有一床舖蓋捲兒、一馱書籍、一隻舊琴而已。鄭板橋在腐朽透頂的清王朝中是爬不起來的；若是鄭某扶搖直上，孫中山後來也不會喚起民衆，進行革命吧？

我總覺得鄭板橋的智慧很高，從他手書的一副對聯可作證明：「搔癢不著讚何益，入木三分罵亦精。」我們在廣闊的人海中，若想眞正認清自己，只聽歌頌阿諛言詞或惡意攻擊的話，時常引起情緒激動與灰心氣餒兩極化的反應後果。所以爲政者要聽取人民群衆眞正的反應，做藝術家也要得到內行人的客觀評論，才會感到愉悅滿足。

縱觀鄭板橋畢生徘徊在藝術與馬褂之間，我認爲他四十四歲中進士是一大敗筆，再穿上馬褂去當縣令是二大敗筆；若是鄭板橋鍥而不捨寫詩、作畫、鑽研書法，他一定爲中國文化藝術作出偉大的貢獻。我想以鄭板橋那般有高智慧的文藝家，不難看出大清國的腐朽本質，何苦已逾知命之年，遠離故鄉出外作芝麻官、淌渾水，這不是聰明一世、糊塗一時麼？

畫眉張

本世紀初，京滬一帶娛樂圈有個「畫眉張」，北方人，模仿鳥叫，維妙維肖。他勤學苦練，不僅掌握、發展了〈百鳥象聲〉，而且還創作〈木輪車〉、〈紡線〉、〈驢叫〉、〈蚊蟲叫〉等節目。北伐前夕，「畫眉張」從上海到了北平天橋賣藝。掛了一幅紅帳，上書「河北畫眉張，天下第一名」。一日，一個綽號「楊嘎子」的有錢惡少，提著一隻鳥籠鬧場，聲言他的畫眉鳥能模仿各種聲音，向「畫眉張」挑戰。原來那隻畫眉鳥是從內蒙化了五百大洋買來的，確是一隻神奇的鳥。

人與鳥口技比賽開始。「畫眉張」先來了個「蚊群低鳴」口技，那隻鳥也接續模仿，毫不遜色。「畫眉張」繼續而學鷹、雞、蟋蟀……那鳥也不示弱，表演活龍活現。觀衆目瞪口呆，非常緊張。接著，「畫眉張」右手下垂，左手前舉，忽然，槍炮聲大作，猶如眼前面臨戰場，那隻鳥嚇得上撲下撞，四處亂飛，一頭栽在籠子裡不動彈了。

「畫眉張」原名張增財，一八九〇年生，一九六四年去世。他和「人人笑」、「開口笑」齊名，被譽爲中國「三大口技名家」。

記周瘦鵑

文藝如同花園的花朵，萬紫千紅，艷麗奪目。儘管它具有教化功能，但它首先必須歡娛人的心靈。因此，文藝家是園丁，是人類靈魂工程師。

民國初年到五四運動，有些文藝家發表才子佳人的愛情小說。這些用文言文寫作的小說家徐枕亞、吳雙熱、李定夷等，發表在〈小說新報〉或〈說叢報〉上。代表作品有〈玉梨魂〉、〈蘭娘哀史〉、〈美人福〉等。另外，還有一些小說家以白話文寫作，內容也與上述作品相似，發表在〈禮拜六〉週刊上，稱爲〈禮拜六派〉，重要作家則是周瘦鵑。這些作品受到五四運動新文學工作者的批判，統稱爲「鴛鴦蝴蝶派」。

周瘦鵑學名國賢，江蘇吳縣人。家窮。有一次他去看話劇，見周吟萍貌美，驚爲天人，便追上了她。但周家見瘦鵑家境清寒，看不起他，不准成婚。從此周瘦鵑將滿腔怨氣寫進小說。所以有人稱他「平生所爲文，言情之作居什九，然哀艷不可卒讀……都脫不了一個情字的圈兒。」

平心而論，周瘦鵑寫小說，也絕非只爲騙取讀者眼淚而寫作。他是發抒內心的不平與苦悶。五十年代末期，周瘦鵑在一篇回憶文章中，曾這樣向讀者訴說：

現在讓我來說說當年〈禮拜六〉的內容，前後共出版二百期中所刊登的創作小說和雜文等等，大抵是暴露社會的黑暗，軍閥的橫暴，家庭的專制，婚姻的不自由等等，不一定都是些鴛鴦蝴蝶派的才子佳人小說，並且我還翻譯過許多西方名家的短篇小說，例如法國大作家巴比斯等的作品，都是很有價值的……總之〈禮拜六〉雖不曾高談革命，但也並沒有把誨淫誨盜的作品來毒害讀者……當然，在二百期〈禮拜六〉中，未始捉不出幾對鴛鴦幾隻蝴蝶來，但還不至於滿天亂飛，遍地皆是吧？

不用說，這是周瘦鵑的牢騷話。雖然他寫過言情小說，但他從事二十多年創作和翻譯工作，從民國元年到二十年，他的小說不斷地在〈民權素〉、〈中華小說界〉、〈小說新報〉、〈女子世界〉、〈小說大觀〉、〈小說季刊〉、〈禮拜六〉、〈小說畫報〉發表作品；他還在〈申報・自由談〉、〈半月〉、〈良友〉擔任主要編輯；而他還主持〈紫蘭花片〉雜誌，周瘦鵑對於文藝是有貢獻的。

抗日戰爭勝利，周瘦鵑從上海回到蘇州，掘地爲池，疊石爲丘，種樹蒔花，建立一所取名「紫蘭小築」的花園。他常在夕陽西下，坐在園內石井旁小憩。文革開始，周瘦鵑受到政治迫害，最後他跳井自殺，時爲民國五十七年八月十二日。據說周瘦鵑主編〈申報・自由談〉時，對於狄克的雜文退了不少，不料三十年後，狄克恢復原名張春橋，成爲「上海王」，將這個副刊主編逼死。此事眞相如何？待考。

吳敬恒二三事

吳敬恒最反對做壽，是衆所週知的佳話。民國十四年，他六十歲。旅居上海的無錫鄉親，不知通過什麼途徑，獲知他的生辰，在一家飯館準備壽桃壽麵，掛了壽幛點燃喜燭爲他祝壽。直到客人到齊，卻不見壽星駕臨。這時一位郵差背著信袋走進飯館，原來是吳敬恒從杭州寄來的。

諸位先生執事：奉賜帖感悚莫名。弟因先母早逝，故先外祖母不忍提及弟等出生之日，從未有所謂「誕」，糊里糊塗，醉生夢死地白活在狗身上，不知到今幾何年。有人登報說替我慶花甲，這叫做謠言處處有，中國特別多。哈哈！我雖相信我或者已登了花甲，卻不敢在月份牌上揀一個茶會日子就算生日。我最反對慶壽做生日，所以沒有慶壽有我去拜祝的，這是一個硬憑據。我雖登了花甲，夠得上弄個華誕出來玩玩，卻不敢非之人者又來有之已。敬璧原帖，並叩謝諸先生，本日弟已赴杭州，亦不能陪座，歉甚。

敬恒謹啓

結果，無錫同鄉爲他準備的壽筵只好作爲聚餐，這是北伐前夜轟動上海的笑話。平心而論，吳老絕非矯情，他具有質樸、謙卑、擇善固執性格。他在〈斗室銘〉中，曾坦率說出他愛拉野屎的習慣（聳臀草標白，糞臭夜來騰）。後來，民國三十四年，吳敬恒八十歲了，〈說文雜誌〉出了一期「吳稚暉八十大慶專集」，吳老極不愉快，他向大家說：「我吳稚暉是偷來的人生，出生前，祖母曾托夢給外婆，說從陰間奈何池裡用秤鉤鉤出來這個孩子，趁閻王爺打瞌睡時逃出了鬼門關，以左臂上有秤鉤鉤傷的傷疤為記。此子出生後，千萬不能做生日，因為是閻王爺的逃犯，被閻王得知是要捉拿歸案的。」吳老的左臂上確有寸把長的一塊黑疤，這話聽起來好像有根有據似的。其實是他編出來的。吳敬恒從不迷信，清明不上墳，過年不祭祖，他怎會相信「托夢」之類的鬼話？

民國十四年三月，孫中山先生病逝北平，吳老受中山先生之託，在北平南小街創辦海外補習學校，教育國民黨高幹子弟。學生二十餘人，有蔣經國，還有中山先生兩個孫子。學校設有文、史、地、數、理、化、外語。吳老規定語文課要寫作，還必須用毛筆寫。中山先生兩個孫子不肯寫，認為用毛筆寫文章是秘書應做的事。吳敬恒很生氣，當即寫了一首唐詩：「朱雀橋邊野草花，烏衣巷口夕陽斜。舊時王謝堂前燕，飛入尋常百姓家。」吳老叫他們抄寫下來帶回家，同家裡人一塊體會劉禹錫的詩意。後來，吳老在國民黨中常會上曾感慨地說：「我吳稚暉活了七、八十歲，還沒用過什麼秘書，好大的口氣呀！官宦人家子弟，如不嚴加管教，是非常危險的！」

吳老不僅篆書有名，楷書也寫得極好。抗日戰爭時期，陪都重慶建立「蔣金紫園墓碑」，碑文共八百多字，是吳老用兩個半天寫成的，那時他已七十七歲。陳布雷讚賞說：「圓渾凝重，蒼勁有力而力不外露，是楷書篆化的精品。」從抗戰末期起，吳老開始掛單鬻字，終日揮毫，以供他招待患難朋友和眷屬的生活費用。吳老樂於助人，愛管閒事，而他終身卻過著樸素刻苦的生活。

經國先生是海外補習學校學生，那時才十二、三歲。一日，他和同學因細故打架，被人家打得鼻青眼腫，躲在宿舍睡大覺裝感冒。吳老聞訊趕去掀他的被窩，勸慰他：「你被別人打敗，躲到床上生悶氣，讓人家知道，人家才拍手笑呢。」經國先生聽了坐起問：「那我應該怎麼辦？」吳老拍著他肩膀，慈祥地說：「起床，先去操場跑步，多吃飯，把身體鍛鍊強壯，以後人家就不敢欺侮你了。」經國先生講述這段往事，熱淚盈眶，聲音哽咽，我們聽了起初捂嘴偷笑，後來禁不住爲之動容。時光如矢，說來這又是四十三年前的往事了。

雖然我從未見過吳敬恒先生，但他的畢生行誼，給我印象極深。吳老一輩子不講究穿著，似乎從未穿過一件新衣。民國三十六年，吳老參加國民大會，家屬決定爲他做件新棉袍，出席大會。他胞弟吳菊福是裁縫，親自來辦，當時菊福已七十多歲，多年未做衣服，結果縫得七扭八歪，難看至極。吳老就穿上這件怪棉袍站在台上，爲蔣總統、李副總統（宗仁）披掛紅帶、遞交當選證書。吳老吃飯「兩粥一飯，小葷大素」，從不大吃大喝，八十八年如一日。而且煙酒不動。他常向晚輩們說：「私慾是陷入的火坑，切記切記！」

吳敬恒在重慶寫了一篇〈斗室銘〉，自稱「癩痢經」，抗戰八年一直住在這座斷垣殘壁的「斗室」中。〈斗室銘〉是這樣寫的：「山不在高，有草則青，水不厭濁，有礬即清。斯是斗室，無庸德馨。談笑有鴻儒，往來多白丁。可以彈對牛之琴，可以背癩痢之經。聳臀草際白，糞臭夜來騰。無絲竹之悅耳，有汽車之鬧聲。南堆交通（部）煤，東傾掃蕩（報）盆。國父云：阿斗之一，實亦大中華之大國民。」

我最敬佩吳敬恒老人的是他爲人誠懇，決不爲了討好文藝青年，說出有違內心的話。大抵是民國四十年左右，吳老參觀畫展，展出盡是烏七抹黑、花花綠綠的抽象畫。走在一幅題爲〈風景〉的作品前，青年畫家請他題詞。吳老握起毛筆，寫了一首打油詩，風趣盎然，令人激賞。詩曰：「遠看似朵花，近看像烏鴉。原來是風景，唉唷我的媽。」固然抽象畫有它的藝術立論走向，但是吳老這種坦誠相見的風範是値得稱道的。這比那些專爲討好青年、取悅他人的馬褂，閉著眼睛瞎捧場，可愛得多！

吳敬恒原名朓，字稚暉，江蘇武進雪堰橋人。民國四十二年病逝臺北，享年八十八歲。

賽珍珠與徐志摩

關於美國作家賽珍珠和徐志摩的一段戀情，是由一九八四年出版的〈賽珍珠傳〉渲染出來的。這本書的作者爲美國傳記作家諾拉·斯特林，書中曾通過賽珍珠的談話，發表她在二十年代的上海對徐志摩的印象：

有一位漂亮的、傑出的很多人愛戴的年輕詩人，他因被譽爲中國的雪萊而感到驕傲。他常坐在我會客室裡，聊上一、二小時，以自己漂亮的手做出各種細膩的、有說服力的手勢。直到現在，當我想起他這個人的時候，就首先想起他的一雙手。他是中國的北方人，高個子，有些古典美。他的手很大，很好看，像女人的手那樣光滑，那樣無瑕，我肯定他不從事任何手工勞動。我們這些年輕的中國文人，至少在這方面繼承了老傳統，不幹任何體力活。這位中國雪萊很年輕便與世長辭了。對此，我深感悲哀。可以說，他很有個人才華，如果他能越過這個雪萊階段，他就能成爲自己而發揮個人的才華了。然而，他希望自己能長翅膀上天翱翔，他是首批坐飛機的人，結果死於飛行事故。

賽珍珠說徐志摩是「北方人」，係因志摩祖籍河南開封，後移民浙江海寧硤石鎮。同時志摩長期在北京讀書、工作，所以他在外國婦女心目中是「北方人」並無錯誤。同時我認爲賽珍珠批評志摩尚未越過「青年雪萊階段」是正確的。試想徐志摩只活了三十五歲，他除了讀書、留學、在女人堆裡混之外，他能有多少時間寫詩？因爲他才華高，名氣高，死後又被文學界捧得上了天，所以徐志摩才名聞四海，這是中國文壇的畸形狀況。

賽珍珠和徐志摩會面相識的時間，據我判斷大抵在民國十三年春，因爲是年四月十二日，泰戈爾應北京講學社邀請訪華抵達上海，徐志摩前往迎接，可能賽珍珠在那時見到詩人志摩。在此之前，根據志摩一生年表，皆在歐洲、北京，兩人實無法會面，民國十四年三月十日，志摩從北京啓程赴蘇聯到歐洲旅行，七月陸小曼生病方返國。從此忙於戀愛、教書、編刊物，翌年十月三日和小曼結婚。這時賽珍珠已將離華返美了。

諾拉．斯特林的〈賽珍珠〉傳，提到賽珍珠的〈大地〉第三部〈分家〉中，她塑造的青年詩人王盛，乃是徐志摩的化身。這是非常牽強的主觀看法。最可笑的，諾拉．斯特林曾指出：一九五七年，賽珍珠出版自傳性小說〈北京來函〉，影射了她和徐志摩關係的經過。這部小說所寫，她後來在七十年代初開始向一個好友透露自己年輕時的桃色祕聞說，那情節，並非虛構。在一九二七年的小說〈東風．西風〉中，她甚至想像自己是徐志摩的妻子。這些論點是錯誤的、荒謬的。

賽珍珠生前朋友海倫．福斯特首先否定這些說法，她說：「賽珍珠是位善於虛構情節的多產小說家，她能夠，而且已經把自己寫進虛構的小說中去了。」是的，海倫．福斯特的話沒錯兒，不過她忘記加上一句：「在資本主義的社會，文學是一件商品，爲了促銷，所以才加油添醋寫出一些錯誤而荒謬的話。」

賽珍珠從小生長於嚴肅的基督教家庭，父母親是傳教士，早在十九世紀七十年代即來中國。賽珍珠生於江蘇鎮江。她的首任丈夫約翰·洛辛布克是南京金陵大學農學系主任，兩人感情不睦，大抵在民國十五年左右離婚。後來她雖嫁給美國〈亞洲〉雜誌主編理查德·沃爾什，但她的小說署名仍為舊名Pearl S. Buck，這在西方並非新鮮事。

許我們這樣推論：賽珍曾在東南大學教書，那時梁實秋也在該校執教。既然徐志摩為梁老好友，偶爾相會，可能向她介紹而認識。賽珍珠比志摩大五歲（實際是四歲多一點），文學成就比志摩高，她欣賞志摩並不等於鍾愛志摩；說句失禮的話，賽珍珠即使患了色盲，也不會愛上在名女人堆裡打滾兒的徐志摩！

香菇與傘

法國小說家大仲馬喜歡旅行，一日路過一座盛產香菇的德國小鎭。下車伊始，走進一家飯館。他因不會講德語，便取紙筆畫了一隻香菇。服務生連忙點頭離去。不一會工夫，服務生並未端上大仲馬所點的炒香菇，而是帶來他根本不需用的雨傘。這則笑話給我們一則啓示，大仲馬雖是傑出小說家，但是在繪畫方面卻太蹩腳。因爲一個小說家必須下定決定磨練自己，體驗生活，嚴肅地從事創作，才有成就。試看目前的青年詩人開畫展、小說家開鋼琴演奏會，這種炫耀藝術才華的商場行爲，確給文藝界帶來一股不正之風。

我國十九世紀著名寓言作家克雷洛夫，寫過一首朗誦寓言「傑米揚的魚湯」，發人猛省，結尾是這樣寫的：

作家，你才高八斗，這很好；
可是你如果不善於適當地節制，
老是在鄰人的耳邊鼓譟不休，
那麼瞧著吧，你的散文和詩，

就要比傑米揚的魚湯更令人討厭。

大抵一個成功的文學家或藝術家，應嚴肅地克制自己，不要炫耀，不可誇張，要通過艱苦的勞動來培植自己藝術天才和靈感。

俄國詩人馬雅可夫斯基在〈我怎樣做詩〉中，這樣敘述自己的寫作情況：「為了搜索可以捕捉的但還沒有捉住的韻腳，眞可以危害生命；說話不懂說的什麼，吃東西不知味道，也不能睡，幾乎只看見韻腳在眼前飛。」

前面提到，青年詩人開畫展，小說家開鋼琴演奏會，固然展示「恨無彩筆雙飛翼」的藝術才華，但也顯示出作者用心不專一。我國詩人賈島敘述他寫詩的執著、認眞態度，說：「二句三年得，一吟雙淚流。知音如不賞，歸臥故山秋。」孟郊的〈老恨〉詩，自述寫詩情景：「無子抄文字，老吟多飄零。有時吐向床，枕席不解聽。」李頻的「只將五字句，用破一生心」，盧延讓「吟安一個字，拈斷數莖鬚」，還有杜荀鶴「此心閒未得，到處被詩磨」，以及歸仁和尙「日日爲詩苦，誰論春與秋」等。這些以自己的生命寫詩，怎能不苦、不瘦？如果他們看到當前青年詩人以玩文學、玩股票的手法寫詩，豈不氣得吐血！

文藝家獻身於創作，精神專一，不眠不休，如韓愈所云，「處若忘，行若遺，儼乎其若思，茫乎其所迷」的境界，被人譏爲痴呆，才有成績。

法國傑出的寫實主義小說家福祿拜爾爲了寫作，曾經集中精力研究過化學、醫學、園藝學、地質學，他曾讀過一千五百冊書，而他筆記的卷宗有八寸之高。福祿拜爾在給一個朋友的信中寫道：

如今我連頸項都沉湎在少女的夢裡。……整整十五年以來，我和驢一樣地工作著。我這一生就頑石似地過著，我把我的熱情全關在籠子裡面，除非爲了解悶，有時我走去瞻望瞻望。噢！只要寫成一部美麗的作品，我這一生也不算白活！

巴爾札克從少年時寫小說就專一勤奮，每隔三天換一瓶墨水，並且用掉十個筆頭。據統計，他在〈人間喜劇〉中創造了約二千個人物。因爲巴爾札克過分勞動，僅活了五十一歲，和曹雪芹死時年紀相近，値得惋惜。巴爾札克的書房壁櫥上，放置一座拿破崙石膏雕像，雕像底座貼有一片紙，紙上有巴爾札克親筆寫的一段豪語：「彼以劍鋒所竟之業，我將以筆鋒竟其業。」平心而論，小說家巴爾札克這句豪語是事實。

記張恨水

張恨水的名字，傳說他追過某女作家，因而取此名。謬矣。他十九歲和徐文淑結婚，尚未寫作，後來從事散文、小品、詩詞寫作，用過五十多個筆名，如東方晦、隨波、百忍、江南布衣、打油詩人、待漏齋主、天柱峯舊客等。他寫〈啼笑姻緣〉等長篇小說，用張恨水筆名成了名，所以索性叫張恨水了。他原名張心遠，一生寫了二十多部中長篇小說、二百四十多篇散文、五百多首詩詞、五千多篇雜文，約三千萬字以上。是著名小說家。他的讀者極多，包括魯迅的母親、張學良將軍。在過去，張恨水曾被歸入鴦鴛蝴蝶派，這是非常錯誤的評價。

抗日戰事前二年，日本關東軍代表、侵華頭目土肥原慕名，派人帶著〈春明外史〉、〈金粉世家〉，請作者張恨水「賜予題簽」。張恨水看過土肥原的信，淡淡一笑，遂從書架上抽出一本〈啼笑姻緣〉續集，在書的扉頁寫了「土肥原先生囑贈」，落款是「作者時旅燕京」。然後將這本書和原帶的兩本書交還來者。

張恨水這一手很厲害。一是「囑贈」二字告訴人們，此書是土肥原要他題簽，作者並非心甘情願；二是〈啼笑姻緣〉續集寫東北義勇軍抗日事蹟；三是落款不署名，只署「作者」表示不願與之爲伍，劃清界限，眞是妙得緊也！

到今天還有不少人不知道，張恨水從民國七年到三十七年，一直在報館做事，從事記者、編輯、經理長達四十年，老報人也。他在報館服務，寫小說爲了養家餬口，三十五歲時靠一枝筆養活十八口之家。寫作精力鼎盛時期，手頭同時有六七部小說，每天要寫六千字才能應付各家報紙連載的索稿。他桌前放著四五枝削好的鉛筆，等鉛筆寫鈍了就削幾下，磨磨筆尖算是休息。張恨水送小說稿非常講信用，既不延誤，又不偷工減料。他僅有一次脫稿，民國二十一年五月間，〈金粉世家〉寫到最後一頁時，他的女兒慰兒、康兒因瘟疫而死。因受劇烈打擊，停了一日，次日才補登完畢。後來〈金粉世家〉出書時，張恨水還在〈自序〉中作了抱歉的說明。

張恨水筆下寫出那麼多才貌出衆的女子，但他的婚姻並不美滿，也無浪漫氣息。他十九歲奉父母之命、媒妁之言成婚。妻子門牙外露，嘴巴合不攏，巴巴頭，不識字，纏腳，連名字都沒有。後來張恨水的大妹爲她取名徐文淑。民國十二年，張恨水在北平〈益世報〉工作，認識一位受苦的流浪女孩胡秋霞，後來結婚。兩人毫無愛情，成爲悲劇。不過，張恨水第三次結婚甚爲美滿，那時他三十五歲，周淑雲十六歲，兩人在抗戰時期度過八年患難歲月。可惜周淑雲於民國四十八年十月病逝，終年四十五歲。張恨水曾有「只是一場春夢破，青衫淚擁哭墳旁」的悼念詞句。

趙樹理幽默

小說家趙樹理非常幽默，他作〈說說唱唱〉主編，夏夜燈下審閱稿件，小飛蟲不時撞燈，撞死的小蟲落在稿紙上。趙樹理一邊輕輕把它們吹走，一邊幽默地說：「啊，有屍〈詩〉爲證。」

一日，有人到趙樹理家作客，看見書桌前吊著一籃饅頭窩頭，不小心，籃子裡饅頭掉下來，砸到他的頭。趙樹理隨口唸「順口溜」：「小籃子，晃悠悠，硬梆梆的饅頭打我頭。」

文革時期，趙樹理受到政治迫害，身心遭受嚴重的摧殘。他去醫院看病，醫生看著他病歷本上的名字，吃驚地問：「你就是作家趙樹理？」趙樹理苦笑說：「這個時候，誰還敢冒名頂替呢！」

茅盾背〈紅樓夢〉

三十年代，開明書局老板章錫琛有一天對錢君匋和鄭振鐸說：「茅盾能背誦〈紅樓夢〉。」兩人不相信。章錫琛說：「如不信，可以賭一桌酒。」雙方最後約定，誰輸誰付酒錢。

是日，在開明書店酒敘，席間有茅盾、鄭振鐸、章錫琛、夏丏尊、顧均達、周予同、錢君匋、徐調孚，皆文學出版界人士。席間，章錫琛請茅盾背〈紅樓夢〉，並由鄭振鐸臨時指定背哪一回？茅盾果然應命滔滔不絕背了出來，衆人大爲驚訝。

蒲松齡說鬼

王漁洋嘗讚嘆蒲松齡《聊齋誌異》，談狐說鬼云：「姑妄言之妄聽之，豆棚瓜架雨如絲。料應厭作人間語，愛聽秋墳鬼唱詩。」我認為王漁洋的論評中肯、實在，而且客觀。不過，蒲松齡的說鬼，絕不是為說鬼而寫鬼，他是借鬼諷刺現實社會而已。

蒲松齡是傑出的短篇小說家，也是一位醫師，他的劇本〈草木傳〉是根據中藥的性味、功能特點，運用生日淨末的角色，使藥物人格化、情節故事化。例如在劇中有一段說白：「那一日在天門冬前麥門冬後搖了搖兜鈴，內出兩位婦人，一個叫知母，頭戴一枝旋復花，擦著一臉天花粉，一個叫貝母，頭戴一枝款冬花，擦著一臉元明粉。金蓮來求咳嗽藥方，黃芩抬頭一看，即知頭面各般所有枳實俱是止嗽奇藥，放下兜鈴，匯成一方，便把那熱痰咳嗽一並治去。」蒲松齡在這段戲曲說白中，寫出「清肺湯是治療肺熱喘咳的方劑」，它的草藥包括麥冬、天冬、知母、貝母、黃芩、桑皮、桔紅、甘草等組成。

正由於蒲松齡懂得醫術，他年輕時在淄川曾為桑梓父老治病。據說在一個歲暮除夕夜，蒲松齡剛想就寢，聞聽柴門外有人呼喚求醫。他披上棉袍，騎上毛驢兒奔向一片群山窪，但見一座地主莊園，長工引導他走進內院，只見迎出來一位白鬍子老人。蒲松齡問：「病人在何處？」老人仰頭大笑，笑聲猶如七級地震，震得地動山搖。蒲松齡氣惱，冷笑說：「我寫了這麼多鬼狐妖怪，終日與鬼廝混，咋能被你這個老鬼嚇倒？」老人搖身一變，變成披頭散髮、鋸齒獠牙的厲鬼。蒲松齡臉不變色心不跳，默聲地從口袋掏出菸袋，點上，悠閒地吸起菸來。厲鬼返身向房內吆喝一聲，只見缺耳的、沒臉的、少頭的、沒有四肢的鬼，從四面八方圍堵而來。老鬼厲聲說：「姓蒲的，你筆下創作的鬼，都在這裡。今天除夕夜，咱們算帳！」蒲松齡恨透了那些魚肉百姓的貪官污吏，他們就是圍在眼前的妖魔鬼怪。他把胳膊朝上一甩，手中的菸袋化成一支明晃晃的毛筆。毛筆直上夜空，立刻烏雲翻滾，雷轟閃亮，那些鬼怪一個個恨爹娘少生兩條腿，抱頭竄逃。蒲松齡卻騎上毛驢，趁夜返回淄川老屋。抵家時，東方已泛出魚肚白。

當年蒲松齡爲百姓治病，是基於同情心腸，他才蒐集民間偏方參考醫書行醫。他在《聊齋志異》中曾寫過：「民間有病，閨中以神卜，倩老巫擊鐵環單面鼓，婆娑作態。」蒲氏所寫的民間「跳神」活動，流傳甚久。如今中國大陸似已絕跡，但臺灣卻在民間存在。當時蒲松齡看了這種迷信現象，才激起他爲鄉里百姓治病的意願。他到了年已六十七歲時，著有《藥祟書》，可惜此書早已遺失，但卻留下了《藥祟書．序》。〈序〉中說：

疾病，人之所時有也。山村之中，不惟無處可以問醫，並無處可以市藥。思集偏方，以備鄉鄰之急，志之不已，又取《本草綱目》繕寫之，不取長方，不錄貴藥，檢方後立遣村童，可以攜取；但病有百端，而僅爲四十部，殊覺荒率，而較之在《綱目》者，則差有涯岸可尋矣。偶有所苦，則開卷覓之，如某日病者，何鬼何祟，以黃白財送之云爾。

蒲松齡的雜著《日用俗字》中，結合文字介紹醫藥知識，也起了極大的作用。這證明蒲松齡不是書獃子，他是對民衆的疾苦非常關心。如寫「鶴膝風先求杜仲，寸白蟲須用雷丸」，「腰閃只吹一笑散，天行必用五瘟丹。」記住了疾病與藥名，也就掌握了醫藥知識，這是蒲松齡的人道主義的具體成績。後世的人恐不甚清楚此事。

鄒弢《三借廬筆談》一書，曾紀錄了蒲松齡爲寫作《聊齋志異》，作了二十多年的博採異聞活動。

作此書時，每臨晨，攜一大磁罌，中貯苦茗，具淡巴菰一包，置行人大道旁，下陳蘆襯，坐於上，煙茗置身畔。見行道者過，必強執與語，搜奇說異，隨人所知，渴則飲以茗，或奉以煙，必令暢談而已。偶聞一事，歸而粉飾之。如是二十餘寒暑，此書方告蕆。

蒲松齡雖以寫《聊齋志異》名震文壇，但他的廣博知識實令人嘆爲觀止。他寫的《日用俗字》，包括身體醫藥、飲食雜用、生產行業、軍政法律、博物文藝、宗教迷信、社會問題。他寫的《農桑經》稱得上最早的農業科學知識大全。他寫的〈煎餅賦〉，製作煎餅「一翻手而覆手，作十百於俄頃。」他描寫煎餅「圓如望月，大如銅鉦，薄似剡溪之紙，色似黃鶴之翎。」只有山東人讀了才感到熟悉親切，我從未見過文學作家描寫煎餅像蒲松齡如此貼切、生動。至於他描述鄉間父老吃煎餅捲大葱的景象，「朵雙頰、據牆次，咤咤棖棖，鯨呑任意，左持巨捲，右拾遺墜。」猶如一幅鄉村水墨畫。

清康熙七年六月十七日，蒲松齡在濟南遇上近代史上華北八點五級大地震。這次地震，淄川城垛裂斷數丈，搖落一千三百九十一個垛口，毀壞房屋不計其數。這次地震，山東省志記載簡略，唯有蒲松齡在《聊齋志異》上，詳細地記錄了三百多年前的這件史料：

……忽聞有聲如雷，自東南來，向西北去。衆駭異，不解其故。俄而几案擺簸，酒杯傾覆；屋樑椽柱，錯折有聲。相顧失色。久之，方知地震，各疾趨出。見樓閣房舍，僕而復起；牆傾瓦塌之聲，與兒啼女號，渲如鼎沸。人眩暈不能立，坐地上，隨地轉側。河水傾潑丈餘，雞鳴犬吠滿城中。逾一時許，始稍定。視街上，則男女裸聚，競向告語，並忘其未衣也。後聞某處井傾側不可汲；某家樓台南北易向；棲霞山裂；沂水陷穴，廣數畝。此眞非常之奇變也。

蒲松齡記述清康熙七年，即公元一六六八年山東濟南大地震，不僅眞實準確，毫無誇張，而且繪聲繪色，文筆簡練傳神，成爲中國地震史上一條重要資料。這是當時那些專門研究寫作八股文而走向仕途者做不到的。這也是當前不深入生活作家難以寫出優美眞摯文學作品的原因。

俄國著名文學評論家別林斯基有言：「要想做一個詩人，不需要那炫耀自己的瑣屑的意願，不需要那無所事事的幻想的夢，陳腐的情感和華麗的憂鬱；需要的是與當代現實問題的強烈的共鳴。」我想起別林斯基在世時，曾大力宣揚屠格涅甫、托爾斯泰、杜斯陀也夫斯基，造成光耀的一八四〇年代俄國文學。雖然蒲松齡及《聊齋志異》流傳初期，王漁洋也曾予以推崇，但比起屠格涅甫等人的命運，蒲松齡是寂寞的。歷史可以證明：蒲松齡是中國偉大的短篇小說作家。

記沙汀

老作家沙汀雙目失明，目前在四川成都市某醫院療養。他患肺炎、支氣管炎和肺心病。這位現年八十七歲的老人由於長期坐輪椅，身體枯瘦，下頷肌肉萎縮，嘴巴習慣性地不停閉合。陪伴沙汀的青年秘書鍾慶成，最近還爲他口述記錄了一篇四千字追念郭沫若的文章，可見他的頭腦還很清晰。

沙汀原名楊朝熙，四川安縣人。他在成都第一師範時，開始接觸文藝，和同班同學湯道耕（艾蕪）一起摸索寫作。三十年代初，他們兩人在上海給魯迅寫信請教有關小說創作問題。魯迅那篇《關於小說題材的通訊》就是對沙汀、艾蕪的答覆。那時沙汀風華正茂，滿腔熱情投入文藝工作。他和四川同鄉葉青、任白戈、楊伯愷、王義林合辦〈辛墾書店〉，一方面開始從事小說創作。因此沙汀和〈辛墾書店〉有著歷史性的淵源。

「辛墾」，是英文「思想」的音譯，也含有「辛勤勞動」意義。從沙汀的一篇回憶性文章裏，對於葉青先生的早年生活，留下了重要的參考材料。

葉青是三〇年冬天到上海的。那時候，儘管書店早已開始出書，大家的生活還是相當艱苦。葛喬、王義林和我三個一道，住在東橫濱路景雲里右首一座當街的樓房二樓裏面。

葉青的住處，是葛喬安排的。由他帶來的一位成大的同學，也可能是職員，南充人周紹章算是他的助手，幫他抄寫稿，籌辦伙食以及一般秘書工作。他到上海後，確是遵守了他的諾言，從不出頭露面，成天埋頭寫作。而他對於日常生活的要求，簡單到了驚人程度。就連他的助手都感覺吃不消。譬如吃肉吧，他不贊成單獨處理，強要攪在飯裏面一鍋煮，以免浪費時間、汽油。對於一般菜蔬，也是這樣。

沙汀對葉青先生的刻苦致學精神，記述非常正確，唯對王義林寫的較少，只說他那時重譯日本左翼作家論文。葉青先生來臺四十年，住在中和市圓通寺附近一個小院內，除了外出教書、演講或開會，他終日閉戶看書、寫作。他不挑飲食，唯飯量不錯，每晨一大碗豆汁，一只熱饅頭，時常邊吃邊看報紙，以節省時間。二十年前，一次文藝聚會，有人慫恿我起立模仿他講話，由於群衆鼓噪，我硬著頭皮以四川南充官話講了一段，博取任老（葉青原名任卓宣）哈哈大笑！我從未見他笑過。任老演講，我聽過數十場，記憶最深刻的是五十年代，他曾倡議文藝作家要爲生活在每一條戰線上的先進模範寫傳記；另一件事，任老對臺北有條馬路以羅斯福命名表示不滿，因爲老羅在中美外交史上並不是我們的諍友。

沙汀提到的王義林，在七十年代和我同事達五年之久，他就是文藝論評家王集叢先生。據他說，因「命」中需要林木，又根據原名「林」的意義，才取名集叢。王老是南充縣中和場人，卓宣先生是三會場人，早在成都辦〈科學思想〉時他倆就認識。後來在上海辦〈辛墾書店〉，任老是總編輯，並出版《二十世紀》月刊，王集叢在創刊號以林子叢作筆名，發表一篇長達一萬四千多字的〈藝術〉，闡述藝術的本質、功用，頗受文化界重視。大抵在三十年代初，他們辦〈辛墾書店〉時期，任老和南京中央大學文史系高材生尉素秋結婚，而任老胞妹也在上海和集叢先生相戀成婚，傳爲佳話。

海峽兩岸隔絕了多少骨肉親情，直到四十年後才可互相往來。王老原配一直留在家鄉，未能來臺灣。王老是於五十年代初在卓宣先生鼓勵下結婚的。他的夫人夏荷書，中、英日文均佳，修養更好，每次王老邀文友到家小酌、打牌，她總在旁招待客人，從不插話。

王老從青年時期和卓宣先生一起共事，耳濡目染，他雖不如卓宣先生用功，但他生活卻也非常節儉。每天清晨到廣播電台上班，他只吃一只麵包，喝茶水作早餐。我不止一次勸他去吃豆汁、燒餅、油條，或是打滷麵，王老總推諉地說：「你還年輕，注意營養，我已經六十多了，吃多了並不健康。」王老作編審組長，全組同仁沐浴在和暖的春光下，談笑風生，一團和氣。陳肯是四川自貢市人，曾公開批評他說：「您那麼節省作啥子喲。即使一天吃一隻雞，您還能吃多少錢嘛？」王老面色微紅，哈哈直笑，一邊解釋說：「吃多了雞，血壓會高。不好，不好。」他的話引起哄堂大笑。

有一次，當我細讀了沙汀的《還鄉記》，曾向他談起四川農村的風俗問題。王老一直對沙汀、艾蕪的文學成就，表示肯定。雖然政治立場不同，但他卻從未說一句文學題外的話。沙汀的長篇小說《淘金記》、《困獸記》、《還鄉記》，甚至他在抗戰初期寫的傳記文學《記賀龍》，我都通讀過。我偏愛他的樸實無華的文筆以及眞摯細緻的描寫，我的觀點也獲得了集叢先生的認同。也許受了我喜愛小說的影響，他開始寫作長篇小說《晨霧》。

在上海〈辛墾書店〉時，沙汀和黃玉頎熱戀同居。但是沙汀在四川已經結婚，而且生了一女孩，其岳父又是當地著名士紳，所以沙汀心情煩躁，爲了他的小說稿《法律外的航線》出版，和葉青、楊伯愷鬧得不愉快。半世紀以後，沙汀提起這件事依然餘怒未息：

> 葉青到書店後，可很快就成了辛墾的總編輯了。不過，《法律外的航線》他卻沒有看過原稿。原來他對小說創作根本就看不起！
>
> 在對待文學、小說創作上的看法，楊伯愷也不比葉青高明多少。所以在出版《法律外的航線》時，我們曾經鬧得不很愉快。……而認眞看過原稿，叫我有信心出版書的，卻是艾蕪。

辛墾解散後，這些四川文化青年勞燕分飛，各自西東。我們中華民族，在五十多年間也發生悲歡離合的變化。多少有理想、有抱負的文學青年淹沒於大時代洪流中。這些芝麻大的個人恩怨，還值得一談麼？洪流的泡沫而已。

四年前的一個陰雨的清晨，我在臺北第一殯儀館擔任王集叢先生追悼會的「招待」，偌大的靈堂，前來行禮致哀的寥寥無幾，只是些年長的文化界朋友。我發現年逾九旬的任卓宣先生，手握拐杖，坐在前面沉思。我走過去和他打招呼，他已不認得我。聽說他和家父生前一樣，也患了痴呆症，我禁不住悲從中來，熱淚盈眶。那天，不少文藝界朋友感慨萬端，文藝鬥士並不受重視。我曾走近王夫人身旁，輕聲囑告：「您要冷靜，等辦過喪事回家再哭吧。」過了不到一年，任卓宣先生也病逝了。

如今，上海〈辛墾書店〉的四川文化青年，大抵只剩下沙汀、艾蕪二人健在。這兩位著名小說家都在成都住醫院，而且是長期病人。聽說院方強調不致爲醫藥費問題，趕走他們。沙汀的夫人黃玉頎去世三十多年，他一直鰥居，對亡妻深情如故，令人佩服。沙汀患青光眼多年，久病亂投醫，去年在北京遇上蒙古大夫，以「祖傳秘方」治療，結果迅即雙目失明。沙汀嘆息說：「我這雙眼已工作了六十年，也該休息了！」

黑格爾說：「只要老年人還能保持觀照和感受的活力，正是文學創作的顚峰時期。」健康的文學朋友，趕快向老作家取經吧！

彩霞尚滿天

今年四月初返臺度假，正想抽空去看望前輩作家陳紀瀅先生，孰料有一個清晨接到紀老電話，邀我十二日上午十一時三十分到山西餐廳餐敘。並囑吋蘭梓也要同來。他近年因聽力稍差，講話聲音很大。沒等我跟他商量，他已掛斷電話。我原想趁他在家時候，專程去新店浩園拜望老人家的。

山西餐廳位於中山堂對面。我到達時，竟發現紀老和夫人在飯館對面鐵椅上曬太陽。一年多不見，紀老氣色紅潤，精神昂揚，只是背稍微有點駝，想起他年已八十有六的高齡，具有這般健康的身體，已是託天之福了。他對我說，這家飯館有個規則，不到十一時三十分不開門。我倆坐在這兒曬太陽休息，等候你們。那頓午餐紀老點了不少北方菜、烙餅，還有刀削麵。進餐時，我曾將一年多來在菲律賓從事華文教育工作，向他作了報告。他也向我詢問一些菲華作家的近況。臨別，紀老又贈送我最近翻印的《新中國的成長》，那是他半世紀前在《大公報》工作時寫的報告文學作品。

過去四十年來，陳紀瀅是臺灣文學界的領導者。他性情率眞，待人以誠，即使有些對他不甚友善的朋友，他也一笑置之，從不計較。有一次文藝界環島訪問歸來，紀老和王化行將軍到每桌向作家朋友敬酒。走到第九桌，一位從香港回國定居的小說家，堅持不站起來，當然由於對紀老不滿。弄得場面異常尷尬。紀老卻以息事寧人的笑聲，輕拍小說家的肩膀：「你是海量，要多乾兩杯啊。」當時我也在座。這件往事給我留下極為深刻的印象。

紀瀅先生是一位從舊社會走過來的長者。他對官僚政客嫉惡如仇，絕不寬容。有一年，由於他的建議函件沒有得到回音，他非常生氣。最後我出面向紀老解釋，請他原諒。他拍著我的肩膀激動地說：「不回信，這是非常官僚的行為。過去軍閥、政客，對於外面的來信，不管採納與否，他們還是應付一下。為什麼到了民主時代的新官僚卻對別人的信不聞不問也不理呢？」我唯唯諾諾，點頭稱是。心中暗想，工商業社會的結構不同，疏忽回信是常有的事，年輕人做事總不如年長者那麼細心。誰知此事紀瀅先生非常惱怒，會找我談過兩次。他說：「我告訴你。張放兄，新官僚比舊官僚更可恨。你若不相信，走著瞧吧！」是啊！我何嘗沒有實際的體會？雖然我見得少，交際有限，可是我也認為舊社會的官僚尚有人情味，而新官僚連做人的基本道德都沒有，完全一派庸俗的功利主義！

在抗日戰爭五十周年前夕，黎明文化事業公司出版一套《抗戰文選叢書》，由陳紀瀅先生擔任主任委員，稿件編纂工作完成，黎明文化公司前總經理田原兄委託我給紀瀅先生送去一筆編輯費。紀老瞪了我一眼，斥責我說：「這套叢書是你們幾個編的。我憑啥拿錢？我已經吃過黎明公司的飯了。拿回去。」我只得悻悻而返。

陳紀瀅先生從事新聞、文學工作半世紀多，他的文化藝術界朋友遍天下，走到任何國家地區，都有他的朋友和讀者。前年秋天，我回故鄉探望胞弟和侄輩，遇到文學藝術界人士，他們總會向我打聽紀瀅先生的情況。在北京時，延安時期崛起的著名詩人賀敬之對我說：「我記得陳先生在抗戰初編大公報副刊，我給他投過稿。那時候我也不過才十四歲，幼稚得很。」他謙虛地笑起來。再三囑我向他問候。

紀瀅先生是我國行憲後第一屆立法委員，他提攜後進，不遺餘力，但也間或有浪費心力的地方。十五年前，紀老沒經我同意，熱情地寫了一封長信，向中央推薦我擔任一個文化部門的文藝主管。最後石沉大海，不了了之。紀老和我從不談此事，但兩人「啞巴吃扁食」——心裡有數。後來我才恍然大悟，作家也者，在達官貴人心目中，實在微不足道，雕蟲小技而已。若想挽救文化，振興中華，還得仰賴英美留學生。這仍舊是民國以來的傳統官僚用人原則。這不是牢騷，這是壓在心底的話。

菲華文學一朵奇葩

林婷婷是近十年來菲律賓崛起的華文作家。她的散文質樸無華，清新動人，宛如南洋海灘的柳樹蕉影遠景：雖然看起來並不艷麗奪目，但它卻能地久天長供人欣賞。作者從一個推車的小販身上，聯想起宇宙雖然廣闊，但華僑卻是無根的漂泊浮萍，因而感到傷悲。她爲了讓兒女認同祖國生活文化，教他們使用筷子吃飯，講普通話，即使孩子功課多麼繁重，她也設法把他們帶到臺北來，呼吸一下祖國的空氣，看一眼中國的青少年怎樣生活。收在林婷婷《推車的異鄉人》卷一《華裔情結》的十二篇散文，具體地表達出海外華僑對於祖國的血濃於水的感情，以及近十年來菲律賓所發生的重大政情變化；即使從未來過菲國的朋友，讀過她的散文，相信一定對這巴士海峽彼岸的鄰國，獲得認識與瞭解。

我國福建沿海人民，早在八百年前便開始到菲國移民，這些離鄉背井、飄洋過海出國謀生的先輩，受盡苦難。明朝張燮的《東西洋考》中說：「國人憂慮，唯恐移民赴其地者過衆，他日歸國易滋亂端。因命每艘海舶僅允搭載二百人，且航行海舶艘數不得逾越限額。……國人一經出洋，多用假名，且僅表以番數，及盤查者至，彼等迅即潛入艙內，仍返其地。」這些懷著夢想赴海外謀生的先民，在國內受到歧視，到了菲律賓更受到無情的迫害。西班牙總督勒比撒里說：「中國人是卑鄙的、厚顏無恥的、吸吸不休的、善欺騙的。」殖民主義者慣於以卑鄙、欺騙和厚顏無恥手段剝削菲中兩國人民，他們卻反而譏笑被侮辱與被損害的華僑，這就是侵略者的邏輯。一六三九年，西班牙侵略軍向無辜的炎黃子孫進行血腥鎮壓，整個呂宋島的華僑幾乎被殺盡。在爲期四個多月的戰鬥中，華僑死亡二萬四千人，西班牙軍僅死亡四十五人，菲律賓死亡三百人。華僑使用的戰鬥武器是火烤硬的竹竿，另一端綁上割稻的鐮刀。西班牙寇居拉總督在慶功宴上唱讚美詩，是上帝幫助他們將野蠻的「叛民」消滅。我在馬尼拉博物館看到三百五十年前華僑使用的「武器」，以及他們的屍體，不禁暗自流淚了！

林婷婷在〈另一種迫害〉裏說：

「你們生於斯，長於斯，受教育於斯，深愛著這片孕育著你們的土地。龍的故鄉對你們畢竟是多麼陌生又遙遠哪。可是，朋友，即使你們被盪脫了皮，仍是一身的黃呀黃！儘管認同與融合後，你們仍屬被疏離的一群。」這就是作者關懷菲律賓，心繫祖國的寫照。

從遙遠的年代起，華僑在南洋各地經商起家，進而掌握了經濟命脈。在菲律賓，最早西班牙殖民主義者稱華人Sangleys，這是閩南話「生意」的發音。咱們的華僑是胼手胝足、勤儉持家而發達起來的。幾百年來，一直成爲被勒索與剝削的對象。法國桂訥斯在一七九七年到馬尼拉旅行，他記載當地華僑雖然有錢，卻受到政治迫害。貪婪的西班牙官員，僅在中國人過農曆年期間，收到華人麻將許可證稅，便可得一萬元。收到了將近兩百年後的今天，菲律賓勒索、綁票事件層出不窮，受害對象皆爲華僑，許多人噤若寒蟬，遠走異國，只有林婷婷以如椽之筆，寫出了不平之鳴。

在這個群島國家從事華文寫作，是一椿非常艱苦的工作。因爲當地人民語言複雜，華僑大半不懂普通話。我在菲律賓南方從事教育工作，深知華僑青少年華文水準，江河日下，這是讓我憂慮的文化問題。因此我讀了林婷婷女士的散文集《推車的異鄉人》，喜出望外，我恍悟中華文化源遠流長，所以才會在這熱帶的島國，出現林婷婷這樣優秀的華文作家。

王生善與史劇〈分疆恨〉

王生善先生根據莎翁〈李爾王〉改編的〈分疆恨〉史劇，將於最近在美國休士頓公演，這是臺灣文化輸出的一樁喜訊。王生善過去導演過莎翁〈李爾王〉、〈凱撒大帝〉，他決不照搬莎翁戲劇的傳統演出形式，作了大膽的創新，以象徵主義和寫實主義相結合手法，並利用伸展台使台上演員和台下觀衆打成一片，作了成功的演出。正由於他熟悉莎翁作品，所以他創作的〈分疆恨〉，是莎士比亞中國化的實踐作品。〈分疆恨〉是描寫戰國時代的宮庭倫理悲劇，共五幕十八場。當時莎翁作品翻譯家梁實秋教授看了此劇，讚揚王生善是莎翁作品「最成功的導演」。

蘇聯著名導演斯坦尼斯拉夫斯基說：「當我回顧走過的路，回顧我的整個藝術生活時，我想把自己比作淘金者，他起始必須長久地在無路可循的叢莽中披荊斬棘，尋覓金礦的所在，然後淘畫成千成百普特的沙石，以便從中找出幾粒金屑。作爲淘金者，我能夠留給後人的，不是我的辛勞，我的探索和困苦，快樂和沮喪，而只是我所得到的那些貴重的金屑。」

將近半世紀的時光，王生善從四川江安國立戲劇專科學校畢業後，他像斯坦尼斯拉夫斯基一樣，一直作戲劇藝術的淘金者。

翻譯莎翁作品的名家不少，如朱生豪、梁實秋、曹未風、坪內逍遙、曹禺等都是。但導演莎翁作品者卻不多。抗戰前夕南京國立劇專首屆畢業生公演〈威尼斯商人〉、導演是時任該校校長的戲劇家余上沅。抗戰爆發，劇專又在武漢、重慶演出〈奧賽洛〉與〈哈姆雷特〉，前者爲余上沅導演，後者是焦菊隱導演，總的來說，國立藝專對於演出莎翁作品有一定的貢獻。

英國培根說過：「吾人寧失去十個印度，不願失去一位莎士比亞。」英國人是多麼以莎士比亞爲傲。一九七九年夏，我赴歐參加一個文學會議，曾順路參觀莎翁故鄉斯特拉福鎭，並在風光優美的愛文河畔的莎翁紀念劇院看了一齣〈羅密歐與茱莉葉〉，至今仍回味無窮。

王生善教授以莎翁〈李爾王〉改編的史劇〈分疆恨〉，不僅帶著〈李爾王〉的性格與悲劇氣氛，同時再現了我國二千年前國土分裂、骨肉分離的史實。無論從藝術性與戲劇效果上看，這確是一部里程碑作品。去年，王生善先生患了大病，病愈之後，他一面鍛鍊身體，一面拿起了筆，繼續趕寫他的回憶錄。

讀了《單親者自白》以後

讀巴爾札克小說，即使沒到過巴黎，也可看出十九世紀的巴黎社會風情面貌；讀呼嘯《單親者自白》，確能具體反映出二十世紀九十年代臺北市民生活，呼嘯在臺北生活、工作四十餘年，他對這座現代化的都市的變化與成長，觀察入微，因而寫出系列小說皆有可讀性。他的長篇小說《單親者自白》的男主角，爲《超越》雜誌總編輯，在工作中結識了服裝設計師賈珍珍、李若霞，進而發生愛情。作者描寫這位青年知識分子的初戀，讓人怦然心動。

我無意中發覺她的手指好像要比旁人長，那細長的手指，潔白的手，彷彿是漢白玉雕塑的，那樣令人感到可愛！有人說，看人的手，也可以看出人的天資是笨或是聰明，像她的手當然是屬於聰明的型。

作者筆下的女強人賈珍珍，是一位趕時髦的新時代女性，她爲了開創自己的事業，不想結婚，卻以借種的方法跟馬如駒發生肉體關係，生下賈小珍。這是馬如駒料想不到的事，同時，李若霞也暗戀著他，最後在美國舊金山完成了宿願，兩人度過一個溫柔消魂夜，結束了單親者的悲劇。

單親問題是資本主義社會的新產物。它也是男女平等的具體表現。同時它也打破了數千年來男主外、女主內的傳統習俗與制度。作者在小說中從未指出單親問題的是與不是，他像一位外科醫師站在手術檯前，冷靜地觀察X光片，卻不取手術刀動手術。這是《單親者自白》最可取之處。

作者以犀利的目光，看透了腦滿腸肥的商人的本質，從衣著、談吐和待人接物，描寫得非常貼切。

周老闆穿著一套白色的西裝，臉上掛著得意的笑容，而嘴邊一片鬍鬚顯得更黑些。當他眼光跟我相碰的時候，好似故意的，馬上把視線避開，留在心裡的疑問，我不知道是什麼意思。

呼嘯是一位描寫景緻的能手，這和他的長期從事文學編輯，以及愛好旅行有關。他安排馬如駒和賈珍珍兩人初次月下散步，是在風光秀麗的高雄澄清湖畔。請看他的如詩如畫的描寫：

南臺灣，十月的氣候，是最宜人的季節。

夜空，繁星閃爍。湖心，月光如鏡。夜蟬，還在歌唱。微風，搖曳柳枝。情侶，徘徊湖畔。這裡的景色，似一幅畫、似一首詩，可以欣賞，可以吟唱。此情，此境，都讓我們沉醉了。

在微醺中，賈珍珍的手緊緊地挽著我的手臂，緩緩地躑躅在湖畔的小徑上，她看著坐在湖旁的情侶，細語呢喃地傾吐衷情，好似觸動她的春心，她囁嚅地問我：

「你談過戀愛嗎？」

作者以畫龍點睛的筆法，用「你談過戀愛嗎」六個字，具體表達出賈珍珍的質樸、純潔與天真未鑿的少女心。可圈可點。在我們日常所見的現代女性，雖然從服飾、談吐看來非常圓熟，但在男女戀愛場合，她們也許是一個門外漢。作者塑造的賈珍珍的高貴的形像是成功的。讓那些深受污染的戴著有色眼鏡著女性的臭男人去臉紅心跳吧！

呼嘯是一位資深小說家，他的長篇《仇》、《死亡彌撒》以及這篇《單親者自白》，我皆通讀過。六十年代末期，我還和他共同編輯過一本文學刊物，因此我對於作者觀察細緻、任勞任怨、不驕不怠的文學修養，有著深刻的認識與瞭解。黑格爾在《美學》上早已指出，一般人認為青年時期是文學創作的黃金時代，但是老年時期只要保持觀點和感受的活力，才眞正是文學創作最成熟的爐火純青的時期。荷馬的名字及流傳下來的詩篇，是他晚年失明時期作品。歌德到晚年後擺脫一切束縛，專心創作，才寫出光輝燦爛的偉大詩篇。

作者在《單親者自白》結尾時，才寫出馬如駒和李若霞在舊金山發生畸戀的一段精彩文字：

堤潰了，水必定要狂流。人的情感，人的性慾，似乎跟這定律沒有什麼兩樣。這也是自然現象。人就是人，而且人與獸都很類似。李若霞心裡那股情感與慾望，已經壓得太久太久了，現在她就像決堤的水在奔流，必須順其自然了。

我想，火讓它自然熄滅吧！

但是，她那股火愈燒愈旺了。她脫掉睡袍赤裸裸的呈現在我眼前，然而，我心頭被燃燒起的火焰，突然被一股冰冷的水花澆熄了。

「若霞，我們要在這裡做愛？」

當前我國工商業發展快速與繁榮，長篇小說的讀者漸少，這是值得重視的問題。《新生副刊》近來發表不少優美眞摯的長篇小說，這是臺灣文藝界的一件喜事。

瘋子·傻子

我國民間諺語，是通過長期觀察與體驗而獲得的結論，所以值得重視。「秀才造反，三年不成」，這句諺語，說明了知識分子的散漫、自私、缺乏眞誠合作心；因此，知識分子若想造反，很難成功。咱們的先輩說是「三年不成」，如讓我來論評，如不團結，三百年也難以成功，最終一定歸於失敗的下場。

蒲松齡借了「張鴻漸」一文中方氏的嘴，道出他對秀才的正確評價，值得參考。蒲松齡說：「大凡秀才做事，可以共勝，而不可以共敗，勝則人人俱貪天功，一敗則紛然瓦解，不能成聚。」這位長年在民間生活的作家，目光如炬，他對於那些不事生產，只靠動嘴皮子的、滿腦袋想升官發財的知識分子，批評得何等深刻而具有概括性啊！

清末的哥老會，參加者多爲下層社會分子，他們的頭腦比較單純，團結性強，因而形成一股強大的基層力量。知識分子頭腦複雜，如同乾涸的沙粒，若是凝和在一起，非常困難。作爲領導人，應該虛懷若谷，寬容厚道，並且應該有一定的威嚴。如能作到「泰山不讓土壤，故能成其大；河海不擇細流，故能就其深」的修養，那才會團結一切可以團結的人，納入組織，這便是哥老會幫會的成功所在。

當然，我們並非頌揚哥老會的優點。在民主時代的今天，爲了督促政府前進，有反對黨的存在，確對民主政治發生制衡作用。但是，作爲一個反對黨的民意代表，應當具有一定的修養，如果總是揮拳踢腿，咆哮議堂，讓群衆見了又怕又惱，甚至令人憂心忡忡，覺得住在臺灣沒有安全感，這便應當檢討一番了。

作爲一個政治家，頭腦應當冷靜，其實不僅是政治家，旣使作家亦應如此，你不能以爲你的作品，人人都喜愛讀；你也不能堅信當年投你票的人，永遠會支持你，如果有這樣想法，那才是天下最蠢的人！

法國十九世紀外交家塔列蘭說：「任何時候也不應該遵從最初的感情，它往往是最崇高的，但也是愚蠢的。」當年投票選你的人，是基於感情與希望，但那一票不一定投得對。當選民的頭腦冷靜下來，也許會懊悔莫及，把你看成了仇家。

一個優秀的政治家，應該具備「苦我在先，甘我在後」的修養。我聯想起辛亥革命時期，浙江一位富於傳奇性的政治人物湯壽潛。此人博學多才，團結力強，但他的謙虛猶如目不識丁的莊稼漢。他一年到頭，穿一件土布短褂，戴著一頂草帽，脚穿一雙蒲鞋，手上一把紙扇，任何人也看不出他是國民黨要員。有一次，湯壽潛搭船從松江去上海巡視，半途，艙內一個富商懷疑他偷了自己東西，但却又找不出證據，不便報警逮捕他。船靠上海，數千民衆前來迎接湯壽潛，這商人嚇了一跳，一問此人姓名，才知道湯壽潛是辛亥革命後首任浙江都督，孫中山先生就任大總統時，他是首任交通部長兼滬杭甬鐵路督辦。

湯壽潛在群衆中的聲望，不是三年兩年培植起來的。辛亥革命民軍在杭州起義，守城的旗營滿將指定要湯某親自進城，他們才繳槍投降。這說明了什麼，這說明了湯壽潛在這些淸軍的心目中，具有崇高的地位。淸軍官兵明白，若是向湯某投降，湯某一定寬容優待俘虜，說不定還會擇優留用呢。

只有品德高尙、博學多才，能夠眞心爲大衆謀幸福的人，才會受到大衆的衷心擁護。而那少數只靠耍嘴皮、咆哮議場的政客，他們是耍不出啥名堂的，你不必憂心忡忡，也用不著杞人憂天，姑且點上一支長壽菸，泡一壺茶，靜心地觀賞舞台藝術吧。

常聽人說：「演員是瘋子，觀衆是傻子。」如果你老是生那些政客的氣，你才眞是傻子哩。

悠悠江水東流

美國作家懷特 Theodore H White 曾經這樣寫過：「饑饉和水災，是中國的悲哀！從很早以前開始，中國的史籍就以動人的、賡續的、註定的口吻，記下了這些反覆不斷發生的災患。」據「美國農科學生學會」的研究報告，得到一個讓人驚訝的事實，那就是從公元前一〇八年到公元一九一一年之間，中國一共發生了一千八百二十八次的饑荒。換句話說，從民國前的兩千年來，都有一個省或一個地區發生饑荒。

飢餓的滋味，大抵每一個人都有親身體驗，年輕時期，我的血醣過低，只要肚內空虛，便覺兩腿發軟，心跳加快，渾身冒出冷汗，如果不趕快抓兩片餅乾塡進嘴中，就會暈倒在地上。因此，我對於在飢餓中受煎熬的人們，格外憐憫與同情。

蕭乾在「流民圖」中，報導三十年代山東同胞受到飢餓痛苦的情況：

他啼哭了一整天，這時，已聲嘶力竭了，就蜷臥在地上，淚痕斑斑的小臉蛋兒沾滿了泥巴，耳葉後還貼著一塊膏葯。他彎著泥汚的腿，張大了口喝著米湯。一隻小手扶著碗邊，另外一隻還牢牢地抓住半個饃饃，不時狼狽地往嘴裏塞。……車站那邊有人肩負著白口袋走過，許多難民却尾隨在後面跟來。走到一塊舖有草原的空地，負白口袋的人站住了，口袋裡傾倒出來的是黑饃饃，一袋袋地，不一會就成了一座小山。四周的人加厚了，綠豆蠅也聞味成群飛來，它們倒搶先伏在饃饃上面了。一聲號令，難民的組長依次走近草席。……一個老太婆用枯柴般的手牢牢抓著，死命地向嘴裡塡，胸脯的瘦骨即刻起了痙攣。她恨不得一口全都吞下去。旁邊有個婦人勸她慢些，她趕快勒緊前襟，狠狠地瞪了那婦人一眼，以爲是要搶她的那份。

當你看到自己的同胞，在飢餓的痛苦中掙扎的慘狀，內心是多麼的酸楚與沉重？偏是愈是在自然災害頻連發生，而戰爭也接踵而來，中華民族所受的苦難實在難以描述。范長江的「中國的西北角」報告文學作品，描述出三十年代末期，我國西北的農民在戰亂後的苦痛情景，實在讓人唏噓嘆息啊！

在紅橋關南，有一垂死之男子，屈腹臥道旁，口唇時動，記者乃以饅頭一枚予之，其手已失知覺，眼亦不能張合自如。屢觸其手，並以饅頭置其唇鼻間，彼始移手接饅頭，又久之始以饅頭納口中。經其咬一口後，但見其全身突然顫動，口眼大開，直視記者等，嗚嗚作聲。飢之於食，非身歷其境者，不知此中滋味也。

只有經歷過戰亂和饑荒年月的人，才深切體會到衣食無憂、生活安穩，便是幸福人家。這種卑微願望，讓瑞士的人民聽了付之一笑，但是苦難的中國人民却是夢寐以求的最大願望。

抗日戰爭時期，我隨同母親回魯西鄉間避難。每到晚上，只要聽見窗外傳來幾聲狗吠，我便在被窩內嚇成一團。因爲日本鬼子隨時下鄉掃蕩，他們抓住壯丁便殺，逮住婦女強暴；在那戰爭的歲月裡，一個人的命比一隻螞蟻還要低賤。我常看到外祖母在廟中焚香拜佛，口中喃喃地說：「哪年哪月，才讓俺們過上安穩日子啊！」

這個印象，一直深刻地烙印在我的腦海。後來讀了中學，有一日老師講授「桃花源記」，詩人陶淵明以浪漫主義結合寫實主義的手法，創造出這麼一片恬靜而溫飽的農村：

林盡水源，便得一山，山有小口，彷彿若有光。便捨船，從口入。初極狹，才通人。復行數十步，豁然開朗。土地平曠，屋舍儼然，有良田、美池、桑竹之屬。阡陌交通，鷄犬相聞。其中往來種作，男女衣著，悉如外人。黃髮垂髫，並怡然自樂。

我默讀着這段文章，不禁聯想起外祖母的祈禱詞句，恍悟出早在一千年前，偉大的詩人陶淵明已經把黎民百姓的願望，寫在「桃花源記」中。我曾噙着熱淚，默唸着這節散文，我也曾懷着雀躍的心情，跑到外祖母的身前，向她講述住在桃花源的農民，他們的祖先是「難民」，爲了躲避先秦時代的戰亂，帶着妻兒、揹着行囊，躲進這個幽秘的山村。當那個漁民，向村中的人談起外界的政治變化，村中的人瞠目以對，無論漢朝、魏晉，什麼人都不知道；他們只知道隔壁張老頭，年輕時候是摔角能手，來一個「蠍子倒爬牆」，能在打穀場上繞十二圈兒……他們只知道晨挑菜、夜看瓜、春種穀、夏澆麻……這些看不見戰火硝烟的農民，生活在單純與充滿泥土氣息的願望裡，正如同詩人海涅在「德國——一個冬天的童話」詩稿中所寫的：

是的，豆莢裂時，

甜豌豆便是屬於萬人的，
天上的樂園嗎？
讓你們天使和麻雀拿去！

是啊，生活在桃花源中的人民，既受不到戰亂之罪，也嚐不到別離的痛苦，他們和最親近的人長相廝守，從小到老、從生到死，永遠住在那如詩如畫的伊甸園裡，這豈不正是孔子的大同世界的境界麼？

陶淵明的「桃花源記」，是一千年前的作品。他的幻想雖然建立在現實的基礎上，可是它只能帶給人們「望梅止渴」的生之慾望，但却解決不了現實問題。因爲天災（水災、旱災）帶來饑荒，而饑荒也引起了戰亂不安，這是一種惡性循環。這種惡性循環猶如一條韁繩，緊緊套住中國人民的頸頸，使他們幾乎喘不出氣來。

馬洛里 Walter H Maallory 在一九二九年寫了「中國——饑荒的國土」一書，書中有這樣的記載：

糧食問題是中國的一個老問題。從極早的時間開始，饑荒即不斷地發生……最大的一次旱災，發生於一九二〇至二一年間的中國北方。根據最可靠的消息來源：當地死了五十萬人……估計災情最嚴重的時候，有兩千萬人一貧如洗，無以維生。在災情最重的地區，所有糧食和可吃的植物都統統被吃光了。挨戶調查，發現他們的食物有：米或麥糠拌麥葉、葉子磨成的粉、漂白土、花子、白楊的嫩心、玉米桿、紅芹菜（一種野草）、摻着木屑的薊菜、葉末、高粱殼、棉花籽、榆樹皮、豆餅、花生殼、甘藷籐，各種樹根用石頭磨成粉狀拌着葉子一起吃。

我曾在抗戰時期親眼看見農民吃糠咽菜、餓莩載道的情景。每逢想起此事，我總忍不住熱淚盈眶。正由於我瞭解中華民國的苦難史實，所以我曾在馬尼拉訪問了洞鐸區貧民窟、印尼雅加達的貧民區，以及印度各城市的游民乞丐群。我絲毫沒有輕視他們，相反地，我曾噙着熱淚默禱著說：「上蒼庇祐他們！讓他們都能每週吃上一頓牛肉餃子、小米粥，每個人咧着嘴巴，捧着漆有芍藥與牡丹的紅花碗。」

是啊，四十年來，我們生活在這座常春島上，米麵滿庫、鷄鴨牛羊成群，環繞臺灣的海洋，魚蝦更是取之不盡；尤其近十年來，走到每一個城市鄉鎮，五步一飯館、十步一酒樓，有的人幾乎終日喝得醉醺醺的，吃得滿嘴冒油。從遙遠的年代到現在，中國人何曾享受過豐衣足食生活？如果咱們的先輩地下有靈，當他看到目前奢侈浪費的風氣，他們一定會抱頭大哭的！

陳獨秀的新文學見解

五四新文化運動，產生兩個風雲人物，這是時代給予他們的幸運。我敢斷言，假如陳獨秀當時不作「新青年」主編，胡適之不在「新青年」發表新文學作品，他們兩人是不會在文壇上光芒四射的；那時，陳獨秀寫的「文學革命論」，胡適之寫的「文學改良芻議」，儘管內容並非完美無疵，立論也不盡工整嚴謹，但在五四新文化運動的浪潮中，却成爲當時文學青年的「聖經」。

陳獨秀才氣橫溢，豪邁不羈，這種文人性格註定了他官場上的失敗。陳獨秀年輕時期在蕪湖中學教國文，有一個學生作詩，詩中這麼兩句：「屙屎撒尿解小手，關門掩戶闔柴扉。」陳獨秀見了大笑，便在詩中寫成橫批，批上「屎臭尿醒」四個字，並附兩句歪詩：「勸君莫作詩人夢，打開寒窗讓屎飛。」這段軼事，數年前才流傳了出來。（註一）

五四新文化運動時，他主張用白話文代替文言文，這是衆所周知的，但對詩歌應採白話還是文言，他沒有肯定。任何文學形式及內容，應該講求「美」，中國兩千多年的文學史，詩佔了最重要的地位。如果只把散文寫成短句，加上些啊、呀、嗎、呢，再加上些驚嘆號就自稱是「詩」，這是陳獨秀最反對的一種「改革」方式，也是他最反對的新詩的創作方向。

「創造社」的詩人王獨清，有一次把他剛出版的詩集，送他請教。陳獨秀翻開了書，但見大字小字，正字歪字，印得非常新奇，便笑道：「我不懂詩，不敢妄加評論，但是我很佩服你別出新裁，自創一格。」王獨清聽了十分狼狽，訕訕而退。後來，陳獨秀曾向友人提及此事，他說，文藝這種東西，決不能用模型來套製，八股文爲何一文不値，就是因爲它是僵屍文章，臭不可聞。他說王獨清那本詩，形式上看起來頗爲新穎，但他中了形式主義的毒，結果把詩弄成「屎」，自己還不知道，甚至還洋洋自得，這是很可悲的。

陳獨秀談到小說，說過這樣的話：

「我認爲一個卓越的作品，它反映社會的情況，反映得相當高明，使人讀了爲之神往，作家寫到哪裡，讀者如身入其境。喜怒哀樂，悲歡離合，都與作家有同一情感。這種作品就是好作品。」

關於文藝爲政治宣傳的問題，陳獨秀的見解，和列寧的主張背道而馳，這是他與共黨決裂的最大原因吧？陳獨秀認爲，作家如果不把作品寫成藝術作品，只是硬把政治思想塞進文藝中，那是荒謬的行爲。他認爲如果這樣作，要文藝家幹什麼？「有黨的宣傳部和新聞記者就夠了嘛。」

陳獨秀堅決反對給文藝作家「畫地爲牢」，強調他們的作品爲政治服務。他說：中國古典文學之所以能開出絢麗的花朶，如「紅樓夢」、「水滸」、「西遊記」、「儒林外史」、「西廂記」、「桃花扇」等，有哪一個是是由別人出題或指出範圍寫成的呢？世界文學中第一流作家如莎士比亞、莫里哀、雨果、巴爾札克、歌德、海涅、托爾斯泰、屠格涅夫等等，又有哪個是奉命寫成出色的作品來的？

陳獨秀的論點是正確的。優美眞摯的藝術作品，決不是乾癟的喊口號的作品。袁枚曾說：「蠶食桑而所吐者絲，非桑也。蜂採花而釀者蜜，非花也。」（註二）作家的寫作的題旨，所發揮的思想意識，必須通過藝術加工過程，才能適切地表達出來。那才稱得上藝術品，否則，套句陳獨秀的話，「要文藝家幹什麼？有黨的宣傳部和新聞記者就夠了嘛。」

關於翻譯問題，陳獨秀認爲「直譯」與「意譯」應當相輔相成，決不應偏向一方，而違背了嚴復的「信、達、雅」三字原則。陳獨秀的日、英文水準尚可，唯翻譯作品甚少。他對於一般只懂點外文的人，就大膽地搞起翻譯來，認爲是荒謬絕倫的事。作爲一個翻譯工作者，他認爲首先要精通外文，本國文字也要通達。陳獨秀推崇嚴復的翻譯觀點，而反對林琴南的「意譯」。他說有些人侈談什麼「直譯」而反對「意譯」，以掩飾他們的死譯瞎譯，叫讀者如看天書，不知所云，這是一大「虐政」、一大災難。他認爲「直譯」決非一字一扣，一句一摹，而是保住原著風格；「意譯」亦非隨心所欲，胡亂行文。因爲外文與中文差別很大，風俗習慣亦不相同，能直譯的，當以直譯爲準則，不能直譯的，當應以意譯最好，否則便不能譯出讓人獲得眞正益處的作品。

陳獨秀從事文學工作，決不像胡適之那樣處處炫耀自己。陳獨秀蹲監獄時，房裡有兩個書架，擺滿了經、史、子、集。他對於「文字學」最有興趣，成天埋頭鑽研「說文」。他的難友勸他何必搞這種玩意兒，豈不費力不討好麼？陳獨秀說，從文字的形成和發展，可以看到社會和國家的形成和發展。他認爲過去的「小學家」，也即是研究「說文」的人，都拘泥於許愼、段玉裁的「說文解字」和註，不能形成一個文字科學。陳獨秀在獄中決心用新的觀點，想探索一條文字學的道路。不管他是否有成，他的這種謙卑的致學精神，確是讓人佩服不已。

關於研究文字學，尚有一段外界罕知的笑話。江蘇南通有位程老先生是「小學家」，因慕陳獨秀之名，跑到監獄去看他，兩人談起文字學，熱烈之極。不久，爲了一個字，兩人竟然大吵大罵，若不是警衛人員趕來勸架，兩人眞會動拳頭的。原因是，爲了一個「父」字。陳獨秀說「父」字明明是畫着一個人，以手執杖，指揮家人行事。而那位程老先生說，「父」字明明是捧著一盆火，教人炊飯。公說公有理，婆說婆有理，最後兩人幾乎幹起架來。這個笑話充份看出陳獨秀的坦誠可愛的文人氣質。

關於陳獨秀生前嫖妓的事，過去曾聽朋友談起，我一直半信半疑。這確是事實。民初，他任北京大學教授時，常跑「八大胡同」（妓院），而且常有夜不歸宿的紀錄。他是安徽懷寧人，他的原配夫人高氏是個舊式家庭婦女，爲他生了兩子，陳延年和陳喬年。陳獨秀在日本留學回家探親，順便將他的妻妹高君曼帶去日本讀書，日久天長，兩人在異地竟而同居。這消息傳到故鄉，引起鄉里的非議，但是陳獨秀却置之一笑。後來高氏病故，他便正式和高君曼結爲伴侶。他們在北京生活，初期感情尚好，怎奈陳獨秀興趣來潮，便到八大胡同過夜，因而兩人發生爭吵。高君曼罵陳是「無恥之徒」，陳獨秀斥高爲「資本主義」，最後感情破裂，宣告離婚，高君曼帶著一對兒女，遠走高飛，陳獨秀又過起單身漢生活。

陳獨秀在五十二歲那年，在上海和一位二十出頭的潘姓女工結婚。那女的終日打扮花枝招展，哼著流行歌曲；她挽著留鬍子、身着長袍馬褂的陳獨秀漫步街頭，路人爲之側目，誰也料想不到他們竟是一對夫婦！後來陳進了監獄，潘女賃居南京，常到獄中探望，有時也在監牢過夜。一日典獄長提問濮清泉，說：「陳先生在我們這裡，我們沒有把他當犯人看待，上面叫我們優待，我們也盡量給他以優待。但是優待也有個界限，這裡是監獄，不是旅館。……我們的確很為難啊！」濮清泉問他，到底發生了什麼事？典獄長這才透露出一個秘密：看守人曾看見那個姓潘女士，在監房裡和陳獨秀發生過親密關係。濮清泉告訴他，他們是夫婦關係，結果對方哄然大笑起來。

陳獨秀作過中共「總書記」，但他最後宣告脫離，走上了自由之路。他的性格，他的文學見解，以及他的世界觀，都註定了他官場上的失敗，這是「歷史的誤會」啊！（註三）陳獨秀與胡適之的友誼，非常眞摯，兩人政治見解不同，陳說，你若只作學術研究，也許不會被人鄙視的；胡適之說，我也為你婉惜，你若不作政黨領袖，專心研究學術，想來也會有些成就而不致身陷囹圄的。

這一對併肩從事新文化運動的戰友，曾互相鼓勵、恭維過。胡適之說，沒有你的「文學革命論」，白話文學，難達今日之成就。陳獨秀說，沒有你的「文學改良芻議」，文學還會停在八股的牢籠中。

這些文壇舊事，早已隨同時間的流水沖遠，留給咱們的只有一片淡淡的惆悵心情。客觀而論，即使沒有陳、胡二人，不發生五四新文化運動，我國新文學的浪潮仍會春風鼓浪、奔湧前進的，這是千千萬萬新文學青年鼓動的力量。

（註一）我寫這篇雜文，取材濮清泉的「我所知道的陳獨秀」，該文作於一九七九年八月。濮清泉又名濮德智，曾是托派幹部，抗戰前夕和陳獨秀同在蘇州監獄生活數年，旋被釋放。陳獨秀後來到了四川，一九四二年因患高血壓病逝江津。

（註二）見袁枚「隨園詩話」。

（註三）瞿秋白的話，見其遺書「多餘的話」。

郁達夫一二事

郁達夫是現代文學史上的才子、詩人、小說家和散文家。他的名字猶如東方天空的一道彩虹，照射著中國文壇。可惜，郁達夫去世太早了！他才活了五十歲。

郁達夫幾乎沒用過筆名。我們只知道他原名郁文，抗戰時期流亡南洋時，爲了安全起見，化名「趙德清」和「趙廉」。至於他發表的作品，皆以原名郁達夫署名。過去，從郁達夫「懺餘記」一書中，收了一篇「滄州日記」，其中「一九三二年十月十二日記」，有這段文字：

昨晚寄出一稿，名「不亦樂乎」，具名「子曰」。係交林語堂者，爲「論語」四期之用，只雜感四則而已。

但是，「論語」第四期並沒有「不亦樂乎」一文，甚至五、六期也不見下文，由此證明郁達夫並未寫出這篇雜文。

郁達夫在一九二七年一月十六日出版的「洪水」廿五期，發表一篇雜文題爲「廣州事情」，署名「曰歸」。這是他畢生唯一用過的筆名。那年九月，郁達夫出版「日記九種」，該書中有一段記載是：

早晨醒來，覺得頭腦還清楚，拿起筆就寫了「廣州事情」，寫了四千多字，總算把「洪水」廿五期稿子寫完了。

郁達夫此人並不幽默，但有時他很風趣，惹人發笑。有一回，浙江省立圖書館請他演講，當他走上講臺時，底下已擠滿了男女聽衆。他看了看他們，開始講話：

「今天諸位恐怕有許多是要來『瞻仰』我的『丰采』的。可是你們見了我這副『尊容』，就不免大大失望了。……」（註一）

郭沫若說：魯迅的韌、聞一多的剛、郁達夫的卑己自牧，是文壇上的「三絕」。我認爲郁達夫最可貴的是他坦率、熱情；正因爲如此，他不能在官場、學界青雲直上，相反地却受到人家的排擠。他連北大都進不去，在武大工作不久，因牽涉到學界的鬥爭，他只得自動退出。如果他的事業順利、婚姻美滿，郁達夫絕不會遠走南洋，死於日本憲兵的毒手，這個悲劇是郁達夫的性格所鑄成的。正因爲如此，我們才更加對他湧出濃重的追思與敬愛。

郁達夫的坦率，實在令人叫絕。留日作學生時，郁達夫曾去妓院嫖妓。他在「自傳之九：雪夜」中寫道：

踏出車站，跳上人力車座，我把圍巾向臉上一包，就放大了喉嚨叫車夫直拉我到妓廓的高樓上去。受了鴇母一陣歡迎，選定了一個肥白高壯的賣淫婦，這一晚坐到深更，於狂歡大飲之餘，我竟把我的童貞破了。……天亮時，我竟不由自主地流出來了兩條眼淚。……

關於郁達夫和王映霞的戀愛軼事，風聞海內外。三十年代初，郁達夫結識這個杭州美女，確有一見傾心之感。最初是郁達夫的小學同學陳紫荷，把映霞介紹給他的。映霞原來姓金，幼時喪父，依靠外祖母為生，所以隨著姓王。映霞的外祖父王二南，杭州才子，曾中秀才，風流瀟灑。有一天，映霞帶了男友郁達夫到家作客，王二南和郁達夫談起文學，大為激賞，認為郁達夫是「納蘭再世」，慨然允許映霞和達夫交往。

一九二七年三月，郁達夫和映霞戀愛時，曾寫一首七言律詩，令人拍案叫絕：

曉來風色黯高樓，偕隱名山誓白頭；
好事只愁天妒我，為卿先買五湖舟。

抗戰前夕，郁達夫在杭州西子湖畔，蓋起一座新屋，命名「風雨茅廬」，才子佳人的結合，羨煞天下文人騷客。但是，由於郁達夫的性格的緣故，也由於王映霞不甘寂寞，最後發生「紅杏出牆」悲劇。而那位介入者卻最後沒有和王映霞結合，這更令人感到萬分遺憾了！

抗戰爆發，郁達夫遠走星洲，為「大風旬刊」寫了「毀家詩紀」，共二十首詩，每首詩後均附有文字說明，記述他的婚變經過。此詩發表後，轟動一時，傳為文壇大事。下面，摘錄數首作為欣賞：

貧賤原知是禍胎，蘇秦初不慕顏回。
九州鑄鐵終成錯，一飯論交竟自媒。
水覆金盆收半勺，香殘心篆看成灰。
明年陌上花開日，愁聽人歌緩緩來。（註二）

憂患餘生矣。縱盡傾錢塘江水，奇羞難洗。

欲返江東無面目，曳尾塗中當死。

恥說與，衡門牆茨。

親見桑中遺芍藥，學青盲，假作癡聾耳。

姑忍辱，毋多事。

匈奴未滅家何恃？且由他，鶯鶯燕燕，私歡彌子。

留取吳鈎拚大敵，寶劍豈能輕試？

殲小醜，自然容易。

別有戴天仇恨在。國倘亡，妻妾寧非妓？

先逐寇，再驅雉。（註三）

詩人郁達夫的胸襟似海一般遼濶，「先逐寇，再驅雉」，這話說的是多麼好啊！每當讀到此詩，我不禁熱淚盈眶，侵略中國的日本鬼子，早於四十年前繳了槍，滾出了秋海棠形狀的中國大地。王映霞現在八十開外，仍居上海，風姿早已褪色；而那個和她發生畸戀的某先生，也在十年前病逝台北，俱往矣。

關於郁達夫的死，目前已確定爲日本憲兵所殺害。郁達夫在印尼蘇門答臘，有一次不小心講了幾句日本話，便被日本憲兵抓走，強迫他作翻譯。郁達夫化名「趙廉」，勉強幹了六個月翻譯。他買通了一名醫生，說他肺病影響不能工作，日本人才准他辭職。一九四五年八月日本投降不久，郁達夫在一個夜裡，被人騙走，說是託他幫忙做一件事，他是穿著木屐走的。從此，他再也不回來了。他是被日本憲兵暗殺了！

據當年住在印尼的沈茲九寫給郁達夫的公子郁飛的信上，曾這樣解說：

日本降後，照例兵士都得回國，而憲兵是戰犯，要在當地聽人民控告的。人民控告時，要有人證物證，你爸爸是最好的人證，所以他們要害死他了。而他當時沒有想到這一層；沒有早早離開，反而想在當地做一番事業。

我想這段話可以作爲郁達夫被害的鐵證。

在這場民族聖戰中，千千萬萬的炎黃子孫，犧牲犯難，我們後代子孫永遠不可忘記！詩人郁達夫的母親，當浙江富春被日寇攻陷時，她不肯離家逃亡，活活餓死在老屋裡。郁達夫的胞兄郁華，也在上海被汪僞政府暗殺。郁達夫的四個兒女，都在抗戰中失散；聽說郁飛在抗戰勝利之後參加了海軍，可是我曾在海軍服務二十年，一直沒聽說過這個名字，想必他已離開海軍，或是留在中國大陸，願上蒼庇佑他們健在人間。

（註一）鍾敬文「憶郁達夫先生」，一九四七年十月香港「文藝生活」十七期。

（註二）郁達夫「毀家詩紀」十二首。

（註三）郁達夫「毀家詩紀」二十首，亦即最後一首。

關於「文藝」的若干回憶

在陝西省乾縣武則天的墓前，豎立一座無字碑。這是值得歌頌的事蹟。但是在封建的、男女不平等的中國社會，却很少有人提及此事。據說武則天在彌留前夕，曾指示侍衞在她墓前石碑上，不寫一字，她的理由則是「功過是非由後人評論。」

我發現這舊史料的時間當在民國六十年夏，那時年近四旬，雖非風華正茂，捫心自問却有一顆晶瑩熾熱的心。武則天的無字碑，給予我很大的啓發。在台灣的經濟正邁向起飛的階段，每一個文化工作者都染上一些銅臭氣息，當然我也不能免俗。不少文學青年，拿着學院派的護身符，走進文壇，像拜倫所諷刺的話：「一覺醒來，名聲已傳遍了世界」。這種文學界的不正之風，開始籠罩台灣文壇。

那年九月，接到主編「文藝月刊」的通知。當時我內心非常惶惑不安。過去我曾作過報紙副刊編輯，對於看稿的工作，如同嚼肥膩的五花肉一般。有的字跡潦草難認，如猜不出則翻字典；有的字寫得東倒西歪，看不了兩三頁，便頭暈眼花起來。這種苦惱滋味，凡做過文學編輯的朋友，一定會同意我的話。作爲一個文學編輯，他應具備伯樂的如炬眼光，而且還應具備耐心、細心與愛心的修養。我性情稍微浮躁，而易衝動，這是難以擔當文學編輯的最大缺點。作爲一個小知識份子，對於孔子教導的不要「強不知以爲知」，我確實是實踐力行的。

回憶五四新文化運動時，擔任文學刊物的編輯，竟有推展新文化運動的主導力量。三十年代的文學健將，不少就是重要文學刊物的編輯。時代不同，社會結構發生了變化，而文學編輯的社會地位，也一落千丈，這是無可諱言的事實。但是，我總認爲作爲一個文學編輯，他決不僅是一名配菜的師傅；他應該具有文學修養，對於詩、散文、小說、戲劇、文學評論，以及中外文學史料潮流，都具有一定的瞭解，這一點我是非常慚愧的。

這段往事已過去十八年，我從來不願在朋友面前談論此事。因爲我捫心自問，對於文藝界毫無貢獻。在台灣文學史的長河中，我只是一株水草、一片浮萍而已。想一想武則天的無字碑，對照一下我的這段工作經歷，眞有「無地自容」之感了！

我是六十年九月五號到職的。

「文藝月刊」編輯部，在中華路國軍文藝中心美術廳內，通共有四坪大，裡面擺着五個寫字枱，一隻茶几，兩個沙發。有時作家來作客時，我只得放下工作，走出去進行談話。房屋面積過於狹窄擁擠，最討厭的是設在美術館的一角，常有人誤會此地是倉庫或廁所，作爲「文藝月刊」的職員，總有一種寄人籬下之感。

按照創辦「文藝月刊」的宗旨，重要的應開展文學批評風氣，提高文學評論水準。我接主編之後，曾廣泛邀請文學界先輩寫稿，葉公超、梁實秋兩先生包括在內。如今他們二人已經作古，回憶起來內心湧出無限的感慨。葉公超先生當時已經有些寂寞。他名義上是總統府資政，工作却清閒，偶爾來美術廳看畫展，走到附近廣東小館小酌。葉老先生在五十八年十月，曾擔任教育都文學奬的評審委員，最後決審長篇小說，却發生強烈的爭執，也許「驚濤」中的人物，受到葉老的偏愛與同情，他堅持「驚濤」得奬，會中葉老激動地說：「這位作家我不認識，聽說是軍人出身，跟我葉公超絲毫扯不上關係。如果不給他得奬，下次別再請我當評審委員了，不夠資格嘛！」最後，文學奬得主共有兩人：楊念慈的「風雪桃花渡」、張放的「驚濤」。每人各得兩萬元（奬金四萬）。

這件評審風波傳到我的耳朵裡，我內心抱愧不已。論文學創作年資，念慈兄是先進，他享名文壇時，我還在摸索學習階段。如今我和念慈兄並列獲奬，實在不敢站立起來。後來，在一個畫展酒會上，見到葉公超先生，他熱情地鼓勵我多方面觀賞文藝，因爲「功夫在詩外」。我接編「文藝月刊」，曾邀他寫稿，而且給他訂了參考題目，如「新月派的一羣」等。葉老曾答允賜稿，不料過了不久，他患了病，我當然不敢寫信打攪他。過了七年之後，那時我在一家廣播電台工作，有一日接到一幅中國畫墨竹，上題「張放仁兄雅屬」，落款是「戊午春葉公超於友多聞齋」。這幅畫至今還掛在我的客廳牆壁上。

梁實秋先生是三十年代文壇作家、翻譯家。在亞洲翻完莎翁戲劇的翻譯家，除了日本坪內逍遙，我國的朱生豪，就是梁老。梁老在民國四十年冬，教授莎士比亞戲劇，我是系內三十二個學生之一。我接編「文藝月刊」，曾向他寫信求稿，他回覆了信，寄我兩本書（他寫的雜文集），却始終不替「文藝月刊」寫稿。有一天，王紹清先生去安東街梁宅去看他，兩人在庭院散步，聊了半天，最後王老提起我向他邀稿的事。梁老苦笑了一會兒，有點爲難地說：「我怕寫了第一次，還有第二次。我最近集中精力在寫英國文學史。」其實，梁老只是推辭而已。那時梁老常給台北兩家報紙副刊寫稿，這是有目共睹的事實。他不願賜稿，可能由於「文藝月刊」的「聲譽不高」，更重要的是我在文學界默默無聞的緣故。梁實秋先生生前，我從不敢因忝爲他的學生而沾沾自喜，相反地，當他逝世後，我却懷着沉重心情寫了二篇追思文章，作爲向這位文學翻譯家的敬禮。至於我在「商務印書館」出版的「煙雨山城」、「三更燈火」的題簽，那是我委托蔡文甫兄向他請求才應允的。但我仍是非常感激這位文壇上作古的大老。

我接編的「文藝月刊」第二十八期目錄上，首篇篇目是李辰冬先生的「碩人篇的寫作年代考」，這是他研究「詩經」的論文之一。他的論點是「詩經」爲尹吉普所作，這種大膽的假設雖然尚未獲得肯定，但我對李老致學之勤，對文學青年的熱情，終身難忘。過去，李辰冬先生教過我「浮士德研究」，他講到興奮時，常把題材從歐洲拉到大清國來，李老用濃重的河南話說：「曹雪芹當年寫紅樓夢，咋這樣感動讀者？人家是用眼淚寫出來的咧。一個作家，若是沒有濃烈的感情，那咋行呢！」

李辰冬先生對我比較熟悉，六十年代初，他隨同台北文藝作家訪問團到高雄，曾驅車來寒舍小坐。我家客廳只有四隻沙發椅，因而顯得有些寒殘。正談笑中，詩人張自英兄走近手搖車旁，從袋內掏出二百元，塞在晶兒掛兜內，晶兒嚇得瞪大眼睛哇哇直哭！蘭梓帶着萬分歉意，抱起晶兒，送走了客人。臨出大門，我強將自英兄給的二百元退還。因爲我是難以接受的。

後來李老師在台北碰見我，曾笑談此事。我誠實地報告：自英兄主持「世界畫刊」，邀我寫了一篇五千字散文，他這二百元是作爲稿費塞進晶兒的掛兜。那年我剛三十出頭，年輕氣盛，窮要面子，如果這些客人賞我「紅包」，爲何只有自英一人？這不讓人誤會麼！自英兄是一位愛國詩人，我很敬重他。聽說最近自英兄逝世，這是值得懷念的一個朋友。

我接任「文藝月刊」不久，邀請作家胡秀兄幫忙。他從事報刊編輯時間甚長，對於處理稿件、編排各類作品很有經驗。我尊重他的意見，他也容納我的一些不成熟的觀念。我總是認爲從事文學創作，或是作一個編輯，應把握「內容決定形式」的原則；具體地說，雖然注重版樣活潑、大方、醒目、美觀，但最重要的必須有豐富的內容，給予廣大讀者的知識與藝術的享受。如果將一名報刊編輯比作厨房大師傅，每一期編出來的作品，猶如擺上飯桌的菜肴，固然色、香、味重要，更重要的應當有一道豐富而比較營養的「主菜」，讓客人對這頓酒席永念不忘。這是我的編輯哲學。

關於徵稿的字數問題，這是有些報刊編者控制作家心靈活動的撒手鐧。我常想：一百多年前的知識份子，爲了找出路，攪腦汁寫八股文章，每篇限五百字，有的朝代七百字，把人的思想感情局限在這五百個方格子裡。這是精神上的虐待，也是藝術上的鞭笞。我接編這個刊物，打破這種八股制度，我曾在「文藝」第二十九期「編後語」寫道：

許多小說作家詢問本刊有關創作字數的問題。我們一直不敢限制字數。記得我國北方有一句俗話：「寧可吃鮮桃一口，不嚼爛杏一筐」，有時一篇精彩的短篇小說，却遠比一部長篇小說更煞費心血，這是事實。

正因爲實踐這個理想，我們有一口氣發表姜貴先生七萬字中篇小說的紀錄。姜貴是山東諸城人，來台後曾在台南經商，他的長篇小說「旋風」曾請胡適作序，引人矚目，後來生意失敗，婚姻破裂，姜貴先生隻身來了台北，過起清苦的職業作家生活。

姜貴先生那時六十三歲，身體還算硬朗，由於同鄉關係，他對我似乎一見如故，談話毫無顧慮。人過中年，飽經人世滄桑，難免有些牢騷，而他的牢騷也實在很多。我總是以晚輩身份去安慰他，他彷彿心境逐漸平靜下來。那時他住在漢口街一家明湖旅社，兩層樓的建築物，他在樓上一間單人房長住。一張沙發床，床邊一隻沙發，靠窗擺着寫字枱，旁裝一支伸展自如的檯燈，這顯然是他用作寫稿的燈。住宿費每日五十元，半月結算一次。雖無浴室、厠所，但是姜老却過得怡然自樂。

姜老的生活非常規律：每日凌晨三時起床，捻亮枱灯，沖一杯茶，開始寫作，直寫到七時左右停筆。洗臉、漱口，走到新公園附近吃牛肉湯麵，順便在公園走一圈兒，然後回來睡覺。下午一時起床，吃午餐，麵條、包子或排骨飯。下午寫作，晚餐在八時左右，餐後看報紙、書籍，九時睡覺，直到清早三時再起床，開始了另一日的生活。因此，我摸清他的生活規律，所以每次和他約會小聚，總是在中午一點二十分，聚會地點是衡陽路一家西餐館。姜老晚年的幾篇出色的中篇小說，都是通過我的催請爲「文藝」寫成的。

姜貴先生寫小說既快又好，他的字跡非常端正清楚，而且決不使用「驚嘆號」。有一次，校對過份熱心，把一個句號改成驚嘆號，爲了此事，姜老曾專程跑來詢問，而且很生氣。我只好向老人賠罪道歉。其實我作編輯，從不敢擅自改知名作家的稿件，即使明知對方錯誤，也得再三研究推敲之後才敢改動。因爲一位資深的作家，遣詞用字都具有一定的修養，如果你擅自更動，常會發生錯誤。這也是我作編輯的一種體會。

後來，我辭去「文藝月刊」總編輯，回到高雄，便和姜貴先生斷絕往來。到了民國六十四年，姜貴移居台中，聽說住在一座廟裡，常爲「台灣日報」副刊寫稿，那時陳篤弘兄作主編，這位熱情瀟洒的文學青年，對於姜老非常照顧，曾寫了一篇頗有價値的有關姜貴先生晚年生活的傳記文學作品。民國六十九年十二月十七日，姜貴先生病逝，終年七十二歲。

民國六十九年，姜老過世，徐訏也是同年十月五日因肺癌病逝的。我在「文藝月刊」時，徐訏先生從香港寄來一部長篇小說「悲慘的世紀」，這篇小說在「文藝」連載期間，頗受國內讀者歡迎。

早在民國四十三年初，當時我在海軍服役，有一天晚上，左營「四海一家」招待所擧行盛大茶會，歡迎海外文學作家。那晚徐訏先生着素色港衫戴近視眼鏡，我記得他只是吸香烟，偶爾轉頭問一些台灣南部的情況，大概他是在搜集寫作題材吧。

雖然我和徐老見面很早，但却不熟悉。他的一位公子那時也在海軍服役，當工程師，和我很熟。徐老的「悲慘的世紀」稿酬，後來大概也由他公子代領。民國六十四年，胡秀約了二十多位朋友，在台北市「大世紀餐廳」，歡迎徐訏先生，那天我們曾拍了數幀照片，他的一位留法的小女兒也同時回來。這位浙江慈豁的才子作家，過去曾爲魯迅、林語堂吵架作過和事佬，傳爲佳話。我印象中的徐訏先生性情溫和，不甚健談。徐老逝世，台北文藝節舉行追悼會，黃少谷先生主持，到有文藝界一千多人，徐老地下有靈，當引爲榮耀吧！

通過我在「文藝」編輯工作一年的經驗，我平心而論，台灣作家的成績仍是平平，很少發現使人觸目驚心的作品。別林斯基說過：「詩人用形象思索，他不證明眞理，却顯示眞理。」我所讀到的來稿，不管是雜文、評論或隨筆，很少通過形象思索過程，常常生吞活剝將他腹內經綸公諸於世，讓人有如聽福音、上大課的感覺。最惱人的，有不少所謂西方文學評論作品，作者將他在課堂中的講義，拆開來送到文學刊物出售，而且還咄咄逼人地說：「你們要讀啊，這是你們從未見過的西洋鏡啊。」

我原想在文學編輯工作中，吸取文學創作經驗，採擷藝術創作珍品，以充實我空虛而貧乏的心靈；可是這畢竟是浪漫的幻想。尤其在咱們這個國度裡，做事易，做人却難。因此我躊躇了三天，最後辭掉了這個工作，重回到自由的天地。

謝冰瑩的寂寞

最近在海外報刊讀到謝冰瑩一篇題爲〈小橋、流水、人家〉散文，內心極爲興奮。謝老獨居美國舊金山一家養老院，深居簡出，唸經禮佛，身體虛弱。她能執筆寫出思念故鄉謝鐸山的文章，怎不是一樁喜事？兩年前，菲華女作家林婷婷曾去養老院探望她。通過門禁森嚴的院門，穿越一條狹窄的長廊，每過一門，皆需啓鎖，最後才在陰暗雜亂的房間會見了雞皮鶴髮的謝老。林婷婷曾告訴我：謝老生活異常寂寞，見到朋友，熱淚相迎；談起臺北和馬尼拉，問長問短，興奮至極。

謝冰瑩是一位熱情如火的作家。四十年前我聽她演說，談起一位遭受始亂終棄、憤而自殺的青年婦女，謝老氣得面紅耳赤、聲音顫抖不已。當時孫如陵主編〈中央日報·副刊〉，謝老連投數篇散文，皆被退回。謝老曾寫信向曹聖芬社長質詢此事，傳爲佳話。

作爲一個好官、優秀的作家，應具備眞誠與熱情。謝冰瑩在少女時代反封反帝，晝夜奔走。她參加北伐戰爭，寫作〈從軍日記〉，在孫伏園主編的武漢〈中央日報·副刊〉連載。並由林語堂、汪德耀等先後翻譯爲英、法、俄、日、韓等十多國文字，蜚聲文壇。當時黨國要員譚延闓曾打聽謝某是男是女？法國名作家羅曼·羅蘭看了她的〈從軍日記〉，也遠從巴黎來函讚揚她。名記者史沫特萊稱她爲「女性的驕傲」。

謝冰瑩在抗日戰爭前，因反對僞滿皇帝愛新覺羅．溥儀訪日覲見天皇，而在東京入獄。後來經過柳亞子的幫助出獄、歸國。抗日戰爭爆發，謝老在湖南長沙組織「湖南婦女戰地服務團」，並曾到上海前線工作。當時她曾有一句豪語：「多救護一名傷員，就等於多消滅一個敵人」。一九四○年，謝冰瑩在西安主編文學刊物〈黃河〉，和北大化學系教授賈伊箴相戀結婚。柳亞子曾親撰賀詩：「十日三傳訊，開緘喜若狂。冰瑩今付汝，好爲護紅顏。」賈伊箴果然不負亞子期望，婚後互信互賴，患難與共。一九四八年春應聘同來臺灣師範大學任教，迄一九七三年退休，一直僑居美國舊金山。

謝老赴美定居前夕，我有幸在一次文藝茶會上和她會面。謝老聽說我是濟南人，禁不住談起四十七年春赴濟南探親往事。那次她偕同丈夫和小女兒莉莉（賈文蓉）同往。還寫了〈濟南散記〉，對「家家泉水，戶戶垂楊」的泉城風光作了高度的讚美。謝老還跟我談起同時代的女作家，如白薇、凌叔華、丁玲、王瑩、陸晶清、馮沅君、陳學昭、廬隱、陸小曼等人，有的逝世，有的星流雲散，言下不勝唏噓。談起謝老生活近況，她帶著恬靜的感情聲音說：「我信奉佛教多年，心境很平靜，我已經不常寫作了。」那時謝冰瑩年約六十五歲，正值文學創作顛峰時期。我除了暗自爲她的文學前途惋惜，又能說些什麼！

如果謝冰瑩不走文學之路，她會步向政治道路，這是時代賦予她應走的方向。謝老早年就讀長沙女子師範。深受徐特立校長器重，徐特立是共產黨員，爲中共五老之一。後來她投考黃埔軍校武漢分校，和羅瑞卿（前共軍總參謀長），趙一曼（前中共東北抗聯第三軍二團政委，一九三七年七月五日被日寇殺害）、還有符浩（曾和謝冰瑩相愛成婚，後離異）是同期同學。換言之，如果謝老不走文學的路，以她的睿智與熱情和組織力她會成爲一位卓越的政治人物。我姑且說一句不入流的話，謝冰瑩和胡適的悲劇，乃是由於她倆始終徘徊於文學與政治之間，所以到了晚年有「江淹才盡」的後果。千百年來，我國知識份子皆沿守「學而優則仕」方向走，若在官場栽了筋斗，便脫下馬褂兒退守書齋，從事研究創作。三年前，臺北一位官員向記者說：「我如今退職，回到教學崗位，想計畫寫一部長篇小說。」當時看過這則新聞，大驚失色。我寫了四十年小說，還不敢輕言寫作長篇小說計畫，而這位從未搞過文學的新官僚，竟然三百六十五行樣樣皆通，這怎不是振興中華的佳兆？因爲一個人的聰明才智，如同沒旋緊蓋兒的瓶內的汽水，擱久了它會揮發的。官場衙門的行政事務所遭遇的繁雜與浮躁也會消磨人的銳氣，試問脫下馬褂兒退守書齋怎是一件容易的事？我想，幸虧魯迅當年在北洋政府教育部作過科長、僉事，若是升到部長退休，恐怕也寫不出匕首與投槍般的雜文了。這是魚與熊掌不可兼得的客觀定論。

謝冰瑩是一位散文作家。散文要有自己獨到的見解，要有自己新的發現，而且避免人云亦云觀點；進而實踐司馬遷「辨而不華，質而不俚，其文直、其事核、不虛美、不隱惡」的散文風格和實錄精神。直白地說，謝老是一位勤奮的有才華的散文家，卻不是一位出色的偉大作家。這也許是二十年代那冊享譽世界的〈從軍日記〉對她產生了負面影響。

名過於實是害人的。揠苗助長也是害人的。尤其在當前文學商品化泛濫成災的時代，器小易盈的文學青年應當特別注意此一問題。

四十年前，孫如陵主編〈中央日報．副刊〉，曾退過無數文學青年的稿件，我是其中的一員，甚至他還堅持退過謝冰瑩的散文。平心而論，孫如陵是爲讀者盡職的優秀編輯，也是一位勞苦功高的現代伯樂。謝冰瑩是前輩作家，她可作爲我的老師。我像亞里士多德一樣崇敬業師柏拉圖，卻不贊同柏拉圖的「理念論」，而道出「吾愛吾師，吾更愛眞理」的心底話。我如此評論謝老，不知老人家同意否？

思想篇

人過中年

人過中年，最怕小腹凸起，若孕婦懷胎狀。過去我常竊笑他人，如今我的肚皮日益膨脹，而飯量卻與日俱增，老友久別重逢，總是揶揄我說：「人家是官大肚子大，你退休了，爲啥肚子也鼓起來呢？」

這種逆耳之言，聽來雖不甚舒暢，思索一番，卻端的使我猛省，而獲益良多。

在戰火紛飛的年代，我年僅十八歲，正是「半樁小子，吃煞老子」的年紀。從南京搭火車經上海而到杭州，再坐上比牛車還慢的浙贛線列車去湖南株州。在將近半個月的流亡途上，我的肚皮一直呈半飢餓狀態。每次看到滿臉酒氣、不是剔牙縫，就是打飽嗝的人走出飯館，我既妒忌而憎恨，像阿Q碰見假洋鬼子，嘴裡總罵上一句「媽媽的！」我不會喝酒，更不奢望魚肉大菜，若是誰給我一碗熱騰騰的陽春麵，麵內飄浮兩個黃燦燦的荷包蛋，讓我喊他乾爹我也心甘情願。

那晚投宿在湘鄉婁底的客棧，賣了一件毛衣，狠狠地吃了一頓飽飯。爲了記下吃幾碗飯，每吃一碗，捏一粒米飯置桌前，最後一數米飯粒，共計八粒。佐飯的僅是一碗白菜燉豆腐。流亡學生的往事，如今成爲天方夜譚。兒女聽了鼓掌大笑，老伴竟致熱淚盈眶。晶兒噘起嘴巴以紙巾爲母拭淚：「老爸是在寫小說。講話老是誇張。討厭！」

清朝貧士陳古漁有兩句詩：「偶聞詩累吟懷減，偏到荒年飯量加。」窮困的人家，油水少，且無零食，飯量自然大。這些生活體驗晶兒怎會理解？有一次播放老舍的話劇《茶館》錄影帶，聽到年近古稀的王掌櫃說：「炸醬麵，我還能吃三大碗，可惜沒有！」星兒提出異議，王掌櫃這麼大年紀怎能吃炸醬麵？炸醬非常鹹，吃多了會血壓增高，血管硬化，還會得心臟病。他這一套理論，固然正確；但是「飽孩不知餓孩飢」，星兒和飽受飢寒的王掌櫃怎有共同語言呢？

我少年時曾聽人言，飯量大的人命苦，這話確有道理。因從我身上便獲得驗證。我並非不知減肥，但吃起飯來便忘記此事。名播音員白銀爲了節食，曾暈倒在播音室內，送到醫院注射點滴方才甦醒。她醒來發下誓願：即使成爲胖子，從此再也不節食了。思之慨然。我認爲人過中年，爲了避免肚皮凸起，身體發胖，適當的節食與運動非常重要。南朝齊梁時期思想家、醫學家陶弘景說過：「所食愈少，心愈開，年愈益；所食愈多，心愈塞，年愈損焉。」許多老壽星，不是少食，便是在半飢餓狀態下渡日。這是通過調查研究而獲取的經驗。

過去詩人祝福語句，「努力加餐飯」也者，實在害人不淺，年長者當作耳邊風，不可置信。

聯名信

廣州一家刊物，發表一封趣信，抄錄如后：

某單位團委收到一老嫗膝下五子的聯名信：「老母年事已高，喪失勞動能力，衷心感謝貴單位團員青年悉心照顧，得以讓她安度晚年，希望再接再厲，將雷鋒精神繼續發揚光大。」

這封信越看越想笑，越看越有趣，看到結尾，卻也心酸難過。我國歷史文化悠久，向以尊老敬賢著稱，炫耀世界。可是，這種傳統美德，已是江河日下，成爲歷史了。這位老太太有五子，卻無一子奉養她，依賴住在鄰近的「共青團員」輪流照顧她。我在想，若是人家不管她，那老太太豈不坐以待斃？多麼淒涼悲慘的命運？

若是仔細思索一番，我國傳統的「養兒防老」觀念，値得商榷。這位苦命老嫗，養了五個兒子，他們卻你推我、我推你，最後誰也不管，讓老母孤獨地等候閻王爺派遣小鬼來帶她走，離開社會主義的天堂，到陰森的地獄去。如果老太太早知如此下場，她倒不如年輕時節育，即使不幸懷孕，趕快墮胎，萬一把嬰兒生下人間，趁月黑風高夜，用小麻袋裝進嬰兒，把他扔進滾蕩的大河中，讓他回歸自然罷。

巴爾札克筆下高里奧老頭，發過牢騷：「朋友，你不要結婚，也不要生孩子。你給他們生命，他們卻給你死：你把他們引進了世界，他們卻把你推出世界去！」

冷靜地看看海峽兩岸的中國年輕人，有多少敬老尊賢，有多少孝順父母，又有多少把曾流血流汗爲國家作出貢獻的老人，當作良師、模範或榜樣？

眞假狀元

昨夜失眠，起床冲了一杯咖啡，索性看鬼書消遣。明朝梅鼎祚《才鬼記》中有一篇〈新安鬼對〉，僅五十八字，實絕妙微型小說也。抄錄於后：

唐狀元臯，童時夜行，道上逢多鬼阻攔。一鬼曰：「此何時？」一曰：「半夜矣。」因出對曰：「半夜三更半，可對之」唐即對白：「中秋八月中」鬼笑曰：「此眞狀元」遂縱之去。

我活了六十年，至今方知陰間也有假狀元，否則小鬼爲啥攔路盤查一番，辨別眞假狀元呢？但是活在陽光下的一群假狀元，靠著一紙文憑，巧取豪奪，沐猴而冠，卻無人敢過問此事。這種假狀元，只有魯迅痛罵過一回，稱之爲「空頭文學家和美術家」，這種不痛不癢的話，是擊不倒他們的，因爲假狀元的勢力已建立起鐵的長城。

早在五百年前，我國的陰曹地界發生衆鬼攔截行人，辨別眞假狀元事件，可見假狀元充斥社會，製造不少災禍。不少眞才實學的高尚士子，在陽間飽受假狀元集團攻擊、排擠，受盡窩囊鳥氣，鬱鬱不得志，只得向閻王爺報到。它們在夜闌人靜，攔路盤問眞假狀元，也不過是報仇而已。唉唉，這又有個屁用？爲啥你們活在人世時，不向僞狀元纏鬥，把他們拖下台去，痛打四十大板，那豈不大快人心，昂揚士氣？鬼們，安息吧！

花的詩話

過去看過大陸韋偉一首詩，短短兩行，詩意甚濃，近似日本俳句風格。

山裏人家

寒暑滿庭花

在長江沿岸的山間旅行，常在波浪起伏的山巒之間，發現數座村莊。農家屋前掛著玉米、紅辣椒或蔬菜，庭院種植鮮艷奪目的花卉，隨著四季花開花落，一派欣欣向榮的生命氣息。

詩人韋偉這首短詩，形象思維可圈可點。表現出質樸的中華民族的熱愛和平的本質。這使我聯想起吳融的一首詩：「和煙和露一叢花，擔入宮城許史家。惆悵東風無處說，不教閒地著春華。」詩中寫一位賣花人，爲了生活，將新鮮的美麗的花朵摘下，賣給貴族玩賞，讓有錢的大爺獨佔春光。

白居易的一首詩，更是千古絕唱。詩稿描寫暮春時節，住在京城的達官貴族爭購鮮花、揮金如土的景況，同時也揭露出花農受到剝削的事實。詩曰：

京城春欲暮，喧喧馬車度。共道牡丹時，相隨買花去。貴賤無常價，酬値看花數。

灼灼百朵紅，戔戔五束素。上張幄暮庇，旁織笆籬護。水洒復泥封，移來色如故。
家家習爲俗，人人迷不悟。有一田舍翁，偶來買花處。低頭獨長嘆，此嘆無人諭。
一叢深色花，十戶中人賦。

詩以言志。詩人藉花來表達出內心的願望。我讀了韋偉的兩行詩，感觸不已。在以階級鬥爭爲綱的社會，這首詩是一支蘆笛，吹奏出人民嚮往春天的吶喊。雖然這已是二十多前的印象，到現在我仍能把它背誦出來。

花不但象徵春天，也象徵和平、美麗、愛情和幸福。我國民間歌謠，大多以花作歌詞。如流傳貴州的一首民歌：「出門得見映山紅，花多葉多開得濃；哥想伸手摘一朵，不知妹心同不同。一朵鮮花鮮又鮮，單單生在懸岩邊；一心想討花來戴，又怕岩垮驚動天。」有一首雲南民歌，更是美妙動聽：「山林中開滿了鮮花，我要採又香又艷的一朵；寨子裏的姑娘多又多，我只找聰明能幹的那一個。……麻布腰帶做潘拉（信物），粗的細的各一條，看你人品怎麼樣，再定送你那一條。」

花開兩朵，暫表一枝。韋偉的那首新詩發表不久，竟引起大陸文學界的爭議。一位文學評論家說：「爲什麼山地勞動人民種出來的糧食，不受到詩人的歌頌呢？」這已是二十多年前的史話。最近碰到一位暌別甚久的朋友，他誠懇的勸告我：「你寫了這麼多文藝，卻難以餬口養家，爲啥不改行寫武俠小說？」讀那位文學評論家的評論，跟聽這個老友勸告一樣，都使我既想哭，又想笑。

眼處心生句自神

相傳印度高僧菩提達摩法師曾在嵩山少林寺修行，終日面壁而坐，默然無言。後來達摩法師告示別人，他是「壁觀婆羅門。」這是佛教的面壁解說。〈晉書·王述傳〉記載：「謝奕性粗，嘗忿述，極言罵之，述無所應，唯面壁而已。」這樣來說，面壁則是忍耐反省的修養方法。大陸「文革」時期，不少著名作家、藝術家被關進囚室，面壁修行，有的練氣功，有的做柔軟體操，爲了促進血液循環，爭取多活幾年，以等待出獄之後再爲社會作出貢獻。我每逢讀到這種文章，總會熱淚盈眶，繼而發出嘆息：做一個中國知識份子眞是悲哀啊！

我少年時代便有「面壁」的實際體驗。每到算術課，常被老師喊到台前解答題目。我對雞兔同籠朦朦朧朧，幾何代數糊里糊塗；我捏著粉筆手直顫抖，腦袋嗡嗡叫，如風吹電線聲、蒼蠅圍在泛臭的魚蝦攤前，半天寫不出一個阿拉伯數字。算術老師氣得兩眼噴火，臉上的青筋猶如蚯蚓在黃土地上蠕動。他吼叫著：「站到牆角去反省！你對得起國家民族麼！」

那時我身材矮小，瘦若乾雞，臉孔面對石灰牆壁罰站。有一次竟被後面一個同學拍照。照片雖模糊不清，但從背影可以看出我的清瘦衰弱缺乏營養的風貌。若仔細觀看，卻像一隻小猴子黏貼在牆壁上的「動物標本」。少年時的面壁，毫無所獲。算術不及格，雖影響了我一生前程，但認眞反省一番，卻也不覺慚愧，因爲我總認爲代數幾何對於文學寫作關係不大；至於算術老師罵我愧對國家民族，我實在啼笑皆非，那時濟南是日本盤據下的淪陷區，學校每晨唱「卿雲爛兮」僞國歌，宣傳「大東亞共榮圈」，別看我是小青年，卻有打倒日本軍國主義志向。

菩提達摩法師的面壁修行，對於一般世俗凡人是做不到的。俄國盲詩人愛羅先珂，他眼不見、心不煩，終日過著面壁生活。我最愛讀他的散文〈爲跌下而造的塔〉，其中有這樣的一段文字：

世間有許多人犧牲了他們的青春，犧牲了他們的一生，以從事營造；他們建造了高塔，爲的是使自己從這塔上跌下來。

這些充滿哲理的話，是盲詩人愛羅先珂悟出的。它告誡我們要具備信心。所謂精誠所至，金石爲開是也。同時也爲「犧牲享受，享受犧牲」格言作了最好的詮釋。

作家、藝術家長期積累生活，思索某個問題，這種醞釀過程即是面壁。清朝袁守定所說「得之在俄頃，積之在平日」就是這個道理。傳說墨竹爲五代後唐李夫人「摹寫窗影」所創。李夫人原爲四川一位才女，詩文書畫皆擅長。南唐郭崇韜伐蜀時，把她虜走作夫人。郭崇韜是草莽武夫，對文藝一竅不通，因而兩人無共同的語言。李夫人終年悶悶不樂，只有將精神放在繪畫上。俞劍華〈中國書畫史〉上記載：「李夫人，蜀人，善屬文，尤工書畫。郭崇韜率兵來取蜀掠得之。夫人以崇韜武人，鬱鬱不樂，日夕獨坐南軒，竹影婆娑，輒起濡毫摹寫窗楮上，明日視之，生意具足。世人效之，多有墨竹。」正由於李夫人長期面壁，擺脫親情與愛情，專心思索畫事，她才獲得藝術上的突破成就。

宋朝書法家雷簡夫有這樣的自述，值得一讀：

余偶晝臥，聞江漲聲，想其波濤翻翻，迅駃掀搕，高下蹙逐，奔去之狀，無物無寄其情。遽起作書，則心中之想，盡在筆下矣。

作家、藝術家所謂靈感也者，固然可信，但它應建立在長期生活積累的經驗基礎上。這也即是面壁效應。這種現象例證特多。〈宣和書譜〉記載，唐朝書法家懷素，「一夕，觀夏雲隨風，頓悟筆意，自謂得草書三昧」，於是書法大進，遂「若驚蛇走虺，驟雨狂風」。

我曾在炎熱而混亂的菲律賓南方度過三年面壁生活。那兒種族複雜，混血兒特多。面對八十七種方言的社會，我每日聽到男女老幼談話聲，哀怨聲或叫罵聲，卻茫然不解。我如同一名盲人、聾子，和那些質樸貧窮可憐而善良的域外子民共同生活。雖然我聽不懂他們的語言，但是通過報紙歷史書籍朋友談話和我長期思索與觀察，我逐漸了解埋在他們心靈深處的歡樂與哀愁。三年面壁，使我印證了歌德筆下的浮士德失明後說出的第一句話：「眼矇朧，心地更光明」。

颱風將至，窗外晚風乍停又緊，吹得燭光閃爍不止。二十幾名年輕學生盤腿坐在榻榻米上，凝聽日本著名盲漢學家搞保己一講授唐詩。驀然，窗外一陣風將燭光吹熄，屋內漆黑一片。一個學生走近搞保己一身前說：「老師，請暫時停一下，等我把蠟燭點著之後您再繼續講吧！」搞保己一眨巴一下盲眼，發出和藹的笑聲：「你們有眼睛的人，是多麼不方便啊！」

搞保己一失去眼睛成爲漢學家，貝多芬是聾子成了音樂家，他們看不到、聽不見烏煙瘴氣的社會亂象，專心一意鑽研藝術學問，這種面壁工夫，才是成功之路。元好問〈論詩絕句〉說的貼切：「眼處心生句自神。」

石榴花開

少年時在鄉間唸書，有的唸《論語》，有的讀《中庸》，有的唸《三字經》、《百家姓》、或《千字文》，當孩子們唸起書來，宛如一群小號兵，各吹各的音調，眞是熱鬧，也挺自由。連唱歌也同樣自由，想咋唱，就咋唱，好一派民主風光。

有一天，校工從外面搬來一架風琴。新來的老師教唱歌，先教簡譜，覺得彆扭，好似「脫了褲子放屁」，多此一舉。老師教《蘇武牧羊》，我捂嘴直笑。他質問我何以發笑？我用不著說話，屋裡五十多同學心裡明白，這首歌俺六歲就會唱了。

「五一—二五四五一，預備唱！」老師彈著風琴，肩膀一聳一聳，像抽風一樣。「蘇武—留胡節不辱……」管它，我唱我的，你教你的。反正殊途同歸，調門一樣。

新老師比我大不了十來歲，進過縣城，唸了三年初中，跩得和二蛋似的。啥了不起？他吹鬍子瞪眼睛，用半吊子北京腔罵人，一面使教鞭敲桌子：「你們閉著眼睛瞎唱啥？看著黑板，隨著風琴的節拍唱。」他坐下去，繼續肩膀一聳一聳，繼續抽風，嘴裡唱起來：「嫂到——來掃罰嫂到，預備唱！」我不知別人怎麼唱，我唱得非常輕鬆愉快。

蘇武老頭賣豆腐，
賣的不夠本兒，
回家打媳婦，
媳婦說，不怨我，
怨你給的多。

……

新老師到校三天，就有二十多個同學挨打。老師打了我三戒尺，手掌灼熱萬分，回家搽了四兩黑醋，還痛。村頭跛腿于大叔心疼孩子，說了公道話：「國家都快亡了，還唱啥歌？」他的牢騷猶如星火燎原，把私塾的五十來個半椿小子煽動而起，向新老師進行反撲。

音樂課，他命令我們唱《蘇武牧羊》。

全體起立，齊聲高歌：

五一—二五四五一
一二一六五，
四二四六五。

……

老師火了！他的眼珠比杏還大，充滿血絲。他用教鞭猛抽桌子：「這不是算術課！」

他扭頭走了。從此我再也沒見到他。甚至連他的名字也不知道。反正咱中國人多，若按孔夫子的說法，「三人行必有我師」，我的老師有好幾萬萬，忘記一位教音樂的老師名字，也算不了啥。

不久，私塾改為小學，新到的音樂老師是女的，洪彩霞，人比名字更漂亮。她教的抗日歌曲，越唱越有勁兒。在教室唱，回到家也唱，在田裡幫助收獲莊稼也唱。我簡直成了歌迷啦。

石榴開花胭脂紅呀，二十青年去當兵呀。躲辣多來來，米嫂米來來，二十青年去當兵呀。躲辣多嫂嫂。

第一杯茶呀，敬俺的爸呀，兒去當兵莫牽掛呀。躲辣多來來，米嫂米來來……

唱歌使我精神煥發，我恨不得趕快長大，等石榴開花季節，我便背起行李捲兒，走上抗日前線。可惜那時我才十歲，而且俺媽很囉嗦，說唱歌唱不出官兒來；還說唱久了變成豆沙嗓子，講話不好聽，娶不上媳婦……俺媽囉嗦過後，竟患了腎臟病，鄉間缺醫少藥，又逢旱災，不久逝世。那時抗日戰爭前途一片渺茫，跛腿于大叔見我眼睛哭腫，總是哄我：「別難過，乖孩子。你媽到陰間享福去了，天天吃餃子！」

雨的斷想

秋天，濛茫的天空飄著細雨，和三五朋友漫步山林小徑，談笑風生，別是一番詩情，住在城市，難能有充份的時間外出，因此雨中漫步也只有嚮往而已，說實在話，這是人間最高的精神享受。

詩人杜甫曾寫過春雨詩稿，形象思維極美，躍然紙上：

隨風潛入夜，

潤物細無聲。

杜甫筆下的春雨意境高，這是大陸性氣候的春雨；若在一年如夏的菲律賓。雨來得猛，也去得快，毫無煙雨朦朦、細雨沙沙的情景，不管有無颱風，只要下一場雨，就像秋風掃樹上的棗子，霹哩啪拉，砸得頭皮疼痛。那雨點兒如同清康熙年間鑄造的制錢那麼大。因此椰樹像人猿泰山，蝴蝶宛如巴掌一樣大。在那熱帶的海島上生活，詩人難以寫出「落花人獨立，微雨燕雙飛」的佳句，卻可以拍攝出滿臉鬍鬚的青年壯漢，在大雨傾盆的熱帶叢林和山女擁吻作樂，但最後兩人跳進山溪，被爆發的山洪淹沒。浪漫而刺激，卻毫無雨的詩意。

雨中和女友山野漫步，固然羅曼蒂克，但是雨夜聽雨思念親人，卻別有一番滋味在心頭。少小離家來臺，每值失眠的雨夜，聽窗外淅淅瀝瀝的雨，敲落在蕉葉上的碎響，想起海峽對岸的父親，心如被撕裂一樣難受。我是凡夫俗子，不足爲訓，但是我國五代時有個南唐國主李煜，作了南宋階下囚後，午夜夢回，聽見雨聲，竟也惆悵難眠，寫出「簾外雨潺潺，春意闌珊……」的悽愴詞章。這證明雨的甜蜜與哀愁還是隨著人們的情感變化而轉移的。

我國是農業國家，對於雨水具有濃厚的感情。雨水是二十四節氣之一。每年二月十九日前後，太陽到達黃經三百三十度時，我國大部份地區雨量逐漸增加。所謂「正月中，天一生水，春始屬木，然生木者必水也，故立春後繼之雨水。」這是歷代農民所累積起來的農業知識。這些科學知識，作爲君主、詩人的李煜是朦朧不曉的。因爲雨水可以灌溉田地，天旱則稻禾歉收，農民無法生活，所以我國神話裡有雨神、雨師。從清朝至民國，漢族農民每值農曆六月二十四日，到處舉行「祭川主」活動。遇到天旱，則焚香迎「川主」，祈求下雨；如果下雨，則組織聚會，請地方戲班演戲娛神，俗稱「雨戲」。在天旱的季節，農民祈雨正如經書上所說「若大旱之望雲霓也」，眞是如飢如渴啊！

〈水滸傳〉上有一位家喻戶曉的綠林人物，即「及時雨」宋江。當時窮鄉僻壤的百姓遇上困難，宋江急如星火，趕往解決，所以才贏得「及時雨」這個封號。我嘗想，若是當前眞有「及時雨」競選地方首長代表，即使我體溫三十九度半，雙腿癱瘓，我也會爬到選舉事務所投他一票！

消夜・宵夜

從事夜生活的人，都有消夜的習慣。消夜，亦作宵夜，原是吃點心。吳自牧《夢粱錄》卷六《除夜》：「進呈精巧消夜果十盒，盒內簇諸般細果、時果、蜜煎、糖煎及市食。」由於從農業社會進入工商業都市社會，點心水果不能果腹，代替它的則是清粥小菜、餛飩麵食以及西式餐點。消夜也者，跟中飯、晚飯同樣重要，這是我多年來的經驗結論。

臺灣各地消夜市場通宵達旦，各種風味小吃應有盡有。年輕時精力充沛，晚間寫作，到了零時披上夾克，駕起機車直奔圓環，吃一罐麻油雞、肉燥飯，最後吃一碗李鹹冰，再返回宿舍睡覺。

我步入中年以後，消夜的食物便固定下來，二十年如一日。每到晚間十時，蘭梓爲我下一碗細拉麵條，調拌的佐料有醬油、辣椒油、鎮江醋、胡椒粉、葱絲、蒜片、芫荽、豬油，將佐料在剛撈起的麵內攪拌一下，命名「拌麵」。偶而再喝一小碗牛肉清湯，一盅高粱酒。吃罷消夜，把嘴一抹，走回客廳看電視節目，不多一會工夫，眼花花，思維混亂，只得上床睡覺。

有時在寒流過境的深夜，被一只狗的嗷嗷叫聲吵醒。凝聽窗外風蕭蕭，樹葉沙沙作響，狗的哀嚎隨風捲入窗櫺，似乎對我說：「我在巷口凍得直打哆嗦，你倒吃得飽、睡得著。老小子，你不是老想體驗生活麼？下樓，咱們來甘苦共嘗吧！」

深夜睡在溫暖被窩裡，聽狗嗷嗷叫，實在不是滋味。小時聽到狗叫，我總把母親搖醒，叫她披衣出去餵狗。我媽勞累一天，睡意朦朧說謊話：「它不是餓，它找不著它媽了。」說罷，母親昏然睡去，發出輕微的鼾聲。於是，我躡著腳步走進廚房，把剩的飯菜倒在一個大碗內，再送給狗吃。果然，狗吃了消夜，即使北風怒吼。雪花飛舞，它也不嗷嗷叫了。

少年不知愁滋味，也不知生活艱難。我始終認爲母親缺乏耐心與愛心，對於動物不知憐惜。而且胡扯狗兒因找不到媽媽而哭泣。一日，母親偷看我的日記，氣得面色蒼白，熱淚盈眶，她用顫抖的聲音對我說：「這年月連人都吃不飽，還顧了狗嗎！」

過去中國大陸搞憶苦思甜運動，有它的教育意義。我小時受過苦，挨過餓，深知晚飯若是沒吃飽，在風雪嚴寒的夜晚輾轉反側，硬是睡不著覺。日軍盤踞華北時期，著名的相聲演員于俊波有一段相聲，具體地反映出淪陷區中國百姓的苦難生活。

甲：你最近怎樣？生活混得不錯吧！

乙：唉，有什麼轍啊！這年頭誰能混好了！

甲：唉，咱也不爭求大富大貴，反正有飯吃就得了嘛！

乙：吃飯您著什麼急啦！飯不是天天兒人都得吃嗎？

甲：都吃，分吃什麼啦！像您還不得吃大米白麵？

乙：我家好幾口人，我是個說相聲的，我還吃大米白麵？我連吃混合麵兒裡什麼都摻，裡面還有耗子屎，還沒磨開哪！另外，據說奸商還往裡摻鋸末，那鋸末兒是人吃的嗎？

甲：唉，他就硬他媽的往裡摻。我不信，我就吃了。吃了有一禮拜硬他媽的拉不出屎來。後來人家告訴我得灌點油，人家送我一瓶兒，我喝下去了。哎喲，這油喝去後，肚子倒有動靜了。哎喲，這肚子痛啊。我趕緊跑到廁所那兒，蹲半天，逼得我這難受。後來我聽「劈哩啪拉」一聲，我這麼一瞧，好，拉出根劈柴棍兒。

我離家隻身來菲三載，住在僻遠的Z市，最苦惱的則是消夜問題。晚間看書寫作，爲了怕挨餓，冲一杯咖啡加牛奶或阿華田，再吃餅乾、啃麵包，簡直味同嚼蠟。臺灣來的泡麵少而貴，油膩且鹹；日本泡麵土腥味重，吃了倒胃口；偶而坊間出售「北京麵」，在鍋裡煮了半小時，用筷子挑進嘴中一嚼，如同鐵絲，大抵擱置時間過久的緣故。有時想起蘭梓給我做的美味可口的拌麵，饞得流口水、淌眼淚，恨不得趕快回臺北，即使一日兩頓拌麵蛋花湯，我也會額手稱慶。有時文學朋友問我稿酬如何寄法？我回信說：「千兒八百，不必麻煩。先存尊處，俟弟回臺北時吃牛肉麵可也。」這不是應酬話，更不是片兒湯。住在這最先西化的古老城市，即使花一百美鈔也買不到一碗葱油拌麵。錢又有鳥用！來菲三年，肚皮漸凹，身材也比前苗條些，這也許是唯一收獲；但這也是我心不甘情不願的成果。

談話

暮春三月，草長鶯飛，約一二文學知己來舍間小聚，一瓶陳年紹興酒，幾樣家常小菜，倚窗眺望朦茫的臺灣海峽，一邊談論『五四』以來的作家作品。直到夜暮深垂，酒酣耳熱之際，友人禁不住吟起詩來。這種生活情趣，是局外人難以享受到的。

周作人曾寫過這樣的話：「在這樣的時候，常引起一種空想，覺得如在江村小屋裡，靠玻璃窗，烘著木炭火缽，喝清茶，同友人談閑話，那是頗愉快的事。」

所謂語言無味，面目可憎的感受，每個人都有這種經驗。與這種人相處，即使共同患難也難以成爲朋友。男性女性皆然。有人稱沒有緣份，這是抽象的詞滙，其實就是雙方沒有共同的語言。語言是人類最重要的交際工具，它是以語音爲物質外殼，以詞滙爲建築材料，以語法爲結構規律而構成的體系。所以語言是一種特殊的社會現象。一個人找不著聊天的對象，便覺寂寞，這比撈不到合口味的飲食還要苦惱。

看了《浮生六記》的沈三白和芸娘，夫婦之間談詩論詞，終日有談不完的話題，這才是如膠似漆的恩愛夫妻；相反地，若是夫婦沒有共同語言，怎麼產生愛情？魯迅年輕時曾奉母命與玉田叔祖母的內侄女朱安結婚，他曾向好友許壽裳發牢騷說：「這是母親給我的一件禮物，我只能好好地供養它，愛情是我所不知道的。」

人過中年，才逐漸領悟出人生的寂寞。集會場所，旅途線上，常聽到討厭的話音，煩人的話題，恨不得自己變成一個聾子，聽不見無味的語言。躲在小樓成一統，管他冬夏與春秋。沏一壺熱茶，點上一枝香烟，看《聊齋》，聽鬼話，反而心身舒暢自在。王漁洋曾這樣贊嘆《聊齋》：「姑妄言之妄聽之，豆棚瓜架雨如絲。料應厭作人閑語，愛聽秋墳鬼唱詩。」漁洋的評語中肯而客觀，道出了蒲松齡心靈深處的話。

波斯有句諺語：「心地純潔的人敢說話。」我們從傳記文學或故事片中，看到革命黨人，在敵人面前，臉不變色心不跳，慷慨激昂陳詞，把帝國主義侵略者罵得狗血噴頭、灰頭土臉，這是何等激奮人心的語言！也有的愛國志士被捕接受偵訊，啞口無言，好像他的口中每一個字，字字珠璣；直到他被綁赴刑場接受槍決的刹那，突然，他仰天長嘯，發出裂竹般的吼聲：「中華民族萬歲！」這又是多麼震撼人心的口號！

「酒逢知己千杯少，話不投機半句多」，這是常聽到的話。我不會飲酒，對於前一句毫無經驗，沒有發言權；但是對於後一句卻深有同感。有一位臺北詩人，和我是四十年的朋友，每逢聽見他趾高氣揚、旁若無人的談話，血壓驟增，心煩意亂，像患了一場急病一樣。待我冷靜下來，回到書房，看那掛在壁上的條幅，「海納百川，有容乃大；壁立千仞，無欲則剛。」我捫心自問，既非妒忌詩人，也沒有舊怨新仇，反正我憎惡此人的語言與聲音表情，這跟林則徐的名聯扯不上關係。

在人海茫茫的大千社會，想找到談話投緣，而具有共同語言的朋友，是多麼難能可貴啊！蘇東坡在答一位文友的書札中寫過：「歲行盡矣，風雨凄然。紙窗竹屋，燈火青熒，時于此間，得少佳趣。無由持獻，獨享爲愧，想當一笑也。」作爲一個文人，首先應效法蘇東坡耐得住寂寞，才可潛心從事創作。若是終日和那些語言無味的廝混，浪費大好時光，實在是最大的損失。

《論語．學而》有言：「巧言令色，鮮矣仁。」我對孔子的論點不敢苟同。當初我就是以花言巧語追上老伴的。婚後，每當我惹她生氣，她就不和我說話，兩人同住一室，進行冷戰，憋得我喘不過氣來。便以巧言令色的老套逗她。有一次，她先笑，後哭，接著道出心底話：「後悔也來不及了！」

談　吃

和朋友久別重逢，問起近來的工作，常聽到這樣的謙虛的話：「混碗飯吃唄！」我國是世界人口最多的國家，若是每人吃一個饅頭，那要消耗十二億個饅頭，數千年來，我國執政者苦心積慮，爲的就如何解決人民吃飽問題。這話雖然不中聽，卻是道地的實在話。

我國並不是富裕國家，可是對於飲食卻非常講究，這倒是值得探索的文化問題。僅以漢族傳統食品而言，如一盤端、八碗、八大件、八碗一品、八八到底席等，每當婚壽筵席，只見客人個個吃得滿嘴是油，皆大歡喜。以地區而言，川菜、上海菜、廣東菜、江浙菜、山東菜、湖南菜、湖北菜、福建菜等。曹禺的劇本早在三十年代便記錄了北京飯館名菜，像正陽樓的涮羊肉、便宜坊的掛爐鴨、同和居的烤饅頭、玫美齋的燴鴨條、灶溫的爛肉麵、金家樓的湯泡肚兒、穆家寨的炒疙瘩、都一處的炸三角等。這眞是炫燿奪目的食的文化。至於各地的民間小吃，那更是五花八門，不勝枚舉了。

我在臺灣吃遍了牛肉麵館，總認爲味道都不錯。老陳到蘭州探親回來，向我談起該地著名的「清湯牛肉麵」。先將麵粉加水調和，稍加揉搓後摻上「灰水」——一種植物碱，再揉搓成茶杯粗的長條，抹上食油，再揪成六至七寸長的麵塊，放在案上備用。麵條分作粗、細、寬、窄的不同，而稱爲「大寬」、「二細」、「蕎麥稜子」、「韮葉」、「毛細」。顧客怎樣要求。當場拱麵投入滾水中煮熟，再撈進大碗中。澆上牛肉湯、牛肉丁、煮熟的白蘿蔔片、辣油、香菜、蒜苗、葱花等。老陳講得口沫橫飛，我聽得直淌涎水。清湯牛肉麵才是最標準而可口的牛肉麵。據說早在清末民初，回族同胞馬保子經營的最爲著名。這種「蘭州風味」牛肉麵已流行大陸。

一碗熱騰騰的牛肉湯麵，再加一個剛出爐的「槓子頭」，眞是絕妙的一頓北方飯。「槓子頭」，應稱作「鍋盔」，也是從西北流傳來的。相傳唐朝修建乾陵，即高宗李治和武則天的合葬陵，一個修墓的士兵腹飢難忍，便脫下頭盔烘烤麵餅，因吃得香脆可口，百姓紛紛倣效，遂成爲大衆化的食物。用麵粉加水揉成圓餅形，厚約零點七寸，直徑約七寸，用麥稭火慢慢烘熟。這種食物含水份極少，不易發霉，人們出遠門便於攜帶，而且還可以燴成「羊肉泡饃」。

談起「羊肉泡饃」，臺北仁愛路有一家專賣這種食品。用炖熟的羊肉湯泡鍋盔，佐以辣醬、糖蒜，其味無窮。相傳趙匡胤窮困潦倒，流落長安街頭時，因身上沒銀子，肚子餓得發慌，走到路旁一家羊肉小店，向其乞討半碗湯泡饃吃。後來趙匡胤做了皇帝，再次來到長安，請當年的店主再給他一碗饃吃，以作「憶苦思甜」。從此牛羊肉泡饃成爲回、漢等族同胞傳統食品。不過，年紀稍長的不宜多吃，因油膩多，影響健康。

談來說去，凡是華北地區同胞不管男女老幼，吃餃子永遠不會膩煩。餃子應該代表我國飲食文化。葷餃子有豬肉的、羊肉的、牛肉的、雞肉的，也有兩種肉餡攪拌一起的鴛鴦餃子。素餃子多用新鮮蔬菜，白菜、豆角、韭黃、韭菜、胡蘿蔔等。過春節時，一般人多用白菜、韭黃、豬肉作爲餡料，味道鮮美可口。明朝劉若愚《明宮史・火集》記載：「五更起……飲椒柏酒，吃水點心，即扁食也。或暗包銀錢一二於內，得之者以卜一歲之吉。」清朝富察敦崇《燕京歲時記》記載：「每屆初一……無論貧富貴賤，皆以白麵作角而食之，謂之煮餑餑，舉國皆然，無不同也。」餃子的形狀也很多，有冠頂餃、蝴蝶餃、金魚餃、知了餃、花邊餃，也有推捏、疊捏、扭捏、花捏的月牙餃，以及擠捏的肚大餡飽的木魚餃。

我年輕時服役海軍某艦，艦上有一位綽號「大胃王」的飯桶，他身高一米八二，河南人，是從越南富國島轉來的。這位仁兄吃白菜、豬肉水餃，可以吃下一百五十個，面不改色。有一次我請他去高雄吃牛肉餡水餃，餡大，油膩，我的飯量三十個水餃，肚子即微感脹痛。那日我叫了一百五十個牛肉餃子，竟然吃得盤底朝天，不少跑堂的、大師傅跑來觀看。一個操著濃重的膠東話說：「俺那親大媽吔，這不是梁山下來的魯智深嗎，咋吃這麼多？」

我最喜歡吃牛肉餡餃子，就香醋、蒜泥、葱花吃。接著來上一碗餃子湯，原湯化原食。吃飽了朝沙發上一躺，點上一枝長壽煙，翻開《水滸傳》，正巧讀到白秀英的上場詩：「新鳥啾啾舊鳥歸，老羊羸瘦小羊肥。人生衣食眞難事，不及鴛鴦處處飛。」看來，咱們比先輩幸福多了！

山東人吃葱

我國的蔬菜葱、薑、蒜「三辣」，對於烹調非常重要，它最適合我國人民的胃口。外國人難以享受到「三辣」的味道與樂趣。這三種蔬菜以山東的產品最爲著名。

山東章邱的大葱，葱白肥大脆嫩，辣味較淡，汁多味甜，葉色鮮綠。吃起來甘甜無絲，非常可口。作家老舍生前在濟南生活工作多年，他對章邱大葱讚賞備至。他在一篇散文中寫道：「不看花，不看葉，單看葱白兒，你便覺得葱的偉麗了。……最美的是那個晶亮，含著水，細潤，純潔的白色。這個純潔的白色好像只有看見過古代希臘女神的乳房者，方能明白其中的奥妙。鮮白，帶有滋養生命的乳漿！這個白色叫你捨不得吃它，而拿在手中掂著，讚嘆著，好像對於宇宙的偉大有所領悟。由不得把它一層層的剝開，一層層上的長直紋兒，一絲不亂的，比畫圖用的白絹還美麗。」

章邱大葱的營養豐富，含有多種維他命、蛋白質、脂肪、糖、碳水化合物、鐵、磷、鈣和多種氨基酸。李時珍《本草綱目》記載：葱白作湯治傷寒寒熱、中風耳目浮腫；葱鬚療飽食、房勞、血滲大腸、便血、腸痔；葱花治心脾痛。現代醫學家發現，葱能治療心血管病，並能防止胃癌的擴展。

我們國人炒菜，葱花是不可缺的佐料。下麵條，不管撈麵、熗鍋麵，撒上一點葱花，格外香味可口。大葱蘸甜麵醬就餅，道地山東飯食。葱爆牛肉、葱爆海參、葱扒魚唇等，更是講究以葱爲主料。

萊蕪位於泰山東麓，北靠徂萊山，是產薑的地方。相傳孔子在世，每天三餐都嚼一塊薑。它的栽培歷史可追溯到春秋戰國時代。經過兩千多年的汰選優化，使它具備了薑塊肥大、皮薄絲少、辣味濃郁、色澤黃亮、營養豐富等特點。薑可生食、炒食、醃食，又可做薑酒、薑片、薑粉。吃薑可以散寒、止嘔、驅熱，並可解魚蟹之毒。它也是國人不可缺少的佐料。

臺灣的薑以臺東最爲有名。每次到東部旅行，我總帶回十數斤生薑，洗淨後切片，醃在玻璃罐內，喝稀粥、吃麵條，用以佐食，非常過癮。

我國的大蒜從東漢時代引進的，它原產於西域，至今已有二千年的栽培歷史。《本草綱目》記載，大蒜具有「散痛腫、除邪氣、殺毒氣、除風濕、療瘡癬、健脾胃、治腎氣、止霍亂、解瘟疫」的功能。現代科學研究證明，大蒜對流行感冒、百日咳、鈎蟲、蟯蟲、高血壓等疾病有顯著療效，對結核、傷寒、痢疾等病菌有較強的殺滅效力。大蒜含有大蒜素、蒜製菌素，能降低人體胃內的亞硝酸鹽，具有較強的抗腫瘤作用。

山東南部蒼山縣，西接棗莊，南鄰江蘇邳縣。屬暖溫帶季風區半濕潤大陸性氣候，四季分明，光照充足，冬夏溫差比較大。這種氣候正適合大蒜生長前、中、後期的需要。蒼山縣出產的大蒜頭大瓣齊，皮薄色白，黏度大，味道好，營養極爲豐富。由於蒼山縣人民長期食用大蒜，通過調查，它是長江以北十萬以上人口縣市中胃癌發病率最低的一個縣。蒼山縣爲了提高大蒜生產經濟效益，成立了大蒜研究所。生產脫水蒜片、大蒜末、大蒜醬、大蒜鹽、大蒜粉、大蒜油、大蒜汁及大蒜飲料等，向海內外銷售。

總之，葱、薑、蒜「三辣」，再加上辣椒成爲「四辣」，是我國人最喜愛的烹調食品。我們山東老鄉吃飯幾乎離不開大葱、大蒜，這是衆所週知的事實。不過，吃這些東西有味道，別人不太好受。有一次我吃了牛肉餃兒就大蒜，進臺北一家影院看《梁山伯與祝英台》，聽得身後有人開罵：「那個缺德鬼吃大蒜，臭死人！我操。」我摀著鼻子溜出電影院朝家跑。人家罵得對，因爲我只管嘴巴解饞，卻不顧別人死活，我眞是缺德帶冒煙兒哪！

飲茶

我國各民族都愛喝茶。山歌中，有關採茶的歌不少，尤其客家山歌最多。抗戰時學過一首流行歌曲：青年離家從軍，以茶敬父母、妻子，很逗。「第一杯茶呀，敬我的爸呀。兒去當兵莫牽掛呀。」等敬罷母親、兄嫂之後，才輪到敬自己的老婆，「第×杯茶呀，敬我的妻呀，我去當兵少哭啼；少搽胭脂少戴花，少在門前打哈哈……」

清末，李鴻章陪洋人參觀上海城隍廟，見茶館的人喝茶、溜鳥、講話、假寐、下棋，吵鬧異常。那個洋鬼子說：「看中國人吃茶，就可以看出這個國家無希望。」說此大話的洋人早已作古，可惜他看不到中國的光榮。僅以臺灣而言，中華民國外匯存底八百億，世界第一。人民照樣飲茶。飲茶有什麼益處？先讓日本《近世叢語》發言：「消食一也，除睡二也，寡慾三也。」飲茶不僅是生活上的享受，也有和平寧靜的精神境界。早在紀元前八百年前，我國湖北天門的文化才子陸羽寫出《茶經》一書，論述茶葉性狀、品質、產地、用具和採製烹飲方法等，是我國最早的一本專門作品。後來，有關研究茶的專書有一百多種。陸羽是於公元八〇四年逝世，直到次年——八〇五年，在我國留學的最澄和尚把茶種帶回日本，懷著極爲興奮的心情，在京都東北栽種茶樹。在此之前，日本人民從沒喝過茶。八〇五年，空海和尚回國，也帶回日本茶種、石臼。到了公元一一九一年，榮西禪師又從我國帶回大批茶種，種在九州的背振山，從此日本人民的飲茶風氣，逐漸普遍發展起來。日本僧人從我國帶回這種飲料，先天便和宗教與哲學有淵源。十六世紀中葉，千利休將禪旨摻入茶道，提出「和敬清寂」四個字，概括了日本茶道的最高境界。換言之，和平寧靜才是東方人飲茶的精神修養。千利休是一位偉大的文化人，他創造了日本茶道準則，最後卻慘遭豐田秀吉毒害，被迫切腹自殺。留下了讓人低徊不已的茶話。

近百年來，我國的「日本通」甚多，周作人應當屬於其中的文化翹楚。他的散文，曾被日本青年推崇備至。他的那位母夜叉型的厲害婆娘羽太信子，乃是瞧不起支那人的日婦。周作人的北平寓所，自稱「苦茶齋」。有數年他和胞兄魯迅交惡。一日，魯迅回去取自己的書籍什物，周作人拿起一尺高的獅形銅香爐擲向其兄頭部，幸虧別人拉住，否則砸到魯迅的頭，一定腦袋開花，嗚呼哀哉。看起來，「苦茶齋」的主人，卻毫無「和敬清寂」的茶道修養。

抗戰前夕，全國上下，正一片抗日熱潮時刻，「日本通」周作人發表一首五十首壽詩：「前世出家今在家，不將袍子換袈裟。街頭終日聽談鬼，窗下通年學畫蛇。老去無端玩骨董，閒來隨分種胡麻。旁人若問其中意，且到寒齋吃苦茶。半是儒家半釋家，光頭更不著袈裟。中年意趣窗前草，外道生涯洞裡蛇。徒羡低頭咬大蒜，未妨拍桌拾芝麻。談孤說鬼尋常事，祇欠工夫吃講茶。」這首詩發表，挨了一頓臭罵。不少愛國青年想衝進「苦茶齋」搗毀他的茶具，其實周作人何嘗懂得茶道？他連茶也不喝。

近年來，不少到過北京的文化人，常談起「老舍茶館」的大碗茶。我沒去過，不敢置評。不過，從喝茶、點心的價目看起來，大抵也和臺北的茶藝館相似，喝一回茶，讓窮人吃七天飯。這種飲茶文化，別說老舍先生不同意，連老舍夫人胡絜青也不同意，她去年曾向茶館抗議，讓他們摘掉招牌，別再胡弄人了，向錢看也不能看得太離譜啦。

飲早茶是漢民族的飲食風俗。千百年來，上海、浙江、福建、廣東等地，天一亮，人們都到茶樓去喝茶、吃早點。一般人是「一盅兩件」，一盅是指茶，兩件指點心，如馬蹄糕、炸春捲、叉燒包等。因爲價廉，大衆化，風行各地。目前香港的飲茶仍是風行，從天亮到中午，每個茶樓座無虛席，有時排隊等候一小時以上，才能落座。

近幾年來，我喝了一些福建安溪茶，總覺味道苦澀，缺少芳香。文友李榮德送我一罐碧螺春，奇妙。可惜喝完之後，找不著購茶門路。久居新店，喝慣了文山包種茶，愈飲愈香，愈飲愈貴，因而引起我的強烈反感。

《金瓶梅》中西門慶愛上桂姐，上茶時，唱〈朝天子〉茶調：「這細茶的嫩芽，生長在春風下。不揪不採葉兒渣兒，但煮看顏色大。絕品清奇，難描難畫。口兒裡常時呷，醉了時想他，醒來時愛她。原來一簍兒千斤價。」

每年春茶下來，茶商舉辦競賽，藉機哄抬茶價。我怎喝得起每斤三千元的包種茶呀？索性扔掉茶具去喝咖啡吧！喝咖啡，不由哼起「苦在心裡口難開……」

接吻

少時初看西洋影片，見碧眼金髮女郎，伸出雙臂套住男人脖頸，於是二人的眼珠含情對視，厚嘴唇扣緊薄嘴唇，開始吮吸起來。從銀幕一角流瀉出的聲效，稀里嘩啦，像鄉下孩子啃西瓜一樣，實在不甚好聽。而且那一對情侶擁抱熱吻的狼狽樣子，也讓人看得辛苦，毫無賞心悅目的感受。

我自幼愚魯。家境清寒，只愁衣食學費，根本不解男歡女愛之事。進了中學，學習英文，才知道Kiss也者，接吻也。若按照嚴復的翻譯原則，接吻既不信、達，而且欠雅。有一天偷翻古典文學〈玉蒲團〉，見書內插圖男女擁吻畫面，不禁怦然心動。原來Kiss並非西方人所創，在我悠久歷史的神州大地，早有不少精力充沛的男女，隱沒於花前月下、荒草湖坡間幹起親嘴摸乳的事。不過，炎黃子孫向來含蓄保守，打Kiss非常隱密，決不春光外洩。這是値得炫耀的文化特性。

西方青年Kiss確與接吻不同。用嘴唇接觸人的額頭、手臂表示親愛，才是接吻。啃西瓜、咬舌頭式的動作應稱爲吮或吸，怎能譯爲吻？杜甫〈進三大禮賦表〉：「漱吮甘液，游泳和氣。」倒是我北方辭彙非常貼切，親嘴兒、吃嘴兒，最美妙的則是我的故鄉魯西人稱作逗嘴兒。逗，停留、停頓也。兩根舌頭在對方嘴裡流連忘返，愈舐愈饞，這不是逗嘴兒是啥？

大抵舌是最敏感的器官，因而佛教將人身的眼、耳、鼻、舌、身、意，稱爲六根。這六根最能引起色、聲等感覺，只有六根清淨才能皈依佛門。佛家並以色欲、形貌欲、威儀姿態欲、言語聲音欲、細滑欲、人想欲列爲「六欲」。而舌頭最爲纖細柔滑，怪不得從電影上看到外國男女接吻，左面啃、右面吮，像吃屏東西瓜愈吃愈過癮。

我國中醫學上稱，舌爲心之苗。〈靈樞．脈度〉：「心氣通於舌，心和則舌能知五味矣。」這樣說來，若是一對戀愛中的男女，各懷鬼胎，沒有愛情誠意，即使啃得死去活來，也味同嚼蠟，毫無快活舒暢之感。中醫師爲人看病，舌診是望診的重要一部份。它分舌質、舌苔兩方面。觀察舌質的色澤、形態和舌苔的顏色、厚、薄、潤、燥等現象，對診斷氣血、陰陽、表裡、寒熱、虛實等病理變化，具有一定的參考意義。如此看來，男女接吻是青春健康的表現；若是身體任何一部門有毛病，皆不適宜接吻，這是病患者和中老年人必須認清的課題。

六十年代末，影星李麗華參加拍攝一部好萊塢影片，因爲她說出男主角嘴裡有濃重洋葱氣味，引起風波。那位外國男演員還提出抗議，並讓李麗華賠償他的「名譽損失」。吃過洋葱和女演員拍接吻戲，這是大男人主義和財大氣粗的表現。也許他眼中的中國女人是弱者、可憐蟲。偏是李麗華不吃那一套！好萊塢並不比邵氏影城雄偉，任何大牌演員皆應平等合作，才會拍攝出夠藝術水準的故事片。若是中國男演員吃過韮菜餃子就大蒜，還喝了半瓶白酒，和美國女明星打Kiss拍戲，你們有何意見？

接吻是男歡女愛的表現。男女雙方在接吻以前，必須通過美妙的愛慕的心理過程。即使做戲也得如此。斯坦尼拉夫斯基訓練演員接吻，不僅心心相印，而且像眞而非眞，所以接吻戲演來並不容易。設若雙方素不相識，忽有一位妙齡女郎，搖臀擺乳，眉目傳情，走向你引吭高歌：「給我一個吻，可以不可以……」你一定退避三舍，唯恐那姑娘的玉齒咬斷你的舌尖，甚至還會懷疑對方患有愛滋病。

一位西方詩人說：「戀愛進而結婚，就像甘美的葡萄酒變成酸醋。」誠然，在戀愛中和情侶接吻，比葡萄酒還讓人沉醉。如今我和妻已滿鬢霜白。久別重逢，忍不住偷吻於她，她露出驚惶神色，急忙推開我朝樓上觀望，低聲埋怨：「神經……孩子都在！」凝望老伴，我熱淚滿腮。

打麻將

三十年代，詩人曾今可在《新時代》月刊發表一首〈畫堂春〉，寫得很妙：「一年開始日初長，客來慰我淒涼。偶然消遣本無妨，打打麻將。都喝乾杯中酒，國家事管他娘。樽前猶幸有紅妝，但不能狂。」這首詞發表後，受到一些愛國主義者攻擊。他們認為國難當頭，文人應以筆喚起民衆，不該沉緬於醇酒美人及麻將桌前。但冷靜地說，偶然約三五好友，打八圈麻將，也算不了什麼錯處。只要不妨礙鄰居安寧，連警察也懶得管這檔事。

據《辭海》記載，麻將牌始於清代，由「馬吊牌」演變而成。牌分萬、素、筒三門，每門自一至九，各四張；另加中、發、白、東、南、西、北各四張，以先合成四組另一對牌者為勝。打麻將者，遍及海內外華人生活圈。據我所知，前菲律賓總統柯拉蓉，每週至少摸八圈牌才行，否則難過至極。

我在大別山區商城讀高中時，每值週末，同學紛紛溜到民宅打麻將。每副落地，和牌人開始朗誦起來：「番子、跑子、大門、不吃、獨一、窟隆、鴨子……」數學不及格的，算麻將可厘毫不差，你說怪不怪？

那時我對麻將恨入骨髓，認為它是耗費青春時光的不良嗜好。有一次我投稿當地報紙副刊，痛斥麻將之害，望圖喚起民衆。誰料文章發表，受到同學強烈不滿。一個牌鬼指名罵我：「山東佬，混蛋！」看來革命實在艱難。

我有個臺南朋友是高手，坐上牌桌談笑風生，只用手摸，從不看牌。摸一顆倒扣桌面上，遇到「碰牌」、「吃牌」隨便一翻，絕不出紕漏。摸牌，萬字比較難辨認，但他靠著靈活的手指，只要摸一下，絕無差誤。

有一次他多喝幾杯酒，頗有幾分醉意，我坐在他身旁觀戰。他面前三副萬字落地，手上「扣」的三顆一萬，一顆二萬，「聽」邊三萬，外帶二萬的「將」，這副清一色牌實在不錯，若摸進來過癮至極。正在緊張時刻，他摸進一顆一萬，應該立即扔出去才對，誰知他心亂如麻，竟然來個「開槓」，氣得我眞想狠捏他褲襠睪丸。說時遲，那時快，他卻「瞎貓碰到死老鼠」，從「槓」上摸來一顆絕二萬，自摸「清一色」！

打麻將，不但能聯絡感情，更可以洞悉對方性情。有些毛躁脾氣的，一圈過後，由於沒和牌，便露出狐狸尾巴。茶不開、葉不落，喝進肚裡直放炮。埋怨上家盯得過緊，咀咒下家扣牌不放。批評氣象台預報今日大雨，可今天卻出太陽，不然他躲在家看武俠小說，不會出來打麻將找氣受了！這個碎嘴子的話，前三皇，後五帝，沒一句是好話。又好比前兩年北京播映的電視系列片「河觴」，從黃河的氾濫埋怨起，足足罵了四個半鐘頭，恨不得中國趕快完蛋，這場麻將的輸贏的錢，反攻倒算！

有一種不吭不哈的人，也不含糊。他坐上牌桌，只是面帶春風，專心打牌，作社會賢達狀。四圈下來，他連和十幾把牌，他搶和、搶鈔票，絕不「坐」牌。你的「清一色」剛「坐」成，他四番小牌就將你封殺；你的「雙龍抱柱」即將自摸，他一副「屁和牌」讓你投降，你除了嘔氣之外，夫復何言？和這種人長期打牌，不僅輸錢，而且會患肝硬化症。

還有一種「心戰專家」，也不宜邀同打牌。這種人聲東擊西，讓人莫測高深。他的眼半睜半開，似睡似醒，摸起一顆牌就丟出去，不碰不吃，嘴裡謙卑而抱怨道：「這十三不靠的牌，打到天亮也和不成……怎麼這麼冷？東西南北風都來了……」他微笑著放倒了牌，輕聲細語：「走狗屎運，我和了……大三元！」

胡適博士生前常和學者朋友打「衛生麻將」，打牌談文學，談考據，摸起一顆牌，談起《紅樓夢》的焦大，你一段，我一段，談笑風生，面紅耳熱，一圈麻將耗費了兩個小時。這種麻將最好別打，不如去圖書館看書。還有些「新官僚」和你打牌，更爲窩心。他的語言無味，某司長千杯不醉，某次長最愛去狀元樓吃烤鴨，某部長常說「先乾爲敬」，讓人聽了怒火中燒，頭暈眼花，一定輸錢。不過輸錢事小，久了會得肺氣腫、血壓高諸病。

麻將是清朝時代流傳下來的，它是中華文化的一種。當初發明麻將的這位先輩，若是知道後代的人，牌品如此惡劣，他在九泉之下一定跳腳罵娘！

寫信

書信是傳達人們思想與感情的工具。古代曾有「烽火連三月，家書抵萬金」詩句，足見寫信在人們心目中的重要性。當前工商業發達，電話、傳眞機如此快速方便，因此書信已呈逐漸淘汰的情勢。

不少人有個通病，自己不愛寫信，卻最愛讀別人來信，特別是知己朋友的信。知己朋友，即使三言兩語，靈犀相通，亦會興起無限歡情。我年輕時吸煙方能寫作，某年派到臺北講習三月，臨行向摯友K君發誓戒煙。孰料一週後接到老K來信，信內只裝了一枝乾癟的雙喜牌香煙。我啼笑皆非，立即找到火柴燃上煙，呑雲吐霧，其樂無窮。若此信惹出麻煩，即使請來福爾摩斯，他也偵察不出寄香煙的原意。後來我罵老K，若是我生活在文革時的大陸，你這種輕率行爲，迫我下放農村勞改，我豈不冤哉枉也？

三十年代初，趙景深在上海編《青年界》雜誌，一時稿荒，急得要命，馬上寫信給老舍，信中只有一個加了圓圈的「趙」字。老舍與他靈屬相通，接信即知「老趙被圍，速發救兵」，當即寫了一篇小說〈鳥褉先生〉。並且隨稿附了一封信。

景深兄：元帥發來緊急令，內無糧草外無兵。小將提槍上了馬，《青年界》上走一程。喏，馬來！

「參見元帥。」

「帶來多少人馬？」

「兩千來個，還都是老弱殘兵。」

「後帳休息。」

「得令！」

正是：旌旗明日月，殺氣滿山頭。

祝告。

弟舍×月×日

若是這封信落在我手，上窮碧落下黃泉，兩處茫茫皆不見，那豈不整得我暈頭轉向，不知所措？我文學根基很差，少年時作文，每遇「學貴有恆說」或「假如教室像電影院一樣」之類題目，搜盡枯腸，也不知如何下筆。只有按圖索驥，胡扯一通。塡滿二百字繳卷。最近發現像我這等角色，還有。清同治年間，有一次科舉考題，出自留學青年手筆，題爲〈項羽拿破崙論〉。一個應試舉子，大抵和我一樣孤陋寡聞，不知拿破崙是咋回事？此人提起七紫三羊毫毛筆，在試卷上寫道：

西楚霸王項羽，固一世之雄也。重瞳子力能拔山，區區一破輪，何足道哉？

許多人愛讀名人情書，因爲情書內有不少秘密的事。魯迅在一九二六年任廈門大學文學教授，時常和許廣平寫信，後來結集《兩地書》。魯迅在情書中透露，他晚間尿憋得要命，天黑，臥室沒有廁所，只得拉開褲子向樓下施肥。看了忍不住想笑。

徐志摩與陸小曼婚後赴歐，他曾給小曼寫過一百封信，由晨光輯註《徐志摩書信》。徐志摩這位詩人愛上頹廢派陸小曼，算他倒楣。他每封情書皆苦口婆心，勸導小曼戒除不良嗜好，鼓起勇氣，重新做人。

曼，你果然愛我，你得想想我的一生，想想我倆共同的幸福，先求你養好身體，再來做積極的事。一無事做是危險的，飽食暖衣無所用心，絕不是好事。你這幾個月身體如能見好，至少得趕緊認眞學畫和讀些正書。要來就得認眞，不能自哄自，我切實的希望你能聽摩的話。你起居如何？早上何時起來？這第一要緊——生活革命的初步也。

詩人的這封情書是一九二八年六月二十五日在加拿大女皇后輪船上寫的。旅途勞頓，風浪顚簸，徐志摩還念念不忘留在上海的妻子小曼，精神可佩。但是，小曼接到了信，只不過一笑而已。她依舊和富商翁瑞午打得火熱，如膠似漆。

客觀地說，寫情書並不一定追上女朋友，這是經驗之談，不必由我饒舌。過去臺中農村一位姑娘，每日從青年郵差手中接到男友從臺北寄來的情書。通過三載信件傳遞，姑娘竟然和郵差結爲夫婦，傳爲佳話。這則新聞至今還在我的剪貼簿上。

談虎

晶兒三歲時，性頑皮，常獨自攀爬附近廢城垛，危險萬分。一日，被我發現，趕緊將她抱下來，一面作驚嚇表情說：「不要再爬上去，爬上去有老虎啊！」從此，晶兒每次想起廢城垛，總是咧開通紅的小嘴巴，瞪圓眼珠，對我說：「爬上去有老虎啊！」

我眞不解，當初以老虎嚇唬晶兒，竟然奏效。而她既未見過老虎，也沒見過老虎圖片，卻對老虎畏之懼之，這也是一項奇事。

許愼《說文解字》，解說虎字是「山獸之君也。」可見老虎是崇山峻嶺之間最厲害的動物。它氣力大，能將野牛拖走，這是事實。但是它再厲害，也只是做山大王，離開大山，它就吃癟。這也是事實。俗諺：「虎落平陽被犬欺」，這不是最佳的證據麼？

《水滸傳》中武松打虎，膾炙人口。因爲武松是壯士，他能打死「萬獸之王」，可見他確有萬夫不當之勇。施耐庵寫這一段打虎，令人存疑。一是景陽岡的山勢並不高，怎容下老虎？二是翻遍魯西史籍材料，過去並無出現老虎的記錄，莫非作者是憑空虛構的情節？第二十七回有這樣的描寫：

原來那大蟲拿人，只是一撲一掀一剪，三般不著時，氣性先自沒了一半。作者寫得實在荒唐大膽，毫無生活體驗，卻妄下結論。即使以普通常識判斷，老虎只要一撲，任何飛禽走獸，甚至「行者武松」便會匍倒於地，根本用不著一掀一剪。金聖嘆的批語，也對這種寫法表示疑問，他批曰：「才子博物，定非妄言，只是無處印證。」

也許受了《水滸傳》的影響，我國人對於老虎的印象很壞，好似它只是一隻凶殘的野獸。後來看過馬戲團的老虎滾桶、老虎跳火圈、老虎起立、老虎推鐵圈，卻覺得它傻得可愛，蠢得可憐，爲了貪食一塊肉，竟在馴虎師的鞭子下耍寶，供人消遣解悶：若是它反戈一擊，只要一撲，嚇死馴虎師，再一掀，衝出樊籠，再一剪，那成千上萬的觀衆豈不釀成你推我擠的人間悲劇？

大抵由於人們對老虎的印象已壞，即使老虎改邪歸正，重新做人，人們也不願接納它。有句俗話說：「老虎戴素珠，假充善人」，這是非常錯誤的論斷。在廣濶的社會上，不可以貌取人。包拯長得黑不溜秋，額頭尙有月牙黑疤，三分似人，七分像鬼，但他卻是明察秋毫、公正廉明的偉人。

有一首兒歌，寫得眞妙。它將老虎寫成有趣的動物，讓我家晶兒學習愛動物、愛父母、愛朋友和中華民族。飲水思源，我應向作詞者致謝，並用瘖瘂的喉音引吭高歌吧：「兩隻老虎，兩隻老虎。跑得快，跑得快。一隻沒有耳朵，一隻沒有尾巴。眞奇怪，眞奇怪。」

復興菜

三十年前，國軍盛行吃「復興菜」。這種菜大抵從復興崗流傳出來，故名。不僅軍隊官兵平日開飯，甚至邀宴賓客，也是八人一桌，中間擺一小盆熱氣騰騰的菜，內有大白菜、葱白、粉絲、肉塊、魚丸和豆腐。旁有小碟炒紅辣椒。這種菜讓人百吃不厭，思想起來直流口涎。同時價格低廉，合乎營養要求。每次吃「復興菜」，心底總湧泛起《菜根譚》中的話：「布衣暖，菜根香，詩書滋味長。」最可喜的這種北方家常菜，南方人愛吃，本省朋友也讚不絕口。

「復興菜」中的粉絲是最重要的食品，因爲它可以吸收湯汁，調和蔬菜與豬肉味道。相傳粉絲是二千年前軍事家孫臏發明的。它以綠豆澱粉製成。先將純綠豆磨碎、打糊、曬乾、分級，而後包裝。上等粉絲絲條勻細、純淨光亮、整齊柔韌、潔白透明。下鍋入水即軟，耐煮不糊。吃起來素淡清嫩，爽滑耐嚼，風味獨特。

我國出產粉絲以山東龍口粉絲最爲著名，龍口一山峰秀麗，林木葱鬱，溪流縱橫，清澈見底。每年春秋兩季，光照充足，清風習習，正是生產粉絲的黃金季節。過去我在菲國三寶顏時，常見街頭默斯林教徒出售粉絲，甚爲好奇，我詢問來源，那位青年小販幽默的說：「這東西從你們國家走私來的。」原來龍口濱臨渤海，早在二百年前，龍口粉絲已行銷五大洲的八十一個國家和地區。這兒濱靠回教徒聚居的蘇祿群島，正是各種物品運銷或走私集中地區，不僅龍口粉絲，連天津栗子、蒼山大蒜也買得著，只是價格稍貴而已。不過那位小販所謂「走私」，應作解釋：這些粉絲是他們爲了逃避關稅走私進口，而中國大陸卻是合法外銷的。

爲了解饞，爲了解除鄉愁，我寄居南島三年，每天清晨從冰箱取出二兩豬肝，切片，再切一點葱花、芫荽、薑末。煮一碗水，水沸，以剪刀剪一小束粉絲，煮熟。再放豬肝，最後放葱花、芫荽和薑末。撒上少許精鹽、胡椒粉，調之，熄火。這美好的早餐，讓我精神昂揚的度過快樂而充實的上午。若是再吃兩個剛出爐的芝麻小燒餅，我一定樂不思蜀。可嘆傭人做的點心食物，不合口味，難以下嚥，除了畫餅充飢，夫復何言？

白菜是溫帶的蔬菜。臺灣早於二十年前試種梨山白菜成功，更豐富了蔬菜品種。在華北各地，每值風雪嚴寒的冬天，大地封凍，大白菜是人民重要的菜碼。千百年來皆如此。菲國南島屬於熱帶地區，各類蔬菜瘦小，好像缺乏營養的小孩，讓人見了湧起同情心。有一次碰見賣白菜者，大喜。我買了二、三棵，囑女傭米妮摘洗潔淨，再切它。我將肉塊、粉絲、葱薑佐料備妥，燉了一鍋「復興菜」，邀來幾位同事餐敘。大米乾飯，「復興菜」，吃得痛快至極，捂著溜圓的肚子稱讚。直到現在，三寶顏僑界還懷念我親手做的「復興菜」。

清朝貧士朱草衣詩云：「床燒夜每借僧榻，糧盡妻常寄母家。」我何等幸運，生活於不愁衣食的寶島。天若憐我，庇佑我無病無災，多嚼幾年蓬萊米飯「復興菜」吧。

美盲・文盲

這幾日冬茶上市，天朗氣清，我搭公車趕往坪林去買剛採摘烘熱的包種茶葉。坪林三面環山，蜿蜒的南勢溪從群山窪內淌流而來，溪水清瑩如鏡，魚蝦在溪中追逐泅游。沿溪有數塊巨石，幾個穿著時髦的男女青年圍坐岩石上玩撲克牌。他們帶的收音機正播放西洋爵士音樂，因爲聲浪過高，叫得鳥雀驚飛撲啼。我佇立溪旁，眼看此情此景，哭笑不得，不過心底獲得一點啓發：「美盲此文盲更爲可憐！」

欣賞大自然美景，是人們最大的精神享受。若是你沿著小溪旁羊腸山徑前行，發現眼前一片桃花林，芳草鮮美，落英繽紛，這時覺得腹內胃腸轆轆，便坐在溪旁石塊上，從袋內掏出漢堡來吃，一面看武俠小說……你不靜觀風景之美，卻沉浸在刀光劍影之中，這是美盲的具體表現，這也和文盲一樣。

年輕時期，我比任何文藝青年愚笨幼稚。每次出門旅行，總帶了不少稿紙，想藉大自然的靈感寫出文學作品來。結果是既未欣賞了山林景色，也沒寫出文章，落了個竹籃兒打水——一場空。

臺灣四季如春，風光如畫，走在林蔭道上，常見被刀子刮去樹皮的光禿處，奇異美觀的樹石旁，寫滿了「大劉來此一遊」、「晉東加油」、「阿美在此吻別」、「巨龍在五十米前集合」等歪七扭八的漢字，這皆是出自美盲的手筆。

我覺得菲律賓人民是懂得藝術的。那兒文盲多，美盲少，恰和我國人相反。若是你驅車在山野間旅行，偶爾從椰林綠叢之間閃出一座木屋，便見走廊上吊著鮮艷奪目的花束盆景，兩三個濃眉大眼的菲律賓婦女坐在窗前閒話。偶爾還會從木屋傳出悅耳的吉他聲。雖然他們是文盲，目不識丁，喝椰汁，吃芋頭，一輩子沒穿過皮鞋；但是他們樂觀豁達，過著充實而快樂的文藝生活，所以他們非常幸福。

去菲三載，返回臺灣。老友問起對鄉親的觀感時，無論從生活品質、教育水準而言，芝麻開花——節節高；只是還有美盲，而且多為現代小青年。

從「紅樓夢迷」談起

讀清人陳其元《庸閑齋筆記》，見有一則感人趣事：

余弱冠時讀書杭州，聞有某賈人女，明艷工詩，以酷嗜《紅樓夢》，致成瘵疾。當綫惙時，父母以是書貽禍，投之火，女在床，乃大哭曰：「奈何燒煞我寶玉！」遂死。杭州人傳以爲笑。

這是一百多年前的軼聞，聽來似乎遙遠。其實四十年前我在基隆海軍服役時便遇見一位于姓「紅樓夢迷」，他終日抱著書本，廢寢忘食。主管吳某，對新文藝視若毒蛇猛獸，那時我正寫中篇小說《戰黃河》，晚間在辦公室寫稿，小于躺在沙發看書，兩個煙槍吸得滿室煙籠霧鎖，猶如窗外濛茫幽邃的夜雨。忽然有人推門而入，吳老皺起眉頭，翻看我寫的小說原稿，壓抑氣憤情緒說：「年輕人不知上進，寫這些風花雪月，浪費公家電力，你不覺慚愧麼？」接著，吳老走進沙發，從同事小于手中奪過《紅樓夢》，氣吁吁地說：「國家正值風雨存亡之秋，你還一天到晚沉緬於男女苟且之事，我看你乾脆寫一個辭呈，走路吧！」小于不慍不火，發出眞摯地充滿感情的聲音：「明天早晨我就寫辭職報告。老實說，從林妹妹魂歸離恨天，我已經不想活下去了！」果然，小于翌晨遞出辭呈，吳老用毛筆批了四個濃黑的行書字：「勉予同意。」小于走後，吳老喜上眉梢，曾在業務會報上說：「這種人若是再不走，他一定吞巴拉松農業或吊頸自殺，對於本單位的榮譽，可眞有破壞力的影響哩！」旁人搗嘴大笑，我卻暗自流淚。

曾在一世紀前做過山東濰縣縣令的詩人、畫家鄭板橋，一生在政治、藝術上都保持獨立不羈的風格。他曾說：

終日作字作畫，不得休息，便要罵人；三日不動筆，又想一幅紙來，以舒其沉悶之氣，此亦吾曹之賤相也。今日晨起無事，掃地焚香，烹茶洗硯，而故人之紙忽至，欣然命筆，作數箭蘭，數竿竹，數塊石，頗有灑然清脫之趣，其得時得筆之侯乎？

索我畫，偏不畫；不索我畫，偏要畫。

鄭板橋是傑出的藝術家，他可以保持傲骨，但是我輩卻不敢說出「索我畫，偏不畫；不索我畫，偏要畫」的豪語。不過，若是小于和我當年的主管不是吳老，而是鄭板橋，他大抵不會羞辱文學小青年吧？

過去，漢聲廣播電台總台長宋揚曜先生求才若渴，爲了讓編輯寫好文稿，邀請作家趙滋蕃作顧問。趙老每日上班，躲在辦公室看書、寫文學評論稿。既無人向他請教，他也難以向編輯索閱文稿，彷彿趙顧問和同仁豎起一座牆一般。那時我在左營廣播電台作副台長，有一次宋老和我談及此事，誠懇地說：「我們尊重作家是爲了讓同仁進步，進步不是立竿見影的事。搞文化事業，總不能像做生意那麼現實吧。」如今揚曜先生逝世多年，每逢想起這位寬厚的長者，內心總湧出一片思念之痛。當年跟他作事的作家朋友墨人、彭邦禎、季薇、瘂弦、沈靖、姚家彥等人，每逢和我談起宋總台長的風範，均興起冠蓋滿京華、斯人獨憔悴的浩嘆。宋老對我後來如何領導知識分子留下深刻的教育。

每次從左營到臺北總臺開會，我總抽空去看望滋蕃兄，他抽屜內、書桌上總堆滿書籍，而且認眞作筆記。他常誇獎左營是一座寧靜美麗的花園。他說設使曹雪芹有幸住在左營，一定會完成《紅樓夢》的創作工程。他說：「張放兄，你比住在臺北的寫作朋友幸運。」

這已是三十年前的往事。每逢想起滋蕃兄的刻苦用功，想起他和我的談話，才恍悟當年宋揚曜總台長聘請他作顧問是正確的、有收穫也有影響的。同時我更記憶起一則座右銘：「泰山不讓土壤，故能成其大；河海不擇細流，故能就其深。」

儲蓄

儲蓄是我國人民傳統美德。將暫時不用的錢存入銀行、郵局或信用合作社，獲取利息，以備不時之需。《後漢書・章帝紀》：「古者急耕稼之業，致耒耜之勤，節用儲蓄，以備凶災。」少時離家遠行，長輩常多給銀錢，指出「窮家富路」要旨。因爲在茫漠人海中，舉目無親，有時「一文錢逼死英雄漢」。

在過去苦難深重的年代，窮人爲了活下去，只有借高利貸。高利貸者，貸放貨幣或實物以榨取高利的剝削行爲也。這是奴隸社會、封建社會的產物。在北方農村稱爲驢打滾，借錢以一月爲期，利息四分至五分，到期不還，利息增爲八分至十分。這種借錢利息如同驢子翻身打滾兒。江南盛行印子錢，或稱折子錢。可分期償還，每次還錢，對方在折子上蓋一印戳。過去上海行情，若借十元，債主先扣除鞋襪費一元，實際借到只九元。分六十天還清。每天撥還兩角。

五十年代末期，我在高雄婚後生活艱難，租屋居住。清朝貧士朱草衣有兩句詩，「床燒夜每借僧榻，糧盡妻常寄母家」，恰是我的生活寫照。當時參加互助會，每月繳一百元。會首見我寅吃卯糧，唯恐我標到倒會，所以使盡計謀不讓我得逞。走投無路，只得向人借高利貸。債主K先生見我兩袖清風，卻是正派人物，便以三分利借我四千元。我又湊了四千購置一座平房，從此星兒、晶兒能夠在小院追狗罵雞，跳繩彈玻璃球兒，再也不受房東少爺的鳥氣了。後來我和K先生成爲莫逆之交，誰敢說K和我是剝削者與被剝削者的關係呢？

大抵搞文學藝術的大多不會處理財務。著名畫家齊白石抗戰前將錢存進銀行，等勝利後取出來成了廢紙。從此齊老把鈔票換成金塊，用束腰袋綁在身上。他到了八十多歲，雖享名海內外，卻依舊以傳統的農民習慣，在畫室挖幾個小洞，將自己稿費或生活津貼塞進洞內，再用磚塊塞堵，以防宵小偷竊。據說過去北京有人笑他，我卻非常敬佩齊白石大師的質樸風格。

住在臺北的畫家朋友，有幾位有藏私房錢習慣，不過其方式比齊老高明些。襪筒、皮鞋、眼鏡盒、汽車座墊、舊茶葉罐、筆筒、舊西裝大衣袋、電冰箱底下，都可以存放。一位知友告訴我：最上乘的辦法，把千元大鈔挾在厚書內，擱置書橱，既可以存，又便於取用，只是沒有利息而已。

就在那段歲月裡。是的，八十年代，驟然聽到「臺灣錢，淹腳目」，我不禁精神亢奮，青春煥發，渾身血管循環也發生變化。一日，到公保診所作例行健康檢查，眼科大夫翻開我的單眼皮，驚訝地問：「你最近有什麼感覺？嗯，具體地說，你眼睛想看什麼？爲什麼想看它？嗯，我做了四十年眼科醫生，從來沒見過你這眼睛的顏色，黃澄澄的，像金子一樣。」

我不吭聲，用手帕輕拭眼淚。

「你回答我呀！」眼科大夫催促我。

是啊，巴爾札克描寫的老葛朗台，他看到金子，連眼睛也是黃澄澄的，染上了金子的光采。這段情節就在《高老頭》書中。《高老頭》挾了十五萬，《約翰克利斯多夫》分上中下冊，各挾十五萬，過兩天我把它送到凱茲投資公司。月息五分。十五萬一單元，每單元拿七千五利息，四單元每月領取三萬元利息……一年就拿到三十六萬……我的心臟噗噗直跳，頭暈目眩，眼科大夫給我注射一針強心劑，才回了家。

《淮南子．主術訓》：「二十七年而有九年之儲。」不，二十七年太久，只爭朝夕。我秘密推行三年計劃，把稿費千兒八百積攢下來，藏在法國小說家作品裡。直到凱茲投資公司宣布破產，才揭開這個秘密。老伴說：「破財免災，至理名言啊。如果咱發了財，你的黃眼病怎麼會好？」

望子成龍

中國人對於兒女期望過高，從呱呱墜地起，生男的則寄望成龍，生女則希冀成鳳。到了一周歲，還要抓周，以預測兒女將來性向和志趣。這種風俗從南北朝便已開始。《顏氏家訓·風操》：「江南風俗，生兒一期爲製新衣，盥浴裝飾，男則用弓矢紙筆，女則用刀尺針鏤，并加飲食之物及珍寶服玩，置之兒前，觀其發意所取，以驗貪廉愚智，名之爲試兒。」《紅樓夢》裡的賈寶玉「抓周」時偏不抓詩書，大抵胭脂鮮艷奪目，這小子伸起小胳臂，一把抓到胭脂，弄得賈政面紅心跳，認定這塊頑玉成不了氣候。果然賈寶玉長大後憐香惜玉，一天到晚搞戀愛，縱有文學氣質，不讀詩書也是枉然。這只是巧合而已。

大抵對兒女期望過高，失望愈深。而兒女承受過重的壓力，也活得不自在。陶淵明是偉大的田園詩人，他的兒子卻是半文盲。「雖有五男兒，總不好紙墨。」這是陶淵明無奈的自白，你生氣也是枉然。所謂「龍生龍，鳳生鳳，老鼠的兒子會打洞」也者，完全是主觀的願望。

魯迅生前曾立遺囑，他希望獨生子海嬰長大之後，若無才能，可學得一技之長謀生，千萬不要做「空頭文學家和美術家。」抗戰初期，老舍先生到了大後方，寄信給留在北平的夫人胡絜青：「兒女聰明不齊，不可勉強，致有損身心。我想，他們能粗識幾個字，會點加減法，知道一點歷史，便已夠了。只要身體強壯，將來能學一份手藝，即可謀生，不必非入大學不可。」像魯迅、老舍這樣的看待兒女，才是眞正地愛。「兒孫自有兒孫福」雖是一句鄉愿話，但它卻含有樸素而客觀的道理。

我總認爲《紅樓夢》中的賈政，對於教養兒子的態度和觀念，値得表彰。他從未把兒子視作寶貝。他深知賈寶玉有文學才華，聰明過人；但他也知道寶玉一天到晚跟黛玉、寶釵、襲人、晴雯親嘴摸乳鬼混。成龍成蛇，還是一個未知數。《紅樓夢》裡賈政狠揍兒子一段，固然表現出對封建禮教制度的不滿，也發洩了賈政埋在心底的沉悶感情，但賈政狠揍寶玉是絕對正確的舉動，値得喝采。再看大觀園修竣完工，賈政邀請文友品評楹聯詩作，藉此也讓那些社會喝酒吹牛的士紳認清寶玉的才華，由於寶玉天眞未鑿，鋒芒畢露，賈政心內竊喜，卻又當衆罵兒子，實在妙極！這才是我國五千年來傳統的教養準則。對於少年後輩固應提携拉拔，若是過份吹捧放縱，使他成名快捷，不知天高地厚，驕傲自滿。這種揠苗助長的方式，不知傷害多少靑年才俊！

因爲中國是農業國家，父母對於兒子期望高，乃是由於兒子長大後則成爲勞動力和幫手；父母年過力衰，也得靠兒子供養衣食，直至終老。所以孝道成爲倫理教育最重要的課題。數千年來，中國人民常以父愛子，子行孝是理所當然、勿庸置疑的普遍眞理。

但也有異化現象。父母辛辛苦苦把兒子養大，但兒子長大不受管教，反而打罵甚至欺侮父母，把父母視作敵人；父母也將兒子看作家庭的異己分子，這種轉變在哲學上稱爲異化。德國古典哲學對「異化」的解釋是「主體在一定的發展階段，分裂出它的對立面，變成外在的異己力量。」這種異化現象在臺灣、在歐美，甚至在中國大陸，已經有了不少案例。這證明時代轉變，「父愛子，子行孝」的倫理觀念已發生了變化。

相傳法國大仲馬剛咽了氣，其妻噙淚自臥室走出，看見兒子手持獵槍，氣泅泅地向門外跑。問他何往？兒子氣急敗壞地說：「我上天堂去找上帝決鬥，他把我爸爸弄死了！」看起來「父愛子，子行孝」是天性，古今中外皆然。不過，養兒子防老已是落伍觀念，「不孝有三，無後爲大」更是愚腐語錄。浙江學者馬一浮無兒無女，晚年有兩句詩：「他日青山埋骨後，白雲無盡是兒孫。」何等豁達而瀟洒的人生觀！

與朋友交

我國自古以來，對於朋友非常重視。朋友列爲五倫之一，前四者爲君臣、父子、夫婦、兄弟。〈孟子．滕文公上〉有言：「使契爲司徒，教以人倫：父子有親、君臣有義、夫婦有別、長幼有敘（序）、朋友有信。」因此人生在世，若是有幾位知己的朋友，同甘共苦，爲一個共同的目標而努力。互相切磋，互相勉勵，那確是最大的幸福。

朋友之間地位平等，如兄弟一般。有時朋友比親兄弟還親近。因爲親兄弟還有相互攻擊、仇視，特別是工商業發達的今天，骨肉兄弟不相往來者甚多。二十年代，周作人與胞兄魯迅交惡。在北平時，魯迅爲了免傷兄弟感情，索性搬出故居。一日，魯迅返回拿取自己書籍時，作人拿起一尺高的獅形銅香爐，擲向乃兄頭部，幸虧別人拉住，未擊中。否則腦袋開花，魯迅一定命喪黃泉。我們從魯迅的書簡往來可以看出文學朋友的感情比親兄弟濃烈得多。

韓非爲了韓國復興，上書韓王變法圖治，卻不受理。於是韓非懷著沉痛的心情寫出〈孤憤〉、〈五蠹〉、〈說難〉。秦始皇讀了作品，非常激賞，並且深情地說：「我這輩子若跟韓非作朋友，互相砥礪，那眞是死而無憾啊！」當即邀請韓非出使秦國。韓非見秦始皇禮賢下士，視爲知己朋友，當然感動萬分。不久，秦始皇還爲韓非出兵圍攻韓國。不過，朋友是朋友，若從朋友轉變成爲君臣關係，那雙方的感情則也發生變化。秦始皇聽信李斯、姚賈讒言，將法家、哲學家韓非以現行反革命罪，押解入獄。不久，韓非自殺獄中。從這段史實可以論斷，朋友和君臣的關係不同；韓非不應該因秦始皇是他的讀者而沾沾自喜，進而投效他的麾下，猶如飛蛾撲火，自取滅亡。

〈莊子・山水〉有句格言，值得學習：「君子之交淡如水」。司馬遷和李陵是具體實踐這句格言的一對朋友。司馬遷是陝西韓城人，李陵是甘肅秦安人。司馬遷是文人，作太史令；李陵卻是武將，漢武帝時任騎都尉率兵攻打匈奴，後來投降。司馬遷以朋友的立場，向皇帝辯護李陵所以投降，有其不得已的客觀因素。誰料皇帝聽了非常惱怒，立即將司馬遷拘捕，處以腐刑。他跟李陵是君子之交，他曾說他和李陵「未嘗銜杯酒接殷勤之餘歡。」正因爲「淡如水」之交，才看出司馬遷敢於爲正義辯護，爲朋友兩肋插刀，他給世人留下了偉大的人格與風範。

〈孔子家語〉有一段話，流傳甚廣：「與善人居，如入芝蘭之室，久而不聞其香，即與之化矣。與不善人居，如入鮑魚之肆，久而不聞其臭，亦與之化矣。」王肅寫的這些話，完全低估了我國人民的擇友標準。事實說明，有些出身下層社會的卻成爲宗教家、政治家；而成長於鼎食之家的子弟卻淪爲人渣、寄生蟲。從事文學寫作的人，既要去「芝蘭之室」，也得進「鮑魚之肆」，如此才能體驗「善人」和「不善人」的眞實生活，反映出他們的歡樂與哀愁。三國時魏國的王肅爲了攻訐鄭玄，假託孔子的名義寫出〈孔子家語〉，違背了孔子的眞正思想。孔子對朋友的相處要「言而有信」。〈論語〉開頭便提起「有朋自遠方來，不亦樂乎」的話。

我國知識分子最大的缺點則是厚古薄今。談起交友之道，常發出「富在深山有遠親，窮在街頭無人問」的浩嘆。其實現代有不少肝膽相照、患難與共的典型，只是沒有大力宣揚而已。〈史記．汲鄭列傳〉記載：「始翟公爲延尉，賓客闐門；及廢，門外可設雀羅。」這種現象古代就有，而今當然也有，並不是新鮮題材。因此我對〈史記〉所記的翟公牢騷話：「一死一生，乃知交情；一貧一富，乃知交態；一貴一賤，交情乃見。」付之一笑。

我有不少舊友爲當前臺港名導演、演員和領導人，但老死不相往來。我雖會演戲，卻五音不全，有口吃病，人家找我幹啥？

臭皮囊

莎士比亞寫過這樣的詩句：

凱撒死了，他尊貴的遺體
也許變成泥，把牆填砌。
啊，當年他是何等英雄，
如今只有替人擋雨遮風。

十四年前仲夏，我旅行歐洲曾參觀古羅馬廢墟，看到的凱撒墳墓，是以一些石片瓦礫堆起的。若非有人指點，誰也不屑一顧。莎翁所寫「替人擋雨遮風」，眞是閉門造車，捕風捉影。

宗教家說人的軀體可以物化，靈魂卻上窮碧落下黃泉，走不同的境界，接受神的寵愛或懲罰。這種說法，我小時在魯西鄉間也聽到過。大抵在開天闢地時代，原始社會人類不懂人體的構造，同時受了做夢的景象的影響，以爲思維、感覺不是身體的活動，而是靈魂。靈魂是寓於人體內而且主宰人體的活動。這完全是宗教家幻想出來的論點。

在我們魯西的農村，如果孩童受了驚嚇或是患病，做父母的總以爲這個小孩掉了靈魂，所以才不思飲食，面色呈驚惶狀。爲了幫助病童尋回靈魂，入夜，趁他熟睡之際，脫下他貼身衣衫，走到村外的荒野，扯起蒼涼的呼喊聲：「兒呀，跟娘回家吧！」做母親的不停地呼喚，聲音由高而低，由激昂而瘖啞，最後走回家門，將衣衫輕輕搭在病童身上。不久，那小孩便霍然而愈，因爲他的靈魂附體，自然恢復了活潑生機。這是四十多年前的記憶。目前臺灣鄉間還有「收驚婆」，專門替受了驚嚇而靈魂出竅的病童治病，這種迷信風尚，相傳數千年，實在是令人不可思議的事。

北方人有句俗話，「人死如燈滅」。人的心臟停止跳動，那軀體便自然開始腐爛。無論實行土葬、火葬、水葬，其目的就是處理死亡屍體。舊時，信仰佛道者厭惡人的內體，因其中藏有涕、痰、糞、尿等污穢物，所以稱爲臭皮囊。確有道理。人吃五穀雜糧，必會生病。若患鼻竇炎，鼻涕奇臭；肺結核患者吐出的痰既濃且有臭味；胃出血患者，糞便呈黑色，像熱溶了的柏油一樣，難看而臭；胃阻塞部位很低的患者，嘔吐出來的殘食極臭，有時甚至連糞便也從嘴中吐出來；至於糖尿病患者，他的尿臭而甜，如尿在泥土中，不久便招引螞蟻前來吮食。著名劇作家田漢晚年患糖尿病，文革時被批鬥，紅衛兵不准他服藥，卻強迫他將自己的尿，喝進臭皮囊內，這倒是史無前例的酷刑。伊斯蘭教徒習俗，人死當日下葬，不用棺木裝殮，這如同魯迅的話，「趕快埋掉，拉倒」，才是最佳處置辦法。

舊時代的鼎食人家，年近五旬便準備後事。首先探尋龍脈寶地，以使後代子孫興旺發達；再選擇上等壽材作棺，塗抹十數道漆，防止蛀蟲蠶食，這是多麼愚蠢可笑的觀念？從歷來挖掘出的封建時代的墳墓，竟然還有陪葬習俗，這又是何等令人憤慨的事！

北宋時期，我們山東兗州出了一位傑出相聲藝人，張山人名壽。他約於公元一〇五六年到達汴梁，靠「說諢話」爲生。會做十七字詩，諷刺當時聞人。張壽一生潦倒困苦，但身體卻硬朗，直到他八十高齡，因厭倦了被群衆譏笑的藝人生活，想回鄉終老，半途死亡。有人買了一領草蓆將他屍身埋在野地。某輕薄少年寫十七字詩，豎牌悼之：「此是山人墳，過者盡惆悵，兩片蘆蓆包，勑葬。」每思及這首詩，我總是感慨萬端，中國的藝人啊，爲何命運如此可憐！

自古到今，許多位於龍脈寶地的墳墓，無人問津；但也有不少湮沒風化的無名塚，成爲廣大人民膜拜的勝地。我們緬懷那些爲人類做出貢獻的人，而臭皮囊算個啥？

認清自己

從電視上看宇航員在太空艙活動，非常有趣。這些宇航員進入太空，因無地心吸力而失重。頭重腳輕，款步盈盈，猶如騰空駕霧，像武俠小說裡的劍客。我聯想起三十年前，一位鄰居清晨閱報，愛國獎券開獎。他忽然中了第一特獎，拿到新台幣二十萬。從此他飄然若仙，疑神疑鬼，不到三個月，這位質樸節儉的朋友精神崩潰，被送進臺南養和精神病醫院。

一個人大抵在升官、發財、追上漂亮妞兒、吊上金龜婿，常會有飄飄然之感。這種頭腦發脹，驕傲自滿的表現，讓局外人看來，猶如宇航員進入太空一樣。如果不保持清醒頭腦，認清自己，確有危險。

近幾年來，海峽對岸的所謂朦朧詩人，也許年紀太輕，被幾個青年辦的刊物瞎捧起哄，整得飄飄然若仙。首先戈麥手握詩稿自殺；不久，海子在一九八九年春於山海關臥軌見了閻王；接著顧城用斧頭劈死妻子謝燁，自己上吊自殺。他們的結局印證了聖經上的箴言：「上帝要毀滅一個人，首先要讓他發狂。」

每逢想起魯迅筆下的阿Q的死，我心情總感到沉重。阿Q被槍決實在委屈、冤枉而且可憐。若是他不離開未莊，看不見城裡的新鮮的事物，甚至不知道啥是柿油黨，他一定平平安安度過一生。趙太爺不准他姓趙，有啥關係？追不上吳媽，也許會追上張媽李媽阿蘭阿花或阿香，即使打一輩子光棍也不會關進大牢，畫押、招供，最後被綁赴刑場還沒來得及高呼「二十年後又是一條好漢」便中彈而亡。阿Q的死因，他不知道，未莊的人包括小D在內都未向他提出忠告。阿Q的冤死遠因是他沒認清自己，近因是從城裡回來以後，每日飄飄然，得意忘形。

四十年前，我正值春花茂盛的年代。臺北籌備公演李曼瑰的史劇。我被挑選飾演孝平皇帝。誰知這齣戲排演將近半月，孝平皇帝改爲AB制，我爲A，而張曾澤（後成爲香港電影導演）爲B，將來輪流登台演出。但等正式公演時卻只限曾澤參加，而我卻被冰凍起來。我暗自叫苦，莫非我是不開竅的棒槌？從接到劇本，我對這位出身宮廷的十四歲的孝平皇帝角色，作了極爲詳盡的表演分析研究。從對詞、排演到彩排，在爲期一個多月時間，我流下了不少的汗水。結果是竹籃打水一場空。這教我怎不暗自悲傷？從此，我對舞台劇的熱情逐漸減退，不僅再也不登台，甚至連話劇也懶得去看了。

這件事隔了十幾年，偶然遇見一位先輩導演，他談起這件往事禁不住誇獎我「有自知之明」。他說：「你不適合演孝平皇帝；你身穿龍袍，你的風度氣質卻是一個無產階級，你演一個鐵路工人倒蠻好。」我聽了面紅耳赤，忍不住問：「您是說我長得醜？」他仔細端詳我說：「不醜。可也不夠英俊。性格也不突出。當年我就想勸你：改行搞廣播去吧，你沒有表演藝術細胞。這句話在我肚裡憋了十幾年，直到現在我才說出來。」

英國劇作家王爾德在《少奶奶的扇子》中有一句台詞：「在這個世界上，我希望徹底了解的人只有一個，那就是我自己。」這話說來容易，做起來眞是困難。別說像我這樣一個微不足道的小人物，即使世界上著名政治家、軍事家和領導人物，有多少眞正做到「認清自己」的？正因爲他們做不到「認清自己」，所以才造成失敗的結局，同時也給廣大民衆帶來無盡的苦難。

半世紀來，走馬觀花看到不少趣事：優秀的財經專家去搞文藝，精湛的哲學家是銀行經理，一位精明的工廠管理人材卻做了圖書館館長。套句瞿秋白的名言，這是「歷史的誤會」。可喜的是我國已走向民主政治，封建時代護兵馬弁飛黃騰達的現象，一去不復返矣。教育水準日益提高，每個人也逐漸能夠認清自己了吧。

人事檔案

查丁剛先生，二十九歲，爲本縣重量級拳擊選手，曾代表我國參加亞運會，榮獲銅牌。擬派縣體育館擔任教練，敬乞核示。

人事室　四十九年三月十七日

批示：丁員青年俊傑，我縣體育人才，條件甚好；唯學歷僅高職程度，最宜網羅美、日留學青年，且具拳擊專業者優先任用。

本縣拳擊名將丁剛，三十五歲，頃已畢業東京體育專科學院獲取學士學位，可否安置於教育局六職等科員，以聘派任用，專任體育館拳擊教練，簽請核示

人事室　民國五十五年九月一日

批示：先商請丁員考取公務人員任用資格後再議。

查臺灣省運動會定於今年十月二十五日在本縣舉行，體育館需用工作人員甚急，且拳

擊項目數年均遭淘汰，急需教練。拳擊名將丁剛因生活所迫，曾在臺北、桃園一帶經營水果生意，唯學非所用，甚願回鄉爲振興拳擊服務。擬請暫聘派縣體育館管理員，並擔任拳擊教練，當否乞示。

人事室　六十四年七月十日

批示：頭痛醫頭，腳痛醫腳，非上策也。飭縣體育館負責同仁加強柔道、跆拳道選手培訓工作，爭取奪標。並嚴予保密爲要。

奉交下縣民丁剛十二月九日信件稱：「民因妻子患心肌梗塞症，次子因車禍住院兩年，生活困苦至極。民雖年屆六旬，身體尚甚粗壯，請求鈞長在縣體育館內，安置警衛工作。如蒙賜准，民將鞠躬盡瘁，報答桑梓恩情。」

查縣體育館年來蕪草叢生，每到夜晚，常有青年男女前往幽會，並時常發生鬥毆搶奪事件。丁剛年輕時期爲著名拳擊國手，孔武有力，可否聘用警衛工作，乞核。

人事室　民國八十一年十月十二日

批示：婉覆。飭體育館暫時關閉，修整內部，經費在教育局有關項目下支出。俟整修完竣重新開啓使用，可洽縣內保全公司派員擔任守衛。

據報載：「著名拳擊運動家丁剛，前（十三日）晚十時於玉山跳崖自殺，享年六十三歲。我國體育運動界已組成治喪委員會，爲這位享名國際的拳擊選手致哀。來自東京、紐約、巴黎、馬尼拉、德里，以及莫斯科的唁電，雪片飛來，向這位愛鄉愛國的運動家致以最高的敬意。」

丁剛先生爲本縣石壢村人，前曾數次意欲來縣體育館服務，皆因無缺失去機會。但我縣黨政界首長均對丁剛先生愛護備至。爲紀念丁剛先生畢生從事拳擊運動的業蹟，擬具下列諸項事宜，簽請核示：

一、本縣體育館命名爲「丁剛體育館」。恭請縣長題名、落款，永垂不朽。

二、舉辦追悼丁剛先生大會。會場設於縣政府禮堂。恭請縣議長主持。工作人員待召開籌備會決定。

三、籌印紀念冊，題名「玉山如拳」，恭請縣長題簽。

四、寄送丁剛先生遺屬奠儀五萬元。

五、本縣體育界人士組成日本考察團，請縣黨部派員率領前往考察丁剛先生生前在日本讀書和參加比賽的實際情況，回來寫作專書，作爲紀念。

人事室　八十三年一月十五日

批示：很好。要藉此紀念活動擴大宣傳本縣體育成就。大會改在體育館舉行，可容納萬人參加，以壯聲勢也。

趕集

我國以農立國，爲了交流城鄉生活資料，滿足農民的需要，從唐朝起便有「廟市」，這是市集形式的開端。一般是設在寺廟附近，或當寺廟節日舉行。〈北平風俗類征·市肆〉引〈妙香室叢話〉：「京師隆福寺，每月九日，百貨雲集，謂之廟會。」後來，各地鄉鎭定期舉辦集市，農民趕著牲畜，推著小車，到鄉鎭去趕集或趕場。集市上出售各種農具、糧食、油鹽、魚肉、菜蔬瓜果、牛羊牲畜；甚至賣牛肉麵、煎餅、雜燴湯、鍋貼，以及說書的、唱大鼓的、拉洋片的，使窮鄉僻壤的農村男女趨之若鶩，樂不不支。

我小時候最愛跟長輩趕集。魯西集市的買賣牲畜，不公開談價錢，買賣兩方偎靠一起，掀布褂，掩蓋兩方右手，於是兩隻手伸過來、縮回去議論價目。這種方式很妙，不僅保密，而且不傷和氣。俺叔賣了公牛，再買幾隻小牛趕回來。趁著俺叔忙於買賣牛隻時，我可以盡性地吃麥芽糖、喝涼粉，用竹圈套泥娃娃，或是看拉洋片大閨女洗澡、八國聯軍火燒圓明園。臨走，我還繞到書攤買回帶插圖的〈火燒紅蓮寺〉或〈李翠蓮拾簪記〉。

在我國古典文學作品裡，描述集市的題材很多。〈水滸傳〉中的梁山水泊英雄，爲了替百姓伸冤報仇，在萬頭鑽動的集市，打死打傷了不少地痞、惡霸。讀起來過癮至極。男女授受不親時代，廟會相遇，燃起愛情火花，也留下不少佳話。

抗日戰爭末期，我在皖北臨泉長官店讀書。春節前後，長官店天天逢集。胡辣湯、牛肉湯、雜燴湯、酸辣湯，切糕、鍋餅、饃饃、烙餅、煮紅薯、雜麵條連成一條街，煙火燎辣，香氣撲鼻。牌九攤上擠滿了鄉下漢子，黑亮的新出廠的牌九，刻著鮮紅雪白的點數。戴鴨舌帽墊羊肚毛巾的莊家，扯起濃重的皖北鄉音，高聲吆喝，吸引賭客：「下了下了，離手離手……天地跨虎頭，愈粗愈風頭……通吃三道！」

那散發著牛糞氣息的廣場上，搭起晃晃悠悠的戲臺。觀衆擠得水洩不通，笑聲趁風飄舞。走近一看，臺上一對青年農民夫婦正在演唱。男的頭戴斗笠，腳穿草鞋、粗布褲褂，眉宇間流露出一股英氣；女的著柳條褲褂，俊俏的臉孔現出依戀不捨的神情。

女的唱：「送郎送到大門口，伸手拽住俺郎的手，難捨又難丟。伊格牙嘟歪嘟歪，難捨又難丟。送郎送到大門外，伸手拉住他褲腰帶，問郎幾時回來？」

男的挺起胸脯，面向觀衆，作樂觀奮鬥狀：「三月不來四月來，四月不來打信來，接你當太太。伊格牙嘟歪嘟歪，接你當太太……」

別認爲野臺子戲粗陋，在戰火紛飛的年代，它對於廣大農村的質樸青年卻發生鼓舞作用。當時山東臨中不少學生就是聽了這種歌曲投筆從戎的。

我在不少集市、廟會中，看到昂首闊步的進步青年；也遇見歪戴帽、邪眼、嘴角叼著香菸，在飲食攤白吃、白喝、白拿的無賴漢；最讓我難忘的是許多耳聾、眼瞎、缺胳膊少腿兒的乞丐，他們跪在塵埃上，面前鋪了一塊污黑的破布，布上臥著嗷嗷待哺的幼兒，乞丐操著外鄉口音，聲嘶力竭叫喚著：「行行好吧！賞給俺一毛錢吧老爺太太！」若是古代的帝王將相，走出巍峨的宮殿，偶而趕集看看黎民百姓的疾苦，我想決不會寫出「四海昇平，五穀豐登」的程式化、八股化、樣板化的調查報告；而統治者也決不致道出「何不食肉糜」的混帳話吧！

家居臺灣南部，星兒常慫恿我去岡山趕集。岡山辣椒醬聞名。趕集吃燉羊肉，佐以米酒，其味無窮。街頭巷尾攤販密集，出售農村瓜果蔬菜，以及工藝品也極低廉。趕集過後，還可以暢遊大岡山，帶兩瓶新鮮蜂蜜回來。我搬來臺北二十年，每憶起岡山趕集往事，恍如隔世……

那淒愴的火車鳴聲

砲聲不時從濛茫幽邃的遠空傳來，徐州車站愈加混亂。走在陸橋或月台，垃圾滿地，旅客擁擠。從碾莊戰役開始，炮火把隴海、津浦兩線炸斷，成千上萬的難民像被切成數段的蚯蚓，在封凍的雪原蠕動與哭泣。雖然早在三天前便買好了去南京的普通車票，但苦候了三晝夜卻擠不上列車。父親的眼圈泛紅，嘴角卻一直掛著微笑。「走不成，留下吧。我擔心你這一走，咱爺倆一輩子再也不能重逢了！」那年我十七歲，母親早年過世，使我思想早熟。雖然討厭父親的悲觀論調，但仍舊咧開一嘴小狗牙發笑。「您放心，爸！說不定半年以後我就回來。」

我喉頭像塞了一個酸棗子，難過至極。父親的鼻孔凍得直流鼻涕，不時用手帕擦拭。他坐在木椅上看報，臉上現出黯淡而失望的神色。「等明年春天，也許我去一趟上海，我再去帶你回來。」我默不作聲。他的話等於白說。自母親在大別山過世，我全家人像屋簷下曬的茅草，一場颱風過去早已風流雲散，三個不懂事的弟弟，一個在上海依靠伯母，兩個在故鄉外婆家，只有我陪侍父親住在徐州，維持著一個殘破的家。

那時物價飛漲，生活艱難。一日，父親給我五塊銀圓，囑我去彭城路流動市場換金圓券。回家，才發現換來的外面是鈔票，裡面盡是白紙。父親氣得直掉眼淚。我嚇成一場病，總是覺得有一個鬼在掐我頸子，向我討債。我下定決定離家南行。

那長串藍鋼皮的津浦線列車進站，父親拖起我兩條猴兒腿，硬把我從車窗外塞進車廂。我朝父親揮手告別。老遠，我發現他那魁偉的肩膀在聳動，直到火車開到符離集站，我買了一隻燒雞在啃食，才悟出父親爲我送別時原來是哭泣啊！

每逢聽到火車淒愴的鳴聲，我總會熱淚盈眶，甚至嚎啕大哭。蘭梓爲了讓我忘記往事，故意轉頭逗弄星兒說：「你是朱自清迷，你說句公道話，你老爸這件往事，像不像朱自清的〈背影〉？」星兒的小眼珠轉悠半晌，終於肯定的連忙點頭。

這確是一件極其平凡的家庭瑣事。在大時代中，多少的骨肉分離、親人失散、父子永別的悲劇，滄海一粟而已，算不了啥。即使向別人傾訴，對方也只是哼而哈之，敷衍了事。火車鳴叫聲中，列車徐緩的開出徐州車站，我把手伸出車窗向父親揮手道別。在火車鳴叫聲裡，我走過津浦線、京滬線、浙贛線、粵漢線，然後從廣州乘濟和號輪船渡海到了澎湖，兩年後來臺。從此，臺灣海峽隔絕音訊，天各一方，我既不知父親的生活情況，父親更對我流落何處茫然不解。每逢聽到火車鳴叫聲，我總感覺心如刀鉸，悲痛難過，這聲音乃是生離死別的悲愴哀嚎啊！

別離四十三年後，我才返回故鄉，看到了荒山上兩座墳墓，慶弟伴隨父親長眠於此。眼前是煙籠霧鎖的農村和田地，在水天一色的遠方便是黃河。我癡立父親墓前，低聲啜泣。小弟拽著我的胳臂，嘮叨說：爸活著的時候，老是提起你用銀圓換回白紙的那樁事，他後悔當年罵了你，所以你賭氣再也不回家。三弟補充說：那年夏季非常熱，黃河的水乾涸見底。父親做了一場夢，說你明天從南京搭津浦線火車回來。他患老人痴呆症，一個人去了濟南。唉，想不到出了車禍，等救護車把他帶回家，爸已經嚥氣了……他活了八十一歲，應該是有福氣的人……不等他講完這些話，我已嚎啕痛哭起來。

擦乾眼淚，辭別親屬鄉親，我回到臺灣，依舊像過去四十多年生活，飲新店溪水、吃濁水溪米；宜蘭大葱雖不如故鄉大葱高大脆甜，熗鍋下麵還是香噴可口；至於伏夏的屏東西瓜，沙瓤解渴，比起乾隆皇帝讚揚過的故鄉德州西瓜強多了！我愛這座海島，雖然她不是我的母親，而是我的養母或義母，但是她對我的照顧無微弗至，比生母還深厚些，我無法擺脫甚至忘卻她的恩情。

西方人在彌留前作宗教儀式，承認自己罪過，寬恕別人也祈求別人對自己的寬恕。這和古人所說「鳥之將死，其鳴也哀；人之將亡，其言也善」是同樣道理。不久以前，患了一場小病。病中，我曾囑託伴隨我大半輩子的蘭梓，若是將來我長眠不起，請她將我的骨灰撒在澎湖海域；讓我的幽靈浮沉於南海、臺灣海峽、東海、黃海和渤海之間，去親自向那自甲午海戰百年來死難的先輩致敬，向那些爲保衛疆土戰死的、受政治迫害冤死的、在戰亂中流離失所客死異鄉的孤魂致以眞摯的祝福……我要告訴他們：苦難的歲月逝去，春天已經來臨，咱們也應該擦乾淚水，過起揚眉吐氣的日子了！

年話

年輕時，每到春節，爲了躲避討厭的嘈雜鞭炮聲音，以及污濁的硝煙氣味，我總是提著旅行袋，獨自去僻靜的山鄉度假。那時候我年過三十，是光棍漢。偶而也遇上一兩個順眼而標緻的姑娘，僅能在一起風花雪月，鬥雞走狗；若我春情發動，向對方展開攻勢，卻總會走上「貓捉老鼠，老鼠逃」的結局。春節是難得的假期，看街頭巷尾的青年伴侶，相偎相依，情話綿綿，讓我既羨慕又妒忌，爲了保持心理平衡，心靈寧靜，索性離開城市，到山野間過幾天清閒生活。

每次出門，大抵在臘月二十九日，因爲到了除夕，任何山鄉旅店閉戶歇業，準備過年。我那時在海軍出版社當編輯，正是熱愛文學的年齡。每到假日，騎自行車到左營泡茶館，一杯清茶、一盤花生，我從晌午磨到月上柳梢頭，半盒雙喜香菸吸盡，同時也看完一冊《地糧》或《茵夢湖》。當左營街頭的燈火閃爍時，我再走進一家小飯館，來一碗大滷麵，十隻剛出鍋的鍋貼。飯後繞到水果攤，買一串芝麻香蕉掛在車把上，然後騎車返回宿舍。

那年春節特別寒冷，山風吹得窗櫺忽刺忽刺直響，四重溪氣溫降至攝氏十度。傍晚時分，溟茫幽邃的暮靄，越聚越濃。我孤坐屋內挑燈看《聊齋・畫皮》，也許專心一意的緣故，或許由於鄉居寧靜，我沉浸在蒲松齡所描寫的恐怖意境中。當我看到最緊張的一段：「生以其言異，頗疑女。轉思明明麗人，何至為妖，意道士借魔禳以獵食者。無何，至齋門，門內杜，不得入。心疑所作，乃逾垝垣。則室門亦閉。躡足而窗窺之，見一獰鬼，面翠色，齒巉巉如鋸。鋪人皮以榻上，扡彩筆而繪之；已而擲筆，舉皮，如振衣狀，披於身，遂化為女子……」此時禁不住心驚肉跳，渾身起雞皮疙瘩。趕緊將《聊齋》丟擲在地，披上外套，破門走出溫泉旅社。

走在山林小徑上，聽得野鳥撲啼，如泣如訴，如笑如吟，如歌如誦；天色昏暗，眼前的山石矗立，有的如蝸牛，有的如帆船，有的如嬰兒，有的如披頭散髮、鋸齒獠牙的厲鬼，我嚇得心怦怦跳。暮色蒼茫，忽聽溪邊傳來一聲女人尖叫，繼而發出啜泣聲音。尋聲趕到河邊，看見一位年輕婦女跪地，雙手抱頭痛哭，旁立一青年手持竹桿，朝著女人身上猛抽。那時我年輕氣盛，大抵受了《水滸傳》的影響，路見不平拔刀相助。在二十世紀五十年代的臺灣，竟然還有這種封建餘孽，欺凌婦女，怎不使我血壓猛升，怒火中燒？我大聲吼了一聲「住手」，撲向河岸。

為啥打人？

「她過年不回家，不盡婦道，我是她丈夫，當然揍她！」那男人扔下竹桿，雙手叉腰，厲聲問我：「你是什麼人？」我急中生智，扯謊不打草稿，便理直氣壯地說：我是警察，維持治安，這樁事我一定要管！那男子依然狡辯，冷笑：「這是我們家務事，你管不著。」

轉頭一看，只見那位跪在地上的青年女子，瓜子臉、短頭髮，兩隻清澄美麗的大眼向我發怔，看起來何等眼熟！刹那間明白過來，原來她是我投宿的溫泉旅社的那個漂亮而稍嫌木訥的下女。我伸出手臂指向山村，用誠摯而和靄的口吻說：「你們倆年紀輕輕，趕快回家過年吧！一日夫妻百日恩，你以後可別再打她了。人在福中不知福，像我似的，年過三十，連個女朋友也沒有，眞不平等……」我說罷此話，那男人再也不吭聲，走過來握住我的手，久久不放。

除夕夜，鞭炮聲此起彼落，我難以躲避這象徵人壽年豐的祝福聲音。醉意朦朧，我抿嘴直笑：我笑咱們同胞憨直固執而可愛，我笑人世間充滿了溫馨與愛情……

財星高照

最近兩三個月，我常見表叔到處燒香拜佛，研究一些斜門歪道的印刷品。有一天，我忍不住問他，到底搞什麼名堂？表叔揉開睡眼惺忪的眼睛，朝我發出幽秘的一笑，低聲下氣地說：「嘿嘿，我還不是求明牌嘛！」

「求明牌」，這是目前臺灣同胞賭「大家樂」的術語。意即求乞吉祥的號碼，下賭注，以達到贏錢的目標。我發現表叔從迷戀上「大家樂」賭博之後，面色憔悴，眼圈泛黑，好像剛從牢獄中釋放出來的囚犯，眞讓人心疼哪！我剛想勸他，他竟先發制人，道出他賭「大家樂」的箇中情趣：「只要中了號碼，一夜之間，我就變成了千萬富翁！」於是，表叔發出了得意的笑聲，哈哈哈哈；笑聲猶如海浪，一波又一波掩沒了我的聲音，我只得默聲走了。

我想起英國詩人拜侖說過類似的話，「一覺醒來，名聲已傳遍了世界」；拜侖這句話是譏諷那些賭徒似的詩人、作家和藝術家，只要他寫出一首詩、一部小說，就妄想自己如同中了獎劵似的，一夜之間成名。這種不正的心態，不僅歐洲盛行，連咱們溫柔敦厚的文明之國也有。在科學時代，不是就有「十年寒窗無人問，一舉成名天下知」的廣告詞麼？

這種投機取巧心理，是一種變態心理。我的表叔嗜賭如命，梭哈、牌九、麻將，他都非常內行，但總是十賭九輸；偏巧他又是一位忠厚老實的人，每遇到別人輸錢時，他故意放水讓人家和牌，甚至自動掏出錢來幫助人家，可是遇到他輸錢的時候，四周的賭徒一個個如狼似虎，趕盡殺絕，恨不得剝掉表叔的襯衫、西褲才能過癮！

有一次，表叔賭輸了回來，向我發起了牢騷：「唉，當年在家鄉學兩套拳多好，省得今天受人家的鳥氣！輸了錢不要緊，還聽人家的嘟嚷熊話……媽媽的！」

我呆望着表叔那張堆滿皺紋的苦瓜臉，用我慣用的老台詞，安慰他說：「既然輸了錢，您就認了吧！破財免災。」

這時，表叔的臉一忽兒紅、一忽兒白，他猛地抓住我的手，機警地向四周打量了一眼，神經兮兮地說：「剛才，我眞想把桌上堆的鈔票，往衣兜裡一胡拉，來個旱地拔葱招式，跳出窗外，再來個血滴子的蠍子倒爬牆，走出大廈，再坐計程車回家……」表叔鬆開我的手，兩手抓頭，痛苦地說：「賭博眞是害人，媽媽的……」

看到表叔這種痛苦表情，使我聯想起著名戲劇家田漢的兩句充滿無限感慨的詩：

殺人無力求人懶，
千古傷心文化人。

田漢這兩句詩，寫盡了知識份子的普遍性格。他們想對仇人施予報復，却無力殺人，而且也狠不下心腸來；如果去求告別人幫助，他又拉不下臉來，思前想後，總是爲了面子問題。試問，執政當局對於知識份子如不同情、諒解的話，何年何月方能走上民主自由的道路？

因此，當田漢被關進了牛棚，看守人員不給他喝水，他只得喝自己患糖尿病的尿，我聽了禁不住掩卷落淚。田漢這兩句爲文化人吶喊的詩句，豈不成爲他的悲劇的寫照？

有一册題名叫作「厚黑學」的書，坊間還可以買到。有一天，表叔賭輸了回來，手中便拿着這本書，我好奇地翻了一下，覺得滑稽可笑。這本書的作者告訴讀者，一個人在社會上，應該「臉厚心黑」，才能獲得成功。乍聽起來，似乎十分有理，但是仔細思索一下，便認清了作者的變態心理，假若天下的人都學習「厚黑之術」，那豈不使人間變成了暗無天日的地獄！

記得上中學的時候，住在風雪嚴寒的大別山麓的S城。週末，四個同學聚在一起，拉開方桌，舖上毯子，上面罩一床白布單，拿出麻將牌往桌上一倒，聽到那牌與牌的撞擊與磨擦聲音，心裡宛如開了花，甭提那份舒服勁啦。遇到牌風順的時候，想條子、來條子，想萬子，上萬子；眞像阿Q幻想的只要當上「柿油黨」，想什麼，有什麼。坐在硬梆梆的凳子上，喝白開水、嚼炒花生，摸着烏七八黑的竹桿刻製的麻將牌，嘴裡還不停地哼着流行歌曲，十六、七歲屌上沒毛的孩子，却叼起香煙裝作大人啦。

「……上海呀本來呀是天堂，只有哪歡樂沒有悲傷……白天打麻將，晚上跳舞場……碰妖姬……給你個柿（四）餅吃……」

打到黃昏快掌燈時分，歌不唱了，煙不吸了，我那張瘦小的猴兒臉，大概變成「三條」了。我衣袋中的鈔票，不論是新的、舊的、百元一張的、十元一張的，如今都放在別人的枱面上；那是我的父親辛辛苦苦賺來的，供給我繳學費、買三S幾何學、英語百日通……我轉頭打量我的鈔票，現在却流落他方。聯想起巴爾札克描寫老葛郎台，他看到金子，「連眼珠都是黃澄澄的，染上了金子的光采」。那時我的眼珠，閃耀出五光十色的鈔票顏色，我比老葛郎台的心更貪婪千百倍哩。別看我搭拉着頭，滿肚子懊惱，可是贏家却照樣唱喜歌，而且唱得讓我頭皮發痳，腦血管發脹。那時，我眞想脫下衣服跟他們打架。正像表叔曾說的，過去要學過拳術多好，省得今天受人家的鳥氣……可是，我手無縛雞之力，只能摸那二兩重的痳將牌。我將一肚子窩囊氣壓在心底，自己安慰自己：「破財免災，我認了！」

記得有一位西方作家說：「歡樂原極短暫，而人生的道路却是漫長」。如果爲了贏錢時獲得短暫的快樂，然而最後却換來了漫長而無盡的痛苦與空虛，這種賭博惡習還是戒掉才好。可是戒賭說來容易，但做起來却非常困難。只要聽到痳將牌的撞擊、磨擦聲音，我的手指頭就發癢，心神不定，老想外跑，即使自己不去打牌，那怕坐在牌桌盯瞅別人打，過乾癮，也蠻自在。

也許工作繁重的關係，也許環境困難的關係，反正自從戒菸以後，便再也沒有打過痳將，偶而有朋友邀約打牌，目前流行的十四顆牌的打法，既不能「做牌」，又不「算番」；十四顆牌還沒整理順當，三碰兩碰，人家就和了牌，這種痳將打起來有啥意思？它和賭「一翻兩瞪眼」的牌九有什麼不同呢？

有時，朋友邀我打牌，我總是帶着央求的口吻說：「好多年沒玩過十三張的痳將了……全帶、五門齊、一條龍、老少配、一般高……」

「算了！算了！」對方打斷了我的囉嗦話：「人家阿姆斯壯早已經登陸月球了，誰還陪你搞這種飛機呀？」

自從碰了這個釘子，我對痲將一刀兩斷，甚至連回味的興致也被忘得一乾二淨。但是，我的表叔依然樂此不疲。每逢假日，他總是坐在痲將桌旁，非要打到凌晨五點才離牌桌。表叔再坐車子回到寓所，漱洗完畢，沖一杯牛奶，抓幾片蘇打餅乾，挾起皮包便趕公車去上班。他一年到頭白襯衣、灰褲子，寒流來時加一件舊藍色夾克；每天三餐，早晨牛奶、餅乾，剛才我已交待過了。中午在公司買排骨飯盒，晚上回家他自己煮一碗山東味的大滷麵；至於生活上的享受，他不吸香菸，也不飲酒，搬來臺北三十年，他大概只看了一場電影，他是在公館「東南亞影院」看的「梁山伯與祝英台」，我記得那天回來，他還罵梁老頭「該死」哩。表叔一年到頭，身上總裝着四、五千塊錢，借用他的一句話，這是「隨時備戰，準備出擊！」

最近兩三個月，表叔的生活突然有了局部的變化。假日，他並不出去打牌，却一個人坐在客廳沙發上，戴着老花鏡，手邊堆着一些有關「大家樂」的傳單小册子。那天下午我推門進去，表叔咧着嘴說：「眞巧，你的第一隻腿邁進來，剛巧是三點八分。哈哈，我要簽——三八！」我聽不懂表叔的話，也猜不到他葫蘆裡賣的是什麼藥？半個多月沒有看望他，我見他面色枯黃，頭髮也脫落不少，他還不到六十歲，怎麼恍然之間變成小老頭了？那天回家之後，我心裡非常難受。想到明年是龍年，表叔屬龍，他的六十大壽，他應該行大運了吧。

那天，我剛從臺北下班回來，忽然接到一個陌生女人的電話：

「喂，請問你認識大家樂麼？」

「什麼大家樂？那是玩物喪志的賭博。」我氣憤地說。

「張先生，請你不要過份緊張。現在我們正全力搶救……大家樂……我們這裡是民生路十三號——」

「妳到底找誰？妳大概撥錯號碼了吧？」我剛想掛電話，對方却急忙解釋着說：「我這裡是竹岡診所。剛才有一位出車禍的山東人，他叫戴家路……」我嚇了一跳，插嘴問她：「我表叔沒有危險吧？……我馬上就來……」

我匆促下樓，在巷口攔住一輛汽車，趕往竹岡診所。在那陰暗狹窄的急診室，只擺着一張行軍床。我的表叔躺在那兒，他的汗衫、外套沾滿了鮮紅的血。他的鼻孔上插着一隻氧氣管，左臂上紮着靜脈針，正在輸送血漿。我握住他的手，却將表叔驚醒，他睜開眼睛，軟弱無力地說：「別忘了……幫我簽……十九……聽清楚了嗎？……十九……我得狠狠地賭它一把……大家樂……嘻嘻……」

我點着頭。這時才發現牆上掛的日曆，正是19。

多管閒事

搬來愛國東路以後，每天中午休息時間，常到中正紀念公園納涼、散步。園內的花木扶疏，綠草如茵，許多來自島內各地，以及世界五大洲的外國朋友，川流不息來此參觀、拍照。公園內佈置得樸素而雅致，甚至連那個藍色的寫有「請勿踐踏草皮」的木牌，也裝置得充滿藝術風味，看來確是經過專家設計的。

我在公園內漫步，想起古人的詩句，「人在圖畫中」，眞是貼切至極。正陶醉中，忽然看見兩隻猴子，跳進青葱的草地之間，打情罵俏，驀地母猴一屁股坐下去，把那如茵草皮壓倒一片。我正想上前抓猴兒，這時身後傳來兩句誠摯悅耳的女播音員聲：「請勿踐踏草皮，謝謝您的合作……」通過這種警告性召喚聲，那兩隻猴子才懶洋洋走出草坪，旁若無人地笑起來。

「哼，討厭！」

「走吧。我早說去長夜喝咖啡，這裡有什麼好玩的？哈哈，眞糗！」

我揉了一下眼睛，才眞的看見一對中國青年男女，迎面走過來；我原先以爲它們不認得藍木牌上的字，是兩匹猴子哩。

其實這是我少見多怪，儘管中正紀念公園聘雇了五、六位巡邏員，但是由於幅員寬闊，那些不講公共道德的猴子，依然我行我素，任意踐踏草地。我看在眼裡，氣在心頭，終於有一次被我抓到一匹老猴子，他聽到我的聲音，不解地問：「拿你卡？」

我陪著笑臉，指看他脚下踐踏的柔軟的綠草，用日本話說：「奥哭撒。」

日本老者恍然大悟，急忙握著相機走出草坪，向我行了個禮：「四米馬皤哪！」

經過這次事件，我對於「抓猴子」的義務工作，產生了濃厚的興趣。每隔三天五天，總被我抓到七、八人，有的對我橫眉瞪眼，嘴角帶著冷笑，似乎咕嚕著說：「這個人八成有神經病。看他身上穿的港衫，最多值一百二十塊錢，你跑到這兒管閒事作什麼？你這不是吃了胡蘿蔔包子閒操心嘛！哼，媽媽的。」有的用「衞生眼珠」白我一眼，淡淡地說：「好，對不起。不准踩，我出去。」一副消極無奈的神情。

我是耐不住寂寞的人。有一次在晚飯桌前，嚼著難咽的炸排骨，聯想起近來在中正紀念公園挨白眼的事，越想越惱，最後竟然解除保密，一五一十講了出來。只見太座的面孔一忽兒紅、一忽兒白，終於忍不住放下筷子，發出最嚴厲的警告：「從明天起，你不要逛公園了，還是在屋裡睡大覺吧。」

「我的體重一天比一天增加，飯量大、血壓高，不散步怎麼行？那不是叫我早一天見孔夫子？」我立即提出了異議。

「逛公園見的更快。」

她剛下了結論。星兒茫漠不解地問：「爲什麼呢？人家還敢打老爸？」

「瞎子打了賣碗的——打了白打。」她又下了鋼鐵般的結論。

我無奈地燃上一支香菸，心想：如果這個社會上熱心公務的人，挨罵受氣；橫行霸道的人，逍遙街頭，那豈不是天下大亂！如今縮小範圍而言，那少數踐踏草皮的人，我走上前去陪笑臉，請他「幫忙」愛惜草坪，難道還算錯誤嗎？

「這年頭兒，最好少管閒事。」妻在低聲咕嚕，似乎在安慰我。

「二舅說，多管閒事多吃屁。」星兒是他母親的應聲蟲，竟然也冒出這句話。却逗得我捧腹大笑了。是啊，一個人爲了維護環境整潔衞生，勸告別人不要踐踏草地，固然稱不上作了善事，但也總算盡了一個公民應盡的義務；設使他不僅獲得不到鼓勵，反而挨罵、受氣，而且還得吃下一肚子臭屁，這是何等讓人灰心喪志的事啊。

爲了多管閒事，不僅挨白眼，而且挨罵，甚至連妻兒也不諒解，這眞是「豬八戒照鏡子，兩邊不是人」。臺北市兩百多萬人口，每天川流不息來中正紀念公園，你憑什麼干涉人家亂踩草皮？你是哪頭葱、哪頭蒜？那些青年才俊，有見解、有風度，時常在電視上、報紙上露面，從外滙談到太空，何等威風！而你却終日佝僂著背，宛如屠格涅夫筆下的那個看守樹林的農奴皮留克，一天到晚只留意這公園的一片草坪，而且無名、無薪，是標準的「黑市巡邏員」。呀呀呸，你跳淡水河吧！你應該照照鏡子看看自己那副尊容了吧。

思前想後，我坐在公園的廊簷下的石椅上，流下了喜悅的眼淚……

我喜的是自己年近六旬，却還有一顆晶瑩熾熱的心。

我喜的是星兒怎麼這麼聰明，他竟然在功課的壓力下，還得記得一些鄉俗俚語，如「多管閒事多吃屁」這句話，是多麼值得人們回味啊。

驀地，我看見一隻公猴笑著跳進草坪，舉起相機向遠方瞄準。他脚上穿了一雙厚皮鞋，皮鞋彷彿踩在我的肝臟、胃腸上，我想吶喊，也想哭泣；我想起妻曾看過的一本書，書名是「醜陋的中國人」，當時我還勸她別看這類書，免得影響心理健康，現在，我的心肝欲裂，欲哭無淚，因爲直到如今我才知道自己是屬於醜陋的一種人。

龍年的隨想

走在臺北街頭，看到萬頭鑽動的景象，我心裡就有些緊張，聯想起今年歲次戊辰，在十二生肖中屬龍，若是今年再多生出幾萬嬰兒，臺北交通豈不天下大亂？

去年秋天，菲律賓詩人羅細士來臺北訪問，在一次餐敘中，聽他講了一個笑話：美國太空人阿姆斯壯登上月球，在蒼茫的陸地上摸索前進。驀地，他發現村裡走出來一群人，他揉了一下眼睛，以爲是眼花撩亂，他想在月球上怎麼會有這麼多人呢？

「狗頭猫兒擰！」月球人向阿姆斯壯招喚：「你打哪兒來的，老鄉！」

阿姆斯壯聽不懂，苦笑地指手劃脚問對方是從何處移民來的。

「China。」

阿姆斯壯楞了一下，帶著懷疑的神情，詢問那位懂得英語的中年人：「請問你們是搭乘什麼火箭或太空船來的？」

「惱！」對方搖著頭，操著山東味兒的英語，回答阿姆斯壯說：「我們是用疊羅漢的傳統方法，登陸月球的。」

這個笑話，給我帶來了中華兒女的驕傲，同時我內心也有無比的激動。早在五十年代初，經濟學家馬寅初便提出「新人口論」論文，他呼籲推行節育，誰知却遭受無妄之災，如果當初接受他的建議，中國大陸人口要比目前減少二億五千萬，這個慘痛的教訓，中國老百姓大概是忘不掉的。

過去看過美國女作家賽珍珠的小說及拍攝的影片「龍種」，感人至深。所謂「龍種」就是「龍的兒女」。龍是我國神話中的動物，傳說牠有鬚、有鱗、有角、有脚；是一種能在天上飛、地上走、水中游的奇獸，而且也是能夠呼風喚雨的靈物。傳說在龍年出生的人，膽識強、氣魄大、智慧高，這是迷信的觀念。只要稍微有一點科學常識的人，也不會相信這種違反科學的鬼話。但是，偏是有些知識分子依舊抱殘守缺，死抱著陳年的黃曆不放手，這才是咱們民族的悲哀哪！

其實，中國民族並非是迷信的民族，早在明朝時代，一位進士廖鶴年，便寫出如此破除迷信的對聯：

經懺可超生，難道閻羅怕和尙；

紙錢能贖罪，居然菩薩是贓官。

甚至在我國民間，也有比較先進思想的諺語。譬如在北方便有一則諺語：「龍生龍，鳳生鳳，老鼠的兒子會打洞。」仔細思索一下，這是非常合乎遺傳定律的。今年欣逢戊辰龍年，爲了遏制少數同胞渴望獲得「龍子」的迷信心理，我們應該大力宣傳這一則諺語。別看目前臺灣的教育普遍提高，大專學生滿街奔走，碩士博士也不足爲奇。但是學歷雖高，並不一定文化水準高。據民間調查證明：去年臺灣賭「大家樂」，不少受過高等教育的人，却向那些沒有知識的神棍、乩童去祈求「明牌」。這說明了我們的經濟建設雖然進步，但是人民的精神面貌還是落伍的。

大抵人口衆多的國家，都是貧窮落後國家。目前臺灣的節育工作，雖然有了顯著的進步，但是「重男輕女」的傳統觀念，如果不徹底消除，「兩個孩子恰恰好」的目標，還是不能完全實現。我的故鄉有句俗語：「好兒不要多，一個頂十個。」如果一窩孩子從屋裡走出來，一個個頭上長瘡、脚上流膿，面黃肌瘦，鼻涕過了黃河，見了生人頭不敢擡、眼不敢睜，這樣的男孩子有什麼精力擔負起繼往開來的事業？如果你走到農村，看到幾個少年，意氣風發、精神昂揚，伸出胳臂似牛腱肉那麼健美有力，笑起來哈哈一片，猶如濁水溪的激盪的浪花，你想這樣的中國少年怎不是明日中國的棟樑？

我想，作爲龍的子民的中國人，如果不卑不亢，努力奮發，既不滿足悠久的文化歷史，也不眼熱人家的科技文明，我們只要有志氣、有理想，用雙手把祖國建設成幸福的樂園。到了那一日，那長眠在地層下的先輩一定喜極而泣啊！

雞鳴早看天

冬天的清晨，寒風料峭，喝上一碗熱豆漿，吃一套燒餅挾油條，那眞是最美的生活享受。豆漿在我國已有一千年歷史，它的營養價値不亞於牛奶。小時候在北平唸書，一進校門，便見賣豆漿的小販前圍滿了小孩。「一大枚漿、一大枚糖！」同學們像一窩雛雞，唧唧呱呱吵成一團。這樣喝上它兩三年，每個孩子的小臉蛋變成蘋果，紅冬冬的，讓人見了恨不得咬它兩口才解饞。

據說宋徽宗時代汴梁的名妓李師師，細皮白肉，臉蛋艷麗動人。「唐宋傳奇」上記載：「李師師者，汴京東二廂永安坊染局匠王寅之子也。寅妻旣產女而卒，寅以菽漿代乳乳之，得不死。」這位喝豆漿長大的苦命姑娘，到頭來竟成爲名震汴京的美人，我眞想不到豆漿具有美容效果呢。

初搬臺北那年，聽人說永和鎭有一家豆漿店，非常有名，慕名前往者絡繹不絕。有的花了上百元的車資，跑去喝五元一碗的豆漿、十元一套的燒餅挾油條，傳爲笑談。有一天凌晨，我搭公車趕到永和鎭，那時天色尙早，馬路靜悄悄的。老遠便見那家豆漿店內燈火通明，高朋滿座。叫了一碗甜豆漿，用湯匙嚐了一口，覺得稠糊糊的，清香至極。不過油條炸得不到火候，燒餅也烤得軟趴趴的，嚼起來沒有滋味。

臺灣本地同胞，一般人家早餐愛吃稀粥。我家星兒自小就愛吃稀飯，如今上了大學，也是如此。天麻麻亮，老伴爲他煮一小鍋稀飯，煎兩個雞蛋，蛋上還灑一層醬油，另外，還有一碟炒花生米、一碟肉鬆，一碟罐頭醬瓜。這小子吃得稀里嘩啦，滿臉冒汗，他媽坐在一旁，耐心地欣賞星兒吃粥，我見了忍不住想笑。每天早上，我只沖一杯牛奶，捏兩粒維他命丸，一仰脖子，完成任務。然後挾起皮包跨出房門，走向車水馬龍的大街。

我最討厭吃粥，這是習慣養成的偏見。其實吃粥最能補益身體，尤其上了年紀的人，祇要營養調配得當，一天三餐吃粥，也是好事。詩人陸游曾寫過一首詩，頌揚吃粥的樂趣：

世人個個學神仙，不悟神仙在目前。

我得苑邱平易法，只將食粥當神仙。

儘管我也知道吃粥的益處，但我還是不喜歡吃。有時到朋友家作客，清晨起床，走到餐桌前，只見桌上擺了醬瓜、鹹鴨蛋、花生米、白糖、肉鬆。剛坐下，一碗熱騰騰的稀粥送到面前。

「我早晨向來不吃東西，眞的，最多半碗……」

「別客氣，最少也得喝一碗哪。」

這種「有口難言」之苦，人家是不會瞭解的。

有一年冬天，我得了一場大病，病癒之後，身體非常虛弱。清晨還沒起床，老伴便端了一小碗「早點」。睡眼朦朧，在燈前稀里糊塗地吃着，才知道是豬肝湯，湯內煮了一小把粉絲，切上一點菠菜葉子。老伴知道我的口味，她做湯只放一點兒鹽，灑上一層胡椒粉。直到我迷迷糊糊把那一碗豬肝湯吃完，才慢慢摸索穿衣起床。

我年輕時愛睡懶覺，早上起來，一面刷牙一面解手，根本沒有時間吃早餐。有一次，爲了一件公務事，我跟同事吵了起來，他帶着幽秘的笑容，對我說：「走吧！」

「走就走，我還怕你嘛！」

屋裏的同事以爲我倆去見處長，或是到後院打架，但他帶引我走出大門。我氣急敗壞地問：「用不着去派出所，又沒有流血掛彩。」

「我請你去吃豆漿、油條。走吧！」

「你怎麼知道我沒吃早點？」

「如果你吃了早點，你不會亂發脾氣了。」

啊！我當時聽了他這句話，心裏是多麼慚愧！搭拉着頭，像小偷作案當場被人逮捕，眞是無地自容。那位同事一面喝豆漿，嚼着糯米飯糰，低聲向我傳教：他說外國人最重視早餐，人家喝牛奶跟喝白開水一樣，身體發育當然健壯結實；他勸我訂一瓶新鮮的牛奶，每天早晨喝上一瓶，不出半年光景，氣色紅潤，精神煥發，工作起來也會勝任愉快。

喝了將近半年的牛奶，我還沒曾見過送牛奶的人。每到月底，我把鈔票押在空瓶子裏。空瓶擱在我的房門外。後來喝膩了牛奶，我寫了一個紙條：「請自下月起，換送羊奶一試」。次晨，果然換了羊奶，奶瓶下面也押了紙條，上面寫道：「如果您嫌羊奶腥氣，可以調換，請隨時通知，祝您早安。」我看那娟秀的字迹，覺得有趣可愛。喝了不到一月，便常感覺肚子咕咕嚕嚕，像患了腸炎一樣。我趕快寫了紙條：「最近喝羊奶不舒服，請再換牛奶，至謝。」

那是一個新年的除夕，我在海軍聯誼社跳舞回來，已是凌晨時分。沖了涼水澡，換了睡衣，我獨自坐在燈下吸菸看書，腦海裏還殘留着紅燈舞影的氣氛。想起人家攜妻伴子，享受天倫之樂，而我年近三十，却依舊像土撥鼠般的躲在宿舍作白日夢。越想越寂寞，越想越飢餓，打開餅乾罐一看，空空如也。我那時血醣低，肚子一餓，不僅心跳加速，而且有一種作嘔感覺。看窗外泛出魚肚白，遠方傳來汽車行駛聲。我想穿好衣服，騎自行車上街吃早點。剛輕輕拉開房門，燈光照映下，一位健美的、身高一七〇公分的女孩，穿着樸素，不施一點脂粉，正站在我的眼前。我嚇了一跳，大清早的，我怎麼碰上這麼迷人的姑娘，莫非是「聊齋誌異」上出現的怨女幽魂？

「早，張先生。」她向我齜牙一笑，迅捷地將一瓶熱糊糊的牛奶塞給了我。

「妳——」

「我替你送牛奶九個半月了，還是第一次見你。嘻嘻，我還以爲你是一位阿公呢，想不到這麼年輕。」

「我五十一歲，屬雞的。」我壓低聲音逗她，我裝作誠懇的表情。

那個健美的牛奶女郎噗哧笑了！「我爸爸今年五十一，他是屬龍的。張先生，你怎麼會屬雞呢？雞起得最早，可是你……嘻嘻，我不好意思說了，對不起……」她一轉身，扭着那青春活力的肩膀，靜悄悄的走了，像吹過一陣早春的山風。

這位牛奶姑娘的話，使我感到慚愧而自卑。後來，我在馬致遠的「漢宮秋」雜劇裏，發現這樣質樸動人的描寫，那是毛延壽選宮，皇帝愛上了民女昭君而唱出的：「你便晨挑菜，夜看瓜，春種穀，夏澆麻，情取棘針門，粉壁上除了差法。……」我進而聯想到一個人如果只在屋裏埋頭寫作，而不去外面看那流動的雲、搖曳的樹、青翠的山，和那浩潮洶湧的大海，他是寫不出有生命的作品。因爲只有身心健康的人，才會創作出優美眞摯的作品。

唉唉，我只不過是一個「理論家」而已。年輕時代、熬夜、晏起、不按時吃早餐，因而常發脾氣遭受誤解。臺灣南部氣候溫和，多少明媚的假日清晨，我都在甜夢中熟睡。有時兩個孩子拉我的被子、扭我的耳朵，央求我帶他們上街吃米粉湯、魚肉粳，上山捕鳥、下海抓蝦，我氣得火冒三丈，用枕頭把他們打出去，兩人蹲在木瓜樹下，嗚嗚地哭，渡過了一個「快樂的星期天」。

有一回，妻悄悄告訴我，晶兒在日記中埋怨我，她說人家的父親，起得很早，常帶小孩上街吃東西，還去郊外遊玩；而我却睡懶覺，還愛打人。我聽了這個秘密，付之一笑。如今，我已滿鬢霜白，清早五時起床，沖牛奶、煎雞蛋，還從巷口帶回來剛出鍋的油條、烙餅，可是我的兒女呢？却像插翅的麻雀，飛得無影無蹤了！唉唉，我的懊悔說給誰聽？

湯餅・麵條

搬來新店十年，每到假日，我總是黎明即起，換上一套運動裝，先去碧潭跑上一圈，再繞到菜市場買菜。回家上了樓，我先把豬頭骨用沸水沖去血漬，再去燉湯。晌午時分，我用濃湯煮麵條，將豬頭骨剝下的肉塊，切成小段，蘸着醬油、蒜泥，一面喝酒，一面吃麵條，這種假日樂趣簡直無法形容，套句「笑林廣記」上的諢話，「簡直舒服到雲彩眼兒中去也！」

我吃不慣臺灣本地的麵條，因爲咬起來很軟，沒有嚼頭。新店有家山東人軋的麵條，粗而質厚，無論下湯麵或是撈麵，都很合我的胃口。每隔三天五日，老伴總會做一頓炸醬麵。不過菜碼不甚光彩，只是黃瓜絲、煮綠豆芽而已。若是次日不上班，我還可以剝上兩三瓣蒜，佐以小杯威士忌酒，吃上它兩大碗炸醬麵，最後準會抱着肚子喊「媽！」

「你不能這樣吃了。人過中年，飯量應當節制。如果這樣下去，你不想回大陸了？」

我認爲老伴的話都是「廢話」。因爲每隔三天五日，她還是要做一頓炸醬麵。飯後，待我捧着肚皮喊叫時，她又嘮叨起那些「廢話」。隔了三五天，這位患有健忘症的人，又在厨房炒炸醬，滿屋散發着誘人的氣息。

過去，我是臺北桃源街牛肉麵店的常客。我化在那兒的錢，少說也在三萬元以上。年紀漸長，對於牛肉的興趣，江河日下。偶而路過，我也只是吃一碗「湯麵」而已。有時吃過之後，肚子咕嚕嚕不舒服，可能腸胃吸收不了牛肉濃汁的緣故。

北方有一句諺語：「大鍋的稀飯，小鍋的麵條。」那即是說，在大鍋裏熬稀飯，因米多、水多，熬出來的粥才散發出香氣。如果吃麵條，在大鍋中去煮，便覺口味平淡，反而不如用小鍋去煮，其滋味比較香甜些。換句話說，麵條是不能在湯水中浸泡的。

我的母親年過三十，便開始發胖。她到夏天最愛做涼麵。先把麵條煮熟，再撈進一只涼開水的鍋中。涼麵的佐料有香菜、芹菜、綠豆芽、醬油、蔴油、醋、薑汁、雞蛋碎片。吃飽了涼麵，她把我們小孩趕到樹蔭下去下棋，不准睡覺，大概是爲了消化食物吧。

說起來也是臉紅。從小依賴母親煮飯，長大離家之後，還是依賴公家伙食團生活。有時候患了感冒，我總是走進北方麵館，叫一碗熱騰騰的大滷麵。麵中灑上一些胡椒粉。吃麵時，再佐以醬油泡辣椒絲，不等那碗麵吃完，便已渾身冒汗。我這時不慌不忙，一面用手絹擦汗，一面從衣袋內摸出兩粒阿司匹林藥丸，喝一口水，一仰脖子呑進肚去。出得門來，套句舊小說上的描寫，「恨爹娘少生兩條腿」，我趕緊跑回宿舍，鎖上房門，鑽進被窩；如今我「家事、國事、天下事」，早已抛之九霄雲外，祇管夢見周公去也。待我一覺醒來，頓時耳聰目明，週身輕鬆，彷彿又換了一個新的人生。

麵條是我國歷史最久的食品，它不僅可以「治感冒」，而且患腸胃病者，麵條是最佳食物。

晉朝時代，便有不少農家吃「湯餅」。「湯餅」即是麵條。只是晉朝以前，人們用木棍將麵塊擀成薄餅，再下到鍋內用沸水煮熟而食。後來，才進展爲刀切麵條、手拉麵條，以及目前常見的機器軋麵條。

大概從唐朝以來，吃麵條成爲祝賀生日的習俗。劉禹錫的詩句，「學筋食湯餅」，由此可見那時麵條已是大衆化食品。據史籍上說：「宋朝民間生下孩子第十天，要舉行『湯餅會』，以示慶祝。」這種「吃壽麵」的風習，一直持續到現在。

我們山東地瘠民貧，雖然出產小麥，但是一般農民平常吃頓麵條，還是一件喜事。故鄉有句諺語：「麵條省，烙餅費，吃頓餃子賣塊地。」可見農民是多麼儉省。當麥收季節，婦女從缸內挖出兩瓢麵，和上水揉成麵團，切作麵條。先用花生油加葱花熗鍋，加水煮沸下麵。等麵條翻了兩個滾兒，灑上油鹽、菜葉，再攪碎兩三個雞蛋倒進去。一家人吃得滿臉流汗，其樂無窮。

抗戰末期，我隨家人到達皖北。傍晚投宿客棧，先用溫熱水泡脚，然後再去吃麵條，當地有個順口溜：「住店不住店，先吃兩碗麵」。不過你若肯化錢，白乾酒、滷牛肉，甚至淮河裏撈的魚，什麼都吃得到。

黃河沿岸的城鄉市鎮，有一種下層社會的食品。一隻水缸般的大鍋，下面墊着磚頭，火苗熊熊燃燒。那鐵鍋中滿盛着白花花的麵條，麵湯中浮漾出一層淡黃油跡，偶而還映現出幾片葱葉或韮菜。那小販嘴裏叨着香菸，右手輕攪着開鍋的麵條，兩隻眼珠不停地左右溜轉，偶然間左手從嘴角取下菸蒂，便發出一聲沙啞的呼喚：「快來喲！開鍋的麵條，五毛錢一大碗！」

那些蹲在麵攤四周的食客，都是衣衫襤褸的清道夫、拉地排車的、撿破爛兒的、作小買賣的，還有逃難的流浪漢；他們吃得稀里嘩啦，剎那間碗底朝天，等到把麵條吃完，再謹愼地從破舊的衣袋裏，摸索出五角錢來……這個畫面在我的幼稚心靈裏紮下了根，使我終身難以忘記中華民族的苦難紀錄。每當回憶起這般往事，我總忍不住熱淚盈眶。

有一天吃飯的時候，弟弟談起街上賣「大鍋麵條」的事。他撇着小嘴，俏皮地說：「那個賣麵條的手又黑又髒，他的菸灰都揮到鍋裏去了。誰敢吃呀，眞不講衞生……」

忽然，叭地一聲，母親怒氣冲冲把筷子摔在桌上。空氣頓時凝固了。我也放下了麵碗，看見母親的眼內閃映着淚花。

「您怎麼了？媽。」八歲的弟弟，並不懂得自己犯了錯，他還以爲母親在發別人的脾氣哩。

「飽孩兒不知餓孩兒飢。怎麼了，看餓上你三天，你還講不講衞生！」母親終於說出了她心底的話。

這件事一直在我腦海裏盤旋着，每當記起這件事，我總會懊悔母親活着時，我常常惹老人家生氣，如今「子欲養而親不在」，更增加了我內心的悲哀；同時我對於那個失散多年的弟弟，也湧起莫明的氣憤之情。是啊，你並非出身鼎食之家，怎麼恥笑那些蹲在麵鍋周圍的窮人呢？他們都是咱們的鄉親和骨肉同胞呀。你怎麼像是唸過小學三年級的學生？……淚眼朦朧，我依稀地看到滿地荒無，蝗蟲漫天飛舞，在沈寂的荒村，看不到一縷炊煙。那位身着龍袍的晉惠帝，問及黎民百姓的生活困境，他說，沒有飯吃，「何不食肉糜？」

我想，晉惠帝和我的弟弟一樣，他們沒有挨過餓，當然不知道飢民之苦，也體會不出「大鍋麵條」的甜美滋味，我們實在不能怪罪他們。想到此處，我的心情逐漸鬆緩下來。唯一感到不平靜的，則是少年時代發生在濟南的一場血案，它永遠像鉛塊一樣壓在我的心裏。那是我上小學六年級時，在一個溫暖的春天早晨，一位衣衫破爛的鄉下人，走到「大鍋麵條」攤前，要了一碗麵，等他吃完，又加了一碗。那鄉下人吃飽之後，淚眼模糊地說：「大叔，俺吃了您的麵條，沒有錢，下一輩子還您吧！」誰知那個小販氣紅了眼，隨手抽出一把尖刀，向那個窮人肚皮插去：「沒有錢，還俺的兩碗麵條！」霎眼時，血漬漬的白色腸子，混合着白色的麵條，白花花一片，在春天的燦燦陽光下蠕動……

偶然地，捧起碗來吃麵條的時候，我還會想起這件血案；雖然它已過了四十多年，但是我依舊沒有忘記——不，只要我還活在世間一天，我永遠會記着這件往事。

柴門聞犬吠

長夜，燈下寫作，偶爾聽到牆角發出蟋蟀之聲，放下了筆，我尋聲向那昏暗的牆角探望，隱約地發現兩隻幽靈般的小老鼠，正在擠鼻子、瞪眼睛朝我竊笑。我燃上一支香菸，吸了一口，腦海湧泛起那藕斷絲連的小說情節，便繼續寫下去。

不久，朦朧之間聽得兩隻蟑螂在地板上進行慢跑比賽，發出輕微的喳喳聲，蟑螂跑到終點，一招「旱地拔葱」，但聽得沙沙之聲，原來牠們已黏貼在天花板上了。

在我們故鄉山東的鄉間，夜裏時常出現野狐、夜鶯、老鼠、貔子等動物。我想蒲松齡創作的「聊齋誌異」，大概就是夜間寫作親眼目睹的動物活動情況，貫穿了他浪漫主義的創作手法，而發洩出他內心對科學制度的憤恨情緒吧！

搬來新店溪岸十多年，每到長夜，當「衆人皆睡我獨醒」時，坐在孤燈前執筆作文，聽得窗外傳來陣陣的蛙噪，斷斷續續，這聲音不僅不吵擾創作，而且還增添情趣。因此，我常戲稱青蛙、老鼠和蟑螂是我夜間的三大寵物。

談到「寵物」，似乎目前一般人皆指狗、猫而言。清晨提着皮包上班，常見鄰近婦女，身着運動衫褲，手中牽着她的「寵物」——名狗。因爲我對這些畜牲非常討厭，所以不知道牠的品種與來歷，當然更道不出牠的名字；不過這些來自異域的畜牲都很狡猾，走在路上東嗅嗅，西聞聞，有時趁行人不注意，牠把右腿一伸，神不知、鬼不覺地撒了一泡尿。有時，牠賊頭賊腦溜到牆角，向下微蹲，裝作欣賞東方的「日出」景緻，誰知就在霎眼工夫，牠屙出了一堆麥當勞店的剛出爐的點心，還冒熱氣兒呢。

你想，這種破壞公共環境、不講公共衞生的畜牲，怎不令我恨入骨髓！

年輕時期住在臺灣南部，因爲住在有庭院的平房裏，養狗、養猫不僅不妨礙公共衞生，同時也會增加生活情趣。每值假日，一家人坐在濃鬱的鳳凰樹蔭下，那隻黑白相映的猫兒，便偎在晶兒的懷問打盹兒，偶爾睜開一下眼，瞅望晶兒做功課。那隻從援中港抱回來的小花狗，老是蹲在星兒前面，像一個饞嘴的小孩，小腦袋一幌、一搖的，目不轉睛地凝望星兒嚼甘蔗吃；有時，星兒故意將從嘴中吐出的渣滓，放在手心，抓給牠吃，牠用鼻子嗅一嗅，舌頭伸出來舐一舐嘴，便不動了，但立刻恢復了原來的姿態與表情。

「不害臊，老是看人家吃東西。」星兒大聲批評着牠。引起大家的興趣。但是，牠還是我行我素，照看不誤。難怪星兒常罵「小胖」很笨，即使長大之後牠也不會看守門戶的。

時光，默默地從兒女和猫狗的吵嚷聲中，溜走。當兩個孩子騎上自行車，進了中學，我家養的大花猫，變成一頭雍容富態的肥猫，一天到晚吃了鮮魚拌飯，便趴在鳳凰樹幹上搽胭脂抹粉兒，自我陶醉，等牠累了再打盹兒，牠好像永遠睡不醒似的。也許你會問我：「你家養的那隻肥猫抓老鼠麼？」我要忠實地說：「瞧牠那腦滿腸肥的樣子，行動困難，怎麼能抓住老鼠？萬一牠在夜間碰上稍大的老鼠，牠不嚇得腿肚子轉筋才怪哩。」

有時我的情緒不好，便把一肚子牢騷發洩在這隻大花猫身上。任何一個人，或是一種動物，如果對於社會人群不能作出貢獻，那便是廢物、寄生蟲。讓他活在世上，豈不是遭蹋糧食嗎！

兩個孩子凝聽着我的牢騷，茫然無措。晶兒是個小精豆兒，她抱緊了大花猫，生怕我把牠抓進監獄一樣。她從小被寵慣了，兩隻充滿驕縱的小眼睛，迸射出不滿的表情：「爸，您別這麼狠心行不行？牠抓不抓老鼠，有什麼關係？牠一天才吃三塊錢的小魚，半碗飯還是吃我剩的……」

「三塊錢、半碗飯能夠救一條人命，爲什麼養一隻沒有用處的猫？」

晶兒聽了我激動的話，禁不住眼圈紅了。

妻心疼女兒，立即採取聯合陣線，朝我進行進攻：「你把話扯得太遠了！現在哪兒還有挨餓的人呢？」

「現在世界上有三億多人沒有飯吃，我這是最保守的一個數字。在非洲，千千萬萬的小孩，餓得皮包骨頭，兩隻小瘦腿撑着一個皮球肚子。他們怎麼有你們幸福？放了學回來，這個摟小狗，那個抱花猫，走進厨房發牢騷：怎麼今天吃紅燒蹄膀？吃膩啦！」

大抵世間的人，都愛聽阿諛讚揚的話，却不願意聽這些做人治世道理。每逢我慷慨陳詞，講起了這種比較嚴肅的話題，他們娘兒三個首先是「張飛看刺蝟」——大眼瞪小眼，接着，一個個「鞋底抹油」，溜之大吉。我寂寞地走到書桌前，拿起那未完成的稿件，不禁發出一聲苦笑。孩子養一隻猫，値得我發這麼大的脾氣麼！原來一個人只閉門創作，却不瞭解外界的生活實況，這怎能寫出和群衆共呼吸的文學作品？

於是，我索性暫時放下了筆，走出房門。金燦燦的陽光下，星兒打着赤膊，左手拿着一塊快樂牌香皀、右手握着一個塑料白色刷子，正在替趴在熱水盆中的「小胖」洗澡。晶兒是一個專會指揮的理論家，蹲在旁邊不停地說：「小心，你把肥皀泡沫弄到眼睛上去了。哥，你怎麼不洗牠的耳朵？……牠耳朵髒死了……」站在木瓜樹旁的妻，兩臂交叉在一起，作隔岸觀火狀。因爲她總是疑心「小胖」的身上有蝨子，這大概就是她不甚喜歡「小胖」的原因。

「小胖」是星兒的寵物。從牠剛出世三天，星兒像小偷似的把牠從援中港抱回家來。爲了避開我的視線，他將小狗藏在屋後那個空蕩的養雞棚裏，直到養到一個月之後才被我發現，你說這個搗蛋孩子是多麼令人生氣！

那是寒流過境的冬天，長夜漫漫，我孤坐在燈前看小說。屋內靜寂無聲，偶而從窗外傳來風吹樹葉的沙沙聲。驀地，我隱約聽見一陣低沉而輕脆的嗷嗷叫聲，似嬰兒，又像小狗，我躡着脚步，尋聲打開後門。朦朧月光下，我發現雞棚內拴着一隻小狗，牠頸上纏着一條紅絲絨圍巾，圍巾上繫着一根細皮帶。小狗的床上鋪有棉布墊，上面罩着一條花手帕。床旁放着一個小塑料盆，盆內有乳白色的牛奶。那隻小狗大約看出我的怒容，如今却再也不嗷嗷叫喚了，只是伸出小舌頭不停地吮舐小腿兒。

「哼，你簡直比我還享受哩。」

我一氣之下，把這隻只懂享受、不事生產的畜牲抱在懷裏，趁着月色皎潔，我將星兒小時穿過的那件破夾克把牠一裹，倉促地打開大門，把牠放在斜對面那個垃圾箱旁。臨別，我向牠叮嚀着說：「我夜間工作，最怕吵嚷，你還是投奔有錢人家去吧。拜拜！」

過了幾天，我早已忘却這件事。有一個夜晚，我剛想回房睡覺，聽得後面又發出小狗的嗷嗷叫聲！猛然間想起雞棚中的那隻小狗，莫非牠又被兒女抱回來了？我不由地火上加油，輕輕打開後門，不料這時星兒、晶兒披着夾克，賊頭賊腦追了出來。

「你們，幹什麼？」我輕聲喝斥他們。

「爸，您不要再把牠扔到垃圾箱，好不好？」晶兒向我懇求着說。

「明天上午，我一定把牠抱回援中港。這是我們班上余敏芝送給我的。她說牠是個男生。」星兒低三下四地說。

「誰是男生？」我不解地問。

「小胖。」晶兒搶先說。

「小胖是誰？」

兩個不滿十歲的孩子齜牙笑了。看到兒女那種眞摯的、寵愛動物的表情，我的心不禁軟下來。唉唉，爲了夜間寫作，我連孩子們的養狗的自由，也進行干預，這是多麼不合情理的舉動啊！從此，「小胖」便在我家生活下來。

那是一個寒冷的夜晚，街頭的「香肉店」燈籠，在海風中搖曳。我家的「小胖」失蹤了。星兒、晶兒淌着熱淚，騎着自行車到處去找狗，最後還是毫無訊息。八成是被壞人用木棍打死，再擡去「香肉店」賣了。即使搬來臺北四、五年，每逢提起此事，星兒總會熱淚盈眶，這比他考不取大學更使他難過。

每當我看見鄰居手牽名種的洋狗，傲步街頭，我情不自禁聯想起「小胖」的悲劇命運，嘴中也不乾不淨地罵起來：「同胞啊，你們只懂得謀害自己的狗，爲啥不敢招惹洋狗呢？媽媽的！」

麻將·人生

蔡元培是前清翰林，文學修養深厚，後來赴德國留學，回國之後，蔡氏看到清廷官場的烏煙瘴氣，頗爲感慨，便立下三項原則：

一不做官，

二不納妾，

三不打麻將。

大抵知識分子最喜歡自制規約，這些規約最後也多由自己否決，甚至連這位著名的教育家也不例外。民國初年他在北洋政府作了教育總長，魯迅即由他推介進了教育部，當了十四年的科長、僉事；至於蔡氏是否曾經娶小老婆，摸過八圈麻將沒有？我沒作過他的車伕或侍從秘書，不敢妄下結論。但至少蔡元培違反了「一不做官」這條原則，則是衆所周知的事實。

其實「做官」並不是一件醜事，而是一樁正大光明的事。如果每一個官吏，都能清廉公正、愛民親民，那麼這個國家的人民該是何等幸福！三國時期，劉備爲了招攬一位好官，不惜千里跋涉，跑到荒漠幽靜的豫西山區，去拜會那位「小山東」諸葛亮；當時那位學問淵博的諸葛先生，還在猶豫不決，經不住劉備的「三顧茅蘆」，最後才離開荒僻的臥龍崗，走上了「做官」之路。

鄭板橋是我國傑出的詩人、畫家和政治家。也許他的文藝掩蓋了其他成就，因此鄭板橋在我山東濰縣知事任內的業績，反而被人遺忘了。鄭板橋有一首詩，具體地表現出他對於民衆的關懷之情，眞是無微弗至。

衙齋臥聽蕭蕭竹，
疑是民間疾苦聲。
些小吾曹州縣吏，
一枝一葉總關情。

正因爲鄭板橋這顆晶瑩熾熱的心，才會寫出動人的詩、感人的畫，而且把濰縣治理成安康幸福的樂土。

蔡元培所提的「納妾」問題，確爲落後地區的一種陋習。過去我國的地主莊園的老爺，清晨起床，提着鳥籠去郊外散步，先將鳥籠掛在樹枒上，他便迎着朝陽，打一套太極拳，再踩着陽光小路回家。進了客廳，他先喝一盅燕窩茶，戴上老花鏡，一面吸着水菸袋，一面翻看「西廂記」。一個生活在這種鼎食之家的男人，他娶上三兩個姨太太，乃是輕而易舉的事。何況「飽暖思淫慾」，不然這些傢伙的賀爾蒙向何處發洩呢？

過去看京劇，時常看到這樣的劇情：公子在窮困中，受到富家小姐的救助，私訂終身，或是結了婚。公子進京赴考，中了狀元，做了官，由於他是青年才俊，上級首長把他選爲乘龍快婿。

後來這位仁兄帶着嬌妾，回鄉祭祖時，便發生「兩個太太」的喜劇。最妙的是那位原配夫人，不知遵守哪一部法典，竟然謙虛地唱道：

妳爲正來俺爲偏。

這兩個小娘們哼哼唧唧，伴隨着輕快的胡琴的旋律，禮尚往來，讓來讓去，最後還是遵照傳統的習慣，那位原配作了「首席夫人」，不過沒有實權，而且錢財也不太夠用；那位年輕的「細姨」甘心作妾，但却掌握實權，丈夫的薪水、獎金及額外收入，完全控制在她的玉手中。……少年時期的我，看到如此「大團圓」的結局，我總是握緊了小拳頭，憤憤不平地說：「男的可以娶兩個太太，爲什麼女的不能嫁兩個丈夫？這豈不是男女不平等嘛！」母親揑着我的手，輕聲警告我說：「小聲點，別讓人家聽見。」

年事漸長，我才懂得男人納妾，不僅是男女不平等的現象，而且是男人自私心理的具體表現。如今，納妾已成爲被人們淡忘的辭彙。偶然，我也從一個愛好文學的朋友嘴中，聽到一句似乎帶有哲理的話：「老張，如果爲了喝一杯牛奶，你何必去養一頭奶牛呢？那豈不是傻瓜嗎？」這話當時聽了，好比三伏六月天喝下一瓢剛從河井打出來的涼水，周身覺得爽快；但不到半個時辰，你就會覺得作嘔，說不定得了急性腸炎，頭疼發燒，上吐下瀉兩頭拉哩！

你想，這傢伙把男女結合比作「喝牛奶」，却把女人比作一隻奶牛，這種自私的大男人本位主義，是多麼可惡、混賬！如果這種話被有關婦女團體聽見的話，她們不把這小子開膛破肚、大卸八塊才怪哩。

蔡元培的「三不主義」，最後是「不打麻將」，我認爲這個自制有點矯枉過正。年輕時期，我曾一度沉浸在嘩拉嘩拉的麻將桌上，遇到「牌順」的時候，好似阿Q的天眞念頭，「想什麼，來什麼。要什麼，有什麼。」那簡直是人生最高的精神享受。打麻將，不慍不火，猶如人生的幸福長跑，沒跑到終站，誰也不敢斷定輸贏二字。它不比梭哈，那好似兩人決鬥一樣，一眨眼、一轉身、一扣扳機，便撂倒在地，刹那間嗚呼哀哉，尙饗。你想，賭梭哈多麼殘忍野蠻，打麻將何等溫柔敦厚，這怎不是中華文化的象徵呢？

在那砲火紛飛的抗日戰爭時期，我的舅父投筆從戎，離開了故鄉，離開了他那媒灼之言、感情不睦的妻子。相隔多年，舅父始終沒有訊息。那位質樸的、勤勞的、面貌極其平凡的舅母，在勞動的閒暇中，偶而也和鄰居婦女摸八圈麻將，她每次打牌，總是偷偷摸摸，好像作了不光明的事情。那時我才八、九歲，一天到晚在她身旁嬉戲，所以我對她的心理狀況摸得一清二楚。

有一回，也許我玩得不耐煩，也許發現她輸了很多錢，也許當時肚子有點飢餓，我拉着舅母的胳臂，吵着要回家。

「這怎麼行？……乖孩子，快北風西了，還有兩把牌……你不是妗子的乖寶寶嗎？妳不是說長大了給妗子當兒子嗎？」

「胡說！」我吼起來：「等舅舅回來，我告訴他，妳打麻將，輸了好多好多的錢……」

牌桌四周的女人，咯咯笑了。舅母的面孔，一陣白、一陣紅，最後眼圈泛紅，黃豆般的淚珠，一滴一滴滑下來，滑過她那扁而平的鼻子，流到那稍嫌肥厚的嘴唇上。看到舅母的痛苦表情，我嚇呆了，心噗噗直跳。我懊悔剛才一時糊塗，說出那麼難聽刺耳的話。

「二嫂，別傷心，孩子還小，不懂事兒。」對門的女人打出一顆牌，向舅母端望着說。

「俺外甥嘴巴硬，心腸可好哩。他說他長大了賺了錢，給俺買一副高級麻將，麻將是大理石做的，牌面上還刻了八仙過海，讓俺打完牌就去千佛寺當尼姑……」舅母還沒說完這句話，四周的婦女都哈哈笑了。

不知是慚愧還是難過，我賭氣跑回了家。晚上，舅母偷偷把我叫到後園，拉住我的手，問我爲什麼白天發脾氣？我一直低頭不吭聲，磨菇了半天，我才說出心裡的話，因爲看到她桌面的錢，越來越少，所以生氣。

「唉，錢算什麼，當年俺嫁給你舅，是圖錢麼？俺寧肯喝西北風，吃糠嚥菜，跟一個心疼俺的男人過一輩子，也不稀罕跟一個沒感情的掛千頃牌的地主老財！」

多少年來，每當我聽到嘩拉嘩拉的麻將聲，舅母的音容宛在。她那富於哲理的話，正如屠格涅甫把金錢看作「灰塵」、「沙子」一樣道理。一個人活在世上，追求的不是錢財，因爲它像灰塵，沙土，一陣風便吹得烟消雲散，一片乾淨；因爲它如同打麻將，不等散局，任何人也不敢斷定自己是輸或贏。

老年人爲了消遣解悶，打麻將比下棋還有趣些；如果像我這樣的中壯年人，對於社會人群還沒作出貢獻，却在麻將桌上消耗時間、浪費光陰，那跟慢性自殺有啥不同呢？

春水碧於天

每次路過公園，常見綠蔭樹下石椅上，聚集着幾位滿鬢霜白的老人，有一位拉胡琴，旁邊的人搖頭晃腦，隨着那忽高忽低、抑揚悅耳的胡琴聲，低吟輕唱；那位站在池水旁禿頂而健壯的老者，手中拿着一疊愛國獎劵，正隨着琴聲唱起京劇「紅娘」：

「叫張生，你躲在棋盤之下……」

瞧他那滿面春風的得意神情，我知道他已陶醉在那齣戲劇的藝術氛圍裏，暫時忘却了生活的痛苦、現實的煩憂，展現在老人眼前的是美麗的春宵花月夜，一對男歡女愛的喜劇故事。我禁不住也感染了歡樂的情緒。佇立在那位賣愛國獎劵老人的面前，凝聽他那略帶荀派韻味的唱腔，心花怒放，久久不忍離去。

春花茂盛的年代，我也像其他的少年一樣，不懂得生離死別的憂傷，也不識愁苦的滋味。在一般孩子們的心目中，花長開、月長圓、人長壽，無論走到任何一個地方，都充滿了歡樂的笑聲。可是，世間的現實一切並不像孩子們想像的那麼純潔、美好，正如詩人歌德說過：「我們可以隨自己的高興來認識這個世界，然而世界總少不了光明面和陰暗面。」

那是在北平的時候吧，每逢假日，舅父帶領着我去聽評劇。坐在那吵嚷不寧的戲園裏，最讓我眼花撩亂的是穿梭不停的小販：賣烟捲兒的、賣冰糖葫蘆的、賣脆蘿蔔的、賣瓜子花生的……手巾把兒像天女散花在頭上飛舞，我常幻想自己有一天學好了功夫，像「荒江女俠」影片中的鏢客，雙脚蹬地一聲，一招「旱地拔葱」，從座位上躍向屋樑，把那四面八方扔來的熱糊糊的毛巾，抓進我的袋裏，那時戲園的男女老少甭看戲啦，請看咱家我吧！說不定還給咱來個滿堂采！

轉臉朝舞臺上一瞅，那個鳳冠霞帔的女演員，還在那兒哼哼唧唧、呀呀唉唉的唱呢。她唱得宛如一道溪水，遇到一塊水窪，那水便在水窪中旋轉不休，似乎春去秋來，那漩渦的水也淌不走。舅父瞪大了眼，微張着嘴巴，正努力凝聽那女演員的唱詞，看他聽得如夢如幻、如醉如癡的神情，我暗自納悶起來：「這有啥好聽的？一句話哼呀老半天，而且還聽不太懂，這不存心讓人急死嗎？」

每次聽過評劇回來，舅父坐在黃包車上，總是囉里囉唆責備我：「帶你聽落子，簡直是烏龜吃大麥，白糟蹋糧食。聽小白玉霜的戲，比喝貴州茅臺酒還過癮。下一次，我決不帶你出來啦，想吃糖葫蘆，哪裡不能吃？何必花錢買票跑來戲園子吃？」他說他的，我聽我的。等舅父囉唆過後，他又清理了一下喉嚨，輕聲哼起「桃花庵」來。儘管舅父埋怨我，但是每隔上一兩個月，他手上比較寬裕的時候，總是笑盈盈的跑來喊我：「換一雙新鞋，跟舅舅去聽落子戲吧。今天的戲碼非常精彩，全本的花爲媒，開鑼戲是老媽開嗙！」

有一次，我忍不住問他：「舅啊，你這麼迷戀落子戲，萬一有一天戲園子關了門，你可怎麼辦呢？」

「不會的。你這是傻人傻話。」舅父激動地說：「假如眞的有那麼一天，各地戲園子都關了門，那舅舅還活着有啥意思呢？倒不如找根小繩朝脖頸一套——」他的白眼珠朝上一翻，伸出長舌頭來。原來舅父是逗我笑的，我却笑不出來，抓緊他的胳臂，搖撼着他那結實的肩膀，我竟然氣惱地哭了！

這件趣事讓我終身難忘。在戰火紛飛的年代，我初次嚐到了生離死別的滋味。有一年久別重逢，舅父還嘮叨地聊起這件往事。他老人家用着欣喜而慈祥的口吻，誇讚着我：「這孩子心眼兒好，孝順。我沒有白疼他。」

那時我並不瞭解藝術對於人的影響力，它竟然和食衣住行同樣重要。五十年代初，我住在高雄，有一次去橋頭鄉看望一位作家朋友，他住在一間簡陋的磚屋裏，一張木板床，旁邊放着書桌，四周堆滿了文學書刊。在寒風料峭的冬夜，他興致勃勃地談起「紅樓夢」的人物，一盞燈下，我倆吸着新樂園香菸，喝着廉價的米酒，嚼着花生米，沉浸在那繁華的大觀園裏。談起賈政，他無限感喟地說：「別人當糧官，不僅發財，而且青雲直上；但是賈政幹了不到半年，由於廉潔守法、端方正直，却被僚屬排擠下台，最後回家陪賈母摸骨牌，在女人堆裏講葷笑話，唉唉，這是值得同情的人物啊！」窗外飄起了冷風苦雨，他竟然激動得眼圈泛起了潮紅，好像醉了一樣。

我曾聽過一則笑話：一個人是「紅樓夢迷」，白天上班，只要有一點空暇時間，他總是捧着「紅樓夢」閱讀，有時看到使他感傷之處，他禁不住落下悲哀的熱淚。一天，他的上司帶着微笑責備他說：「別一天到晚看小說了，躭誤了工作，你老兄的飯碗就砸了！」這位「紅樓夢迷」掩住了書，熱淚盈眶地說：「到了今天，我還怕飯碗保不住麼？老實說，從林妹妹過世以後，我的心便碎了！我早已不想活了！」

雖然這是一則諷刺書癡的笑話，但是從此可以看出「紅樓夢」的影響力量，兩百年如一日。它是生活上的百科全書，現實社會的一面鏡子；「紅樓夢」創造的人物與故事，宛如一幅偉大的人生的畫卷，它一直撼動着廣大讀者的心靈，這怎是一般坊間的言情小說所能相比的麼！

咱們的民族，最懂得藝術生活，這大概不是自我陶醉的論評。在那泛黃的毛邊紙刻印的古典小說中，便常看到這樣的情景：在一個落雪的傍晚，一位身披簑衣的農人，冒著凜冽的北風走進一家柴扉小院，迎接他的是一隻搖尾巴的大黃狗。這農民擡頭向棉簾喊了一聲：「老四在家麼？」從棉簾內傳出女人的回答：「他上後山找老和尚下棋去啦。」

這種質樸的充滿泥土氣息的鄉音，像從那藍天深處飄揚下來似的，一直在我的腦海迴盪着。這是母親的聲音，這是中國的聲音，這是世界上最美妙而悅耳的偉大聲音啊！有時午夜夢迴，想着、想着，我最後禁不住熱淚盈眶，蒙上被角啜泣起來。

從流鼻涕的孩子時代，我便和那些拖着辮子的閨女、光着腚的男孩子，躲在濃蔭樹下玩「茅屎坑棋」。這種農村小孩常玩的棋式，宛如一個「囟」字，只有一面是「茅屎坑」，誰走到那兒，便成輸家。先用樹棍在地上畫一個「棋盤」，再找兩粒石子、兩粒樹籽，雙方便開始對弈起來。後來，我進了學校，認識了字，才摸索着學下「象棋」。首先背誦口訣，「馬走日字象走田，車走直路砲隔山，小卒一去不回還。」初學象棋，不覺其難，但是越下越難；這彷彿中國的文化一般，乍看起來，不覺什麼，如果深入探討，則方知中國文化歷久彌新、奧妙無窮。我下了將近半世紀的象棋，如今卻有怯場之感。下象棋，才眞正悟出「人外有人，天外有天」的道理。

儘管從少年時期，我舅父便常帶我去聽評劇，可是却引不起我的興趣。這當然與我南奔西走有關。初來澎湖，住在風沙料峭的島上，唯一的娛樂便是聽京劇。一盞耀眼的汽油燈下。鑼鼓喧天，看武打戲還眞過癮，但等那女角唱起纏綿而囉唆的戲詞，便覺昏然入睡。武生出場，常說一些八股味的「對白」，也令人反感。例如：

「不知英雄駕到，有失遠迎，當面恕罪。」

「豈敢。咱家來得魯莽，尚請海涵。」

對於京劇，我一直是門外漢，因此難以對它產生濃厚感情；倒是每次臺北公演評劇，我是風雨無阻的觀衆，據說那位女主角竟是南方人，讓人感慨不已。這種劇種最受河北、遼寧、山東人喜愛，尤其像我這個原籍魯西、降生在冀東的小老頭兒，一聽到「小老媽在上房，打掃塵土嘛您哪」的唱詞兒，彷彿又回到童年時期的夢網裏，往事滲和着歡樂與哀愁，猶如舞臺上變幻的劇情一樣，栩栩如生呈現在我的眼前；如果時光可以倒流，我眞巴不得重回到那落後而樸素的山村，作一個蒲松齡式的農民：春種芝蔴夏挖苗，秋收過後糧食進了倉，趁着飄雪的天氣，閒來沒事到後山約老和尚下棋去。唉唉，這如夢般的人生旅程，怎不使我低徊不已啊。

看戲

每次看京戲「三堂會審」，總是不由自主地流下眼淚，喉頭似乎堵住一塊棉花團一般難受。我一方面同情蘇三的悲慘的命運，同時對於舊時代官場上的黑暗，感到深惡痛絕；倘若蘇三到了太原府，遇不到她鍾愛的王三公子，她恐怕一輩子也難以走出暗無天日的牢獄，這是上蒼有意庇佑這個可憐的弱女子，讓天下有情人終成眷屬，最後促成大團圓的喜劇結局，怎不令廣大的聽衆喜極而泣啊。

這齣戲劇若是寫不好的話，既呆板而又枯燥。三個官僚坐在太師椅上，審問一個毒死親夫的女犯，誰有興趣耐心凝聽打官司的戲？但是，這齣「三堂會審」的戲，却是矛盾重重，高潮迭起，當審訊的過程中，陪審官和王金龍的舌戰，既幽默而又富於挑戰性；審訊終了，當蘇三將步出都察院，她向王金龍暗示相思之情的一段唱詞，眞讓人感慨萬端，熱淚盈眶。這段戲是作者的幻想與現實相結合的表現，它吻合了劉彥和的「酌奇而不失其眞，翫華而不墜其實」的藝術創作風格。

我雖然過去看過不少的京戲，但是由於興趣不高、水準過低，所以對於京戲仍是門外漢。許多年來，我曾看見不少藝術界的先進，爲了改革京劇而付出心血，但是客觀地說：距離理想的目標還是遙遠得很。究其原因，我認爲只追求形式上的進步，却沒有在內容上下功夫，這種捨本逐末的方法，是難以使我國京劇大放異彩的。

我常在想，元朝的雜劇，大都出自有文學修養及舞台經驗的名家之手，如關漢卿、白樸等人，肯付出心血創作雜劇，所以才使雜劇成爲文藝上的奇葩。但是京劇劇本的作者，却大多名不見經傳，因爲在「演員至上」的環境中，優秀的文學作家是不肯爲京劇效勞的。民國以來，演員眞正和作家携手合作，當推著名京劇演員梅蘭芳和齊如山先生。

齊老在五十年代初，曾爲我們講過「中國戲劇史」。他有一次看了梅蘭芳的「汾河灣」，覺得戲詞、表演動作及文武場各方面，都有瑕疵。齊老當時年輕純潔，他以率直心情給梅寫了一封長函，指出他演此戲的缺點。齊老投郵之後，以爲石沉大海，不料三日過後，那位已是享譽劇壇的梅蘭芳，竟然親自登門求教，從此兩人成爲莫逆之交，給我國京劇史上留下佳話，更給我國京劇留下顯著的革新業績。這使我聯想起元代偉大的作家關漢卿，他和行俠、美麗的著名歌妓朱帘秀相交，關漢卿贈給她的套曲「南宮・一枝花」道是：「手掌兒裡奇擎着耐心兒卷」，才子佳人的合作，才創作出了偉大的劇作「竇娥冤」、「救風塵」。

歌德說過：「誰要理解詩人，就一定要進入他的領域。」齊老是一位作家、京劇評論家，如果他不全心投入京劇藝術創作中，如果他不理解京劇演員的知識水準和生活習慣，甚至他得不到梅蘭芳衷心的感激與合作，他是無法對我國京劇作出貢獻的。

過去半世紀以來，不少關心京劇發展的人，大多半在形式上下功夫，却極少從事京劇劇本創作。一般評論家，似乎也很少注意到劇本創作問題，因此京劇的劇目，一直沿襲過去的老戲，這樣日復一日，而使京劇的觀衆越來越少，再加上京劇界的演員，不易接納別人的批評意見，最後京劇將走上奄奄一息的地步。

目前傳統的京劇劇本，有不少欠通的地方，需要大力修改。僅以我最愛聽的「三堂會審」而言，它的內容欠妥之處，就有下列三點：

一、當蘇三走進「都察院」時，唱西皮搖板：「來至在都察院擧目往上觀，兩旁的劊子手嚇得我膽戰又心寒。」試問，審問一個毒死親夫的命案，在法庭上並非是一件大的案情，況且都察院只是問訊機關，又非刑場，哪兒會有什麼「劊子手」呢？

二、會審完畢，王金龍揮手向蘇三說：「妳回院去吧！」蘇三懷着既依戀又喜悅的心情，唱西皮二六轉快板：「出得察院回頭看，這大人好似王金龍……」此句非常矛盾可笑。按照情理判斷，當會審期間，蘇三早應聽出或看到她鍾愛的王三公子的音容笑貌。他們曾在妓院渡過無數的晨昏與夜晚，耳鬢廝磨，即使離開三年五載，她也難以忘記了他，何以等到走出了都察院，她才看出那大人「好似」王金龍呢？況且都察院那麼寬大的殿堂，她出了都察院還能「回頭看到」，這使人懷疑蘇三是「千里眼」嗎？

三、會審期間，曾以「王三公子」和「鄭元和」相比，巡按大人說：「將今比古可以比得。」藍袍則持反對意見：「鄭元和乃前輩的老先生，想那王三公子他是甚等樣人，比不得。」這段對句也不合理。鄭元和是唐代人，王金龍是明朝人，前後相隔四個朝代，至少要在五百年以上，雙方根本無法見面，那怎能稱作「前輩」呢？若改作「前朝的老先生」，還勉強說得通。

從上面引用的劇本瑕疵看起來，從元代雜劇以後，我國的京劇、地方劇劇本，大多出自平凡的作家之手，具有深厚文學修養的作家，如關漢卿那樣的大手筆，根本無人投入京劇、越劇、粵劇、歌仔戲等劇種從事創作。這是我國京劇無法蓬勃的最大原因。

從我的少年時代，便聽到有關改革京劇的口號。到底京劇怎樣改良呢？記得有一年七夕，濟南市的大觀戲院貼出了海報，演出全本「天河配」，最惹人矚目的四個紅字：「眞牛上台」。那是我正値「少年不識愁滋味」的年紀，爲了看「眞牛上台」，硬是逼着母親帶我去看京劇。那時家中環境清苦，買戲票的錢，可以買兩斤棒子麵蒸一鍋窩頭，夠吃兩三天。但是母親爲了疼愛兒子，硬是咬咬牙，梳洗打扮一下，帶着我進入戲院。在鑼鼓喧天的舞台上，那個頭上梨小辮子的牛郎，牽着一頭老黃牛走出來，台下的觀衆幾乎瘋狂起來，小孩兒哭，大人叫，亂成一片。也許那頭牛受了驚嚇，也許那隻煤氣燈照得它兩眼昏花，也許飼養它的主人爲了它「登台表演」，多餵了它一些飼料，但見它走了兩三步，瞪大了牛眼，撅起了尾巴，隨着台下發出驚濤似的笑聲，老黃牛竟然當場屙出了一灘黃澄澄、熱噴噴的牛屎……

我笑得鼻涕流出來，母親也笑出了眼淚。

不久，當我把這件趣事告訴了舅父。舅父却淡淡地笑道：「你們根本不懂欣賞京劇，什麼眞牛上台，這都是騙人的花招。要想改良京劇，只是在機關佈景、眞牛眞羊上下功夫，京劇永遠也不會進步！」

我那時聽不懂舅父的話，也不相信舅父的話。年事漸長，我才悟出京劇若想改良，僅在形式上下功夫，還是不能促進京劇的蓬勃發展；必須從內容的充實與革新入手，才是根本之道。怎樣充實、革新內容呢？那應該邀請優秀的劇作家，參加編寫京劇工作。

我常在想，我國的京劇，如今尙停留在「移風易俗」的階段，還不能使它發揮宣傳教育的積極作用。這應當是文藝界共同努力的目標。我想起一八三六年四月十九日，果戈里的劇本「欽差大臣」在彼得堡「亞歷山大戲院」上演時，開始笑聲不斷，越演越嚴肅、寧靜，等到戲終人散時，很多俄國大臣，顯要認爲戲是捏造的，「過去和現在都沒有這種事」；後來，這齣戲的台詞變成了諺語，在城市與鄉村流傳起來，而且變成了諷刺詩，對諷刺的對象進行鞭撻……什麼時候，我國的戲劇也能有這種影響人心士氣的力量呢？

名利之間

我國新聞界前輩張季鸞說：「文人不要利易，不要名難。連名都不要的時候，才算到火候。」張氏這句話說來容易，但是做起來實在艱難，尤其是在工商業的社會，每一個人若想創出一番事業，必須要像商品一樣首先胡吹海嗙，推銷自己；這如同過去賣江湖野藥的藝人，自吹自擂，光說不練，他嘴上宣傳的野藥能醫治百病，但是病人吃了之後，毫無效果，像吃掉一粒湯圓一樣，原來他的野藥也是用米麵捏巴成的。

很多年前，那時我才二十歲左右，整天夢想有一天成為作家，受到一群青年的包圍，有的向我獻花，有的請我簽名，甚至有的還向我請教寫作的經驗。摸索習作十年以後，我仍是藉藉無名。有一天，碰到一位比我年長的知名作家，聽他講出「成名」的秘訣，非常有趣。他說寫稿如同製造商品，首先應注重外貌包裝，引誘讀者上鈎；其次內容要出奇致勝，高潮迭起，如此方能成名。這位作家接著竟然洩露了天機：「你千萬不要在一個報上發表東西，應當採取跳島戰術，這一週在甲報落名，那一週在乙報發表作品，既不能讓讀者忘記你，也不可以疏忽一部份讀者。說句通俗話，作家要像賭徒一樣，大小通吃，一定成名。」我把這些秘訣聽在耳裡，記在心頭。午夜夢回，思索這些金玉良言，起初興奮，如飲下三杯金門大麴酒，渾身飄然若仙；但隔了不到一個時辰，我竟然破口大罵起來：「媽的，這不是侮辱咱家是啥？當年曹雪芹寫紅樓夢，三更燈火五更雞，老曹是爲了出名、還是爲了版稅？」是嘛，世上的行業甚多，我何必以寫作來騙取名利？

這個秘密埋藏心底三十多年，如今那位向我傳授「成名秘訣」的作家，仍然住在臺北，但是他的作品的量與質，已經顯著地「跌停板」了。每當我見到他，依然行禮如也，「某公，今日天氣哈哈哈！」而內心不禁感到悚然起來。天生我材必有用。只要肯虛心、努力、不作騙子，像魯迅所說的「莫做空頭的文學家和美術家」，那才會心廣體胖，其樂無窮啊！

奇文共賞

近幾年來，大陸流行所謂朦朧詩，頗感新奇有趣，託人找來一閱，有的詩讓人朦朧不解，但泰半還能表達作者思想情感，比五十年代臺灣的新詩尚易懂些。過去新詩所以令人反感，即是有些詩人故意賣弄玄虛，以使讀者不懂爲寫詩宗旨。

魯迅最討厭玄虛晦澀文章，他說寫這種文章的秘訣是「一要朦朧，二要難懂」。他在寫給姚克的信裏，有下面的話：「『離騷』雖有方言，倒不難懂，到了揚雄，就特地『古奧』，令人莫名其妙，這離斷氣不遠矣。」這位紹興師爺罵得實在凶狠刻薄，但是如果你讀了揚雄的「大玄」，幾乎每一句話皆在可解不可解之間，讓人頭暈腦脹，血壓劇增，碰到修養差的人，如不把書本一扔，跺脚罵他祖宗八輩兒才怪哩。

例如「動由規矩」這四個平常字，原意十分清楚，翻譯成文藝話是「一切按照規矩辦事」；可是這位漢朝的玄虛晦澀的大師揚雄先生，却硬要把它改寫成「蠢迪儉柙」四字，你道這個老學究該死不！顧炎武說：「文須有益於天下，有益於將來」。揚雄的文章不管天下和將來，也無益於天下和將來，依照我的判決，把這些玄虛晦澀的作品送到焚化場，一把火燒掉算了，免得惹人生氣。

我們堅決反對玄虛晦澀的文章，因爲這些作者賣弄造作，他妄圖以玄虛之文，矇蔽讀者，以晦澀之文欺哄讀者，以掩飾他的淺薄無知，這是自欺而欺人的事。同時，我們批判揚雄之流的玄虛晦澀的文章，並不是攻擊文言文，因爲流暢的文言文，仍受大衆歡迎；相反地，艱澀難懂的白話文，如近來臺灣傳播界常見的「但是又何奈」之類文句，依舊令人難受。

蘇聯漢學家阿列克塞也夫，對於中國古典文學很有研究，譯有「詩品」、「聊齋誌異」等書，他和中國人講話，皆用流暢的文言文，讓人感到有趣。一九四五年夏，郭沫若訪蘇，與阿列克塞也夫晤面，二人談話如后：

阿：「袁同禮、顧頡剛、馬衡諸君無恙乎？」

郭：「無恙。諸位都在重慶。」

阿：「胡適博士，近來見解有變乎？」

（郭含笑點頭。）

像這種通俗易懂的文言文，讓人聽了非常舒服。

孫中山先生在臨終前，給中國人民留下兩則遺囑：一是「必須喚起民衆」，二是「聯合世界上以平等待我之民族共同奮鬥」。怎樣喚起民衆？如果用舌或筆講出的或寫出的皆是一些玄虛晦澀的話，讓民衆感到頭暈眼花、血壓猛升，這怎會達到團結民心的目標？

揚雄的徒子徒孫，醒一醒吧，讓我們一起挽救中國文化！

風吹沙

冬天，臺北終日飄着陰冷的雨絲，寒風混和着濕漉漉的潮氣，人們在擁擠的都市的騎樓下趕路，猶如蠶蛹在陰暗的繭殼中蠕動一樣；但是此時此刻，南臺灣依然綠樹成蔭，春意盎然，站在郊外，常見青年男女頭戴草帽，身着薄衫短褲，騎着機車在陽光普照的大地奔馳。我這才恍悟出來，每當新年及春節前後，臺北的人潮湧向南部的山涯海濱，原來他們是享受那溫暖的陽光啊。

我曾在「雨港」基隆住過，在漫長的冬天，斜風細雨下個不停，連心靈也濕漉漉的。聽說近十年來，基隆的高大建築物，以及環境獲得改善，已不像往昔那般多雨了。三十多年前，我在雨港做事，年輕人不惜身體，冬天夜晚吸菸寫稿，那腥鹹氣息的海風，從窗外吹進我的喉管，不知什麼時候，開始咳嗽起來。我從小怕見醫生，頭痛腦熱，能拖則拖，拖不下去吃兩粒阿司匹林，喝兩杯白開水，蒙上棉被睡它一天一夜，最後終會雨過天晴，重見天日的。但是這回咳嗽了一個多月，始終不見好轉。那時我堅持清晨六時起床，披上雨衣，沿着濕漉漉的山徑，爬上公園去俯瞰濛茫幽邃的海港景緻。早晨公園靜悄悄的，路燈閃爍出幽秘的光，冷颼颼的海風，吹動枝葉，發出婆娑的碎響。山上的人影綽綽，有的在練太極拳，有的在作體操，也有的提着鳥籠漫步。我走到山上最高的地方，停立下來，開始作深呼吸運動。練罷深呼吸，我再對着遠方茫茫的大海，唱一首「港都夜雨」，然後咳嗽着下山。

有一天，我咳出一團鮮紅的血絲。懷着忐忑不安的心情，去看醫生。醫生用聽診器在我胸口按了幾下，冷漠地說：「支氣管炎，不要吸菸。」

爲了表示我的健壯體格，我把自己堅持清晨爬山作深呼吸運動的事，向醫生講了一遍，不料那醫生把眼一瞪，警告我說：「你要想多活兩年，最好停止作深呼吸吧！」

「什麼，這是老師告訴我的。」我迷惑不解地說。

「那你就聽你老師的話吧。」他冷笑着轉過頭去：「喊下一個！」

原來支氣管炎最怕呼吸道受到創傷，吸菸、喝酒，吃刺激性的食物，都會引起喉嚨發癢，因而咳嗽不止。基隆的冬天雨意連綿，港內的船隻冒出的濃烟，混雜着雲山霧沼的氣息，讓我把它吸進喉嚨深處，這對於呼吸道有多大的傷害。難怪那位晚娘面孔的醫生，打我官腔、刮我鬍子，人家是「愛之深，責之切」啊。

也許自幼受了戰亂的影響，我從不求神問卜，迷信命運，我總認爲命運是自我造成的。三十年前，如果我不遵從醫生的話，繼續黎明即起，爬山作深呼吸運動；如果我不設法調到高雄工作，離開那烟籠霧鎖的基隆，我的支氣管炎是不會痊癒的，說不定如今早已化作一堆爛泥，長眠雨港了呢。

這並不是無病呻吟的話。一個人確應把握機會，當機立斷。那時恰巧有一個河北保定同學，因爲他家住在基隆，想和我對調工作。這突來的幸運，眞使我喜出望外。走出這淒風苦雨的港都，到臺灣南部去接近陽光與大海，這比得到一位如花似玉的女友還令我興奮。我最愛戀陽光大海，每當我坐在柔軟的沙灘上，面對着那燦燦的陽光照射下的瀲灧的海水，我的心胸頓時豁然開朗，眼光也驟然遠大起來；那往日積鬱在心中的無病呻吟的詩句，如今已被涼爽的海風吹得乾淨，猶如那萬里無雲的藍空。

今年新春假期，我離開了潮濕多雨的新店，到恒春半島去渡假。投宿在濱海的一家旅館，入夜，那嘩啦嘩啦的海潮聲音，一忽兒強，一忽兒弱，有時那聲音如千軍萬馬，在一眼望不見邊際的黃沙平原上奔馳；有時侯潮水像三伏六月天，驟然颳起一陣山風，吹得白楊樹葉嘩嘩價響，雖然它將棲息在樹枒間的蟬兒驚醒，但那些躲在樹蔭下的人們，却睡得像一堆爛泥一樣。

「起來，撿貝殼去！」蘭梓在搖動我的肩膀。

揉開眼睛，我向那窗外望去，這怎是故鄉的景色呢，這是一片陽光普照的海灘啊。剛才，我不是在村前那一排白楊樹下納涼麼，怎麼一打盹工夫便睡熟了？

披上外套，換上拖鞋，我倆沿着後門的小徑，走向了沙灘。沙灘是柔軟的，昨夜潮水湧泛，遺留下許多亮晶晶的貝殼，宛如女人用的耳環和鈕扣，讓我看得眼花撩亂。我踩着海水迎着陽光朝前走，越走沙子越細。聽一位遊客說，恒春郊外有一片沙灘，最是珍貴，爲了避免遊客對這片自然景觀的破壞，「墾丁國家公園」把它劃作保護區。我想，可惜如今年紀老了，沒有氣力在海邊游泳泛舟，如果年輕二十歲，我一定和朋友在海上游泳，游累了再躺在柔細沙灘上曬太陽、唱歌、聊天，那才是人生最快樂的事呢。

談到沙灘，在恒春半島濱臨東海岸有一個地方，它的名字是「風吹沙」。別說去玩了，你只聽一聽這充滿詩意的地名，一定會怦然心動吧。這次我如願以償遊歷了「風吹沙」，那一條狹谷內的柔細的沙，是從太平洋吹來的海風捲進來的，這眞是令我感到訝異的自然現象。可惜目前還沒有把它規劃整理，如果在此建出涼亭、浴場，那一定會吸引成千上萬的旅客，來此渡冬假。

我沿着海邊的山路，向南方走。距離「風吹沙」約莫兩華里，有一座幽靜的海村。走的又渴又累，想找個地方休息一會兒。走進一間小店，叫老闆娘開兩只椰子，那個身高一米六五左右的女人，四十出頭，臉盤長得很甜，兩隻水凌凌的黑眸子，一看就知道是高山族。她以熟練的刀法，打開椰子殼，將一根塑料吸管插進去，先遞給蘭梓。笑盈盈地說：「喝吧，保證它新鮮，這是騾子剛摘下來的。」

我順勢向裏面打量一眼，客廳內明窗淨几，牆上掛着幾幀像片，雖然看不清人物面貌，但從衣着可以瞭解主人是軍人出身。客廳與臥房隔着一道屏風，靠牆角擺着一個安樂椅，那大概是主人看電視節目的座位。椅旁放着一個茶几，茶几上放着電話機，那只電話機用藍色的線繩套起來，足見這個山地婦女很會治理家務。

「妳是那兒人？」喝着椰汁，我好奇的問她。

「湖南長沙。」她的黑眼睛菽溜溜的直轉，迸射出青春健康的光芒。

從籬笆後面傳來一陣笑聲，一位五十開外的魁偉的中年人，提着一隻兔子走進涼棚，顯然這是他從外面捉到的。他把野兔抓進鐵籠，隨手剝了兩片白菜葉塞給牠吃。我跟他打過招呼，問他這隻野兔是怎麼抓到的？他只是紅着臉，嘿嘿的傻笑，帶着謙卑的神情。

「你別看他快六十了，他跑起來快得很呢。年輕的時候，他參加鳳山陸軍戰技比賽，得過爬吊桿冠軍。」那個黑眼睛親暱地瞅了丈夫一眼，繼續地說：「柕仔來信了，信放在電視機上。」

那位敦厚的主人走進客廳，不久便拿着信走出來，坐在一個矮凳上。

「柕仔的漁船在哪兒？」

「雅加達。」他終於開了腔。一口濃重的長沙口音。

「他那個蘇洛女朋友還纏着他？」黑眼睛問他。

「妳別亂開黃腔好不好？柕仔跟人家談戀愛，妳怎麼說人家纏他呢？柕仔二十九了，該結婚討婆娘了。」他的聲音低沉，流露出一點激動不滿的情緒。

那位健美的山地婦女綳着面孔，輕聲發着牢騷，她認爲菲律賓的女人過份熱情浪漫，不適宜作妻子；如果爲了兒子的幸福着想，還是在屏東一帶找對象。我悄悄打量那位湖南人，他的臉一忽兒紅、一忽兒白，後來忍不住冒出一句激情的話：「當初妳母親並不願意妳嫁給我呀！可我做夢也沒想到跟妳過一輩子呀！……什麼話也甭說了，這都是……緣份……」湖南人苦笑了一下，搖了搖頭，眼睛中閃耀出晶瑩的淚花，宛如那清純的椰子汁一樣。

我和蘭梓走出小店涼棚，仰望蔚藍色的晴空，猶如太平洋一般清澈、浩瀚；轉頭向那迢遙的南中國海望去，那裏有成千上萬珍珠似的島嶼，每個島嶼上都住着中華民族的兒女，那其中有這位退伍軍人的枒仔，以及他所愛戀着的蘇洛島姑娘，……在這新春的旅途中，我向他們致以無限的祝福。

嚼麵包的滋味

每逢在台北街頭漫步，看見食品店橱窗擺出剛出爐的麵包，有的呈藕狀，有的呈枕頭狀；麵包烘得黃中透紅，煞是好看，別說拿起來吃啦，即使多瞅它兩眼也讓人淌下饞液來哩。

我最愛吃烘得焦脆的法國麵包，佐以辣椒蘿蔔乾，再冲一杯濃咖啡，這種「中西合壁」的午餐，吃起來實在過癮。過去我在海外旅行，常在街頭買點新鮮麵包，擱在隨身攜帶的小袋中，不管走到任何地方，先打開一罐汽水，再嚼麵包，便草草解決了吃飯問題。咱們中國人吃飯，實在麻煩，進得店去，先得上一杯茶，再向伙計點兩樣小菜，外加一碗湯，然後你再瞪着兩隻飢餓的眼珠，看街上的車水馬龍，看鄰座的啤酒肚皮男人，妖艷噴火女郎，而且還得聽那些虛僞而驕縱的笑聲。一直等得你飢火中燒，伙計才端上來炒好的菜，出鍋的米飯，你再拿起筷子進餐。你想，天下哪有中國人吃飯這麼麻煩！

我常想，如果自己有了資金，我在台北市鬧區開一家飯館。館內擺上新出爐的麵包、蛋糕、綠豆糕、燒餅、槓子頭、花捲、饅頭、烤地瓜等烘烤煮熟的食物，另外出售綠豆湯、咖啡、清茶、汽水、可口可樂、白開水（免費）；客人走進店來，可以自由地選擇飲料與食物，你坐也好，站着也好，甚至帶走也好，悉聽尊便，只要你付錢就行。這個既簡單又大衆化的飯館，暫定名為「塡肚皮中心」。

咱們是一個農業社會型態的國家，過去幾千年來，人民吃飯、喝水、走路、說話，總是不慌不忙，慢騰騰地；如果和外國人比起來，咱們同胞的任何動作，總是「慢半拍」，這是中國民族的特色之一。

過去，上海或四川的茶館，一個人在那兒喝茶、嗑瓜子、剝花生、擺龍門陣、打盹兒，他可以從早晨消磨到天黑。這讓碧眼黃髮的洋人見了，眞會瞪目結舌，大呼「王豆腐」。清末，李鴻章陪同一外國人坐茶館，那洋人坐了半天，竟然向主人感慨地說：「看中國人的吃茶，就可以看到這個國度無救。」最初讀到這一則事故，把我氣得七竅生煙，狠不得兩手握緊拳頭，雙脚騰空而起，橫眉向那不懂中國文化的洋鬼子吼道：「放屁，媽媽的！」

待冷靜下來，我才悟出西方人看不慣咱們生活習慣的道理，人家「爭分搶秒」，把時間看成「金錢」，而咱們的同胞却悠閒地坐在茶館，喝着熱茶，吸着水菸袋，在那兒看報、聊天，閉目養神。你想外國人怎不激動、生氣！但是話說回來，中國人喝茶的風氣，是農業社會培養而成，喝茶不比喝咖啡，一仰脖子，清潔溜溜，喝進肚內，苦里瓜幾，那有什麼味道？殊不知喝茶有趣味，也有風味，同時有不少益處。日本「近世叢語」上說：「飲茶有三益，消食一也，除睡二也，寡慾三也。」

西門慶愛上桂姐，上茶時，有人以「朝天子」調的「茶調」，道是：

「這細茶的嫩芽，生長在春風下。不揪不採葉兒渣，但煮着顏色大。絕品清奇，難描難畫。口兒裡常時呷，醉了時想他，醒來時愛他。原來一簍兒千金價。」

看，這是何等瀟灑風流的飲茶生活！只是價格不太令人滿意。大概只有像西門慶這種紈袴子弟，揮金如土，才能喝得起「一簍兒千金價」的茶，一般平民是望之却步的。我想起京劇「玉堂春」中，王金龍去妓院打茶圍，見了蘇三，「一杯茶三百兩」，眞是他媽的濶氣！這三百兩銀子，能夠養活幾千人啊！想到傷心處，禁不住熱淚盈眶，駡起王三公子和西門慶這些混賬來！

我聯想起作生意，還是應大衆化才好。如果我在台北開「塡肚皮中心」，我的顧客是士農工商、三教九流，千千萬萬的人們。我並不歡迎西門慶、王金龍這樣的顧客。套句中視播報氣象的馮鵬年先生的口頭禪：「您說對不對？」

不是「情書」

小時候，我曾幫別人寫過「情書」，雖然我的動機純正，但是每逢想起這件糗事，我總感到丟人現眼，面孔和耳根也會發熱。那時住在濟南正覺寺街，隔壁是一間饅頭鋪，每天清晨，我總要去買兩個剛出籠的饅頭，用白毛巾包起來塞進書包，作爲我的早點與午餐。饅頭鋪的掌櫃的兒子小龍，英俊魁梧，秉性忠厚，他會揉麪、加酵粉、蒸饅頭，十八、九歲年紀，却發育得像一個大男人一樣。

小龍的彈珠彈得很棒，每當鄰居小孩聚在一起賭彈珠，只要小龍走過來，大伙兒都用畏懼的眼光看他；如果他掏口袋摸出小玻璃彈珠，向那用粉筆劃的長方格一放，其他小孩一個個收回自己的彈珠，拍拍粘滿塵土的屁股，就向家走。這時小龍帶着失望的神情，嘟嚕着說：「幹嘛走得那麼快？難道我的彈珠是假的？難道我是賴毛？……」

小龍是我們街上的著名「天大王」，「點」，百發百中。你在濟南南關一帶打聽一下，誰不知道「天大王」？他的聲望在小孩兒心目中，比當時山東省長唐仰杜還有名。

小龍時常挨父親的毒打，每逢他被打得鬼哭狼嚎時，我總是故意跑到隔壁去買饅頭，藉以壓抑他父親的怒火。後來，小龍讀到小學三年紀，不幸他母親病故，從此小龍輟學幫父親蒸饅頭，而且他再也不玩彈珠了，套用他的話說：「沒有媽的小孩長得快，我現在是大人了。」

那時我家經濟情況很壞，時常沒錢買饅頭。小龍很講義氣，只要他父親不在旁邊，他總是慷慨地說：「你儘管來拿饅饅吧，有了錢再還我，沒關係。」我曾暗自發下誓願，他日長大以後，若是混上一官半職，我一定把小龍哥接到衙門作總務處長，兼管伙房。不過這誓願一直隱藏心底，始終沒有告訴小龍哥。

春節放假，小龍哥帶我去趵突泉喝豆腐腦，繞到勸業商場聽相聲。回家路上，小龍哥愁眉苦臉，好像有什麼心事。經不住我的盤問，他才把心事嘔吐出來。原來他最近認識了一個姑娘，人家待他還不錯，一連寫了兩封情書，但他却寫不出動人的詞句來，打動對方的心。我聽了學起小手朝胸口一拍，「這件事兒包在我身上。」

「你談過戀愛？」他喫一驚，停住脚步問道。

「沒有啊。」

「那你怎麼懂得寫情書？」他顯然有些失望起來。

那時我小學尚未畢業，但已看過張恨水的「金粉世家」、「美人恩」，還有巴金的「家」，朦朦朧朧，我似乎也懂得一點男女之間的幽情秘事。我當即繞到街上一家書店，買了一册「實用白話男女情書大全」，悄悄帶回家中。晚上，我倆先將攻畫計劃作了初步討論，我再回去等母親熟睡之後，獨自捻亮了美孚牌煤油燈，翻出新買的「情書大全」，再湊和一點文藝小說上的詩情畫意的詞句，終於完成了一封「情書」。

果然，這封沒有經驗的編造出來的「情書」，竟然發生意想不到的效果，那位樸素的女工人，竟然受了虛僞的宣傳上的欺騙，對大龍突然熱情起來。有時，每個禮拜收到她的信。可是，大龍和我內心並不驚喜，因爲大龍深怕有一天拆穿底牌，弄得不歡而散；我發愁的則是東抄西湊，等到「情書大全」的詞藻用盡，我怎麼能繼續寫下去？

這件往事到此爲止，我再也無法寫下去了。因爲不久我全家離開濟南，從此隔絕了往來，小龍哥的戀愛情況，猶如過眼雲烟，隨風飄向茫漠的遠方。後來年事日久，我竟然摸索學習寫作起來，這是當初作夢也未料到的事。

那是風沙料峭的冬天，濟南市中小學生齊聚濟南機場，歡迎「汪主席」。在一片旗海與歡呼聲中，汪兆銘步下機艙，鑽進黑色的轎車，穿過人群，朝着市區疾馳而去。我聽老師講他年輕時刺攝政王的悲壯事蹟，非常感動。正由於汪某當時熱血沸騰，才會寫成感人的詩稿：「慷慨歌燕市，從戎作楚囚；引刀成一快，不負少年頭」。後來，我逐漸明白過來，我不曾交過女友，更無戀愛經過，只抄襲那些「情書大全」上的陳詞爛調，怎會贏得女人的芳心？我繼而想起辛亥革命前夜，汪兆銘、胡漢民、馬君武、蘇曼殊、葉楚傖那些詩情洋溢的文人，創立「南社」。鼓吹革命，寫出不少優美的詩篇。可是清廷推翻，民國成立，這些「南社」詩人，却有的當了漢奸，有的作了和尙，有的戴上烏紗帽，當年那股激昂的氣勢，逐漸消散，所以再也寫不出感人的作品了。

五更千里夢

我在朦朧中，依稀地聽到一片帶着責備的聲音，在我的耳邊盪漾：「你別再惹我生氣了。你氣死了媽媽，你可再也找不到媽了。」

這件事宛如昨天發生的一樣。當母親皺起眉頭，囉嗦着這句話時，我却故意頂撞她：「不要媽媽，我一樣活下去。只要有錢，我可以找到好多媽媽……」

於是，母親瞪大了眼睛，驚喜交集，一把將我摟在她懷裏：「你縱有黃金千萬，也買不回媽媽呀！……這句話是奶奶教的，還是老師教的呢？」

「我自己想的。」

母親笑了。她用嘴巴在我臉腮上輕輕咬了一口，罵道：「我怎麼生了這麼一個狼心狗肺的東西呢？」

那時，我剛上幼稚園。有一回，園方舉辦遊藝會，我參加了一個「龜兔賽跑」的節目。我的頭上戴着兩個隻白布紮成的長耳朵，一蹦一跳，不時地向台下尋找母親。等到這個唱遊節目快落幕時，我才在茫茫人羣中找着了媽。媽呀，您看我表演的好不好？……母親搭拉着頭，吸溜着鼻子，又在偷偷流眼淚……她這個難看的神情，我不知道看了七、八十遍了……直到換上衣服，卸了裝，在一片指手劃脚的讚美聲中，走出幼稚園。啊，我發現母親正站在門外等我哩。我故意擺過頭去，向旁邊走。媽在喊我。我不理她，你想，我怎麼不生氣呢？我在舞台上跳舞的時候，找您那麼久，您爲什麼不抬起頭來，或是舉起手跟我打個招呼？這還不說，您爲什麼一見到我，低下頭去掉眼淚呢？難道我在扮演小兔寶寶，您感到羞恥、難過？您不知道連王老師、牛老師、隔壁的瘦侯媽媽，還有班上最漂亮的女同學吳錦屛，都誇奬我表演的最出色呢。唉唉，幼稚園的最不幸的小朋友就是我，我的命最苦……這樣的媽媽我還理她作什麼！

回家以後，母親先關上房門，然後輕聲喝斥我：「跪下！」

跪在地上，我委屈地哭了。母親不准我哭出聲音，不准我用手去抓撓衣服。因爲家中清苦，肥皀太貴，她常用院內那棵皀角樹洗衣，兩隻手粗粗的，十分難看。

媽呀，我犯了什麼錯，您罰我下跪？不錯，您在門口接我、喊我，我是故意不理您，賭氣跑回家的。害得您在後面追我，生怕車子撞着我。可是，我要問您，爲什麼我表演的時候，您偷偷在下面搭拉着頭掉眼淚呢？

「唉！」母親長嘆了一口氣，無可奈何地說：「把制服脫下來，去洗臉。」我心裏想，她怎麼一會兒功夫，就喊我起來呢？她一定知道自己理屈，不應當低頭掉淚。是嘛，人家每一個家長都樂得閤不攏嘴，連幼稚園旁的那棵樹上，兩隻喜鵲還不停地唱歌呢。

晚上，母親在灯下作針線，我在桌前玩積木。不知什麼時候，我發現她的眼睛浮腫，不時發出低微地啜泣聲。我跑近母親身邊，推揉着她問：「您爲什麼哭？您要誠實，老師說，不誠實的不是乖寶寶……」

「好，媽誠實告訴你。」她用衣袖拭去眼淚，低聲說：「你今天的表演，眞好哇。我想不到你有表演天才。你在半途上睡覺的姿勢、表情，像個小女孩一樣，可愛極啦。我爲什麼低着頭掉淚呢？……我是想，假如你爸爸在家，他也看到你的表演，他會多高興啊……」

「媽，您糊塗了？——爸爸不是早死了麼？」我拉住她的手，更正她的話。

「啊。」她支吾着：「對了，……我忘記這回事了……」

母親眞是一個糊塗人。人家的母親，一天到晚唧唧喳喳，像隻喜鵲。每到假日，不是打麻將，就是看電影。我的母親一天到晚搭拉着頭，不是洗衣服，就是縫衣服，她還說她在中學時代演過「茶花女」，歌喉風靡了山城，我才不相信這些話。她不知道電影明星韓蘭根、殷秀岑，甚至她連周璇也弄不清楚——人家周璇的歌曲名滿大江南北，連五、六歲的小孩都知道周璇，母親竟然茫然不曉，這實在是不光彩的事。

我上了小學，還是時常挨母親的罵。因爲她反對我搜集明星卡片。那時華北的香菸盒內，都附上一張明星照片，照片下面還有簽名。雖然我家中沒人吸香菸，可是街頭小販出售這種卡片，一毛錢五個。我把早點錢積存下來，買明星卡片，別人有兩張王元龍的卡片，雙方可以「互通有無」。我在小學六年級，前後被母親突擊檢查十多次，沒收了不少卡片，但是「有志者事竟成」，等我小學快畢業的時候，我已經擁有全套的「水滸傳人物」、「紅樓夢人物」、「當代電影明星照」，那時母親已經解除了搜檢工作，而我也對這些玩意兒不感興趣了。

小學畢業，在別人看來芝蔴小事，但在我們家却是空前盛事。畢業同樂會上，我又登台亮相。這次不是演小兔子，却是飾演一個「中學生」。從開幕起，我只是吃飯、嘶嘴，却連一句台詞也沒有，簡直是「活道具」。這個獨幕劇是日本菊池寬的「父歸」翻譯而來的。描寫一個不負責的父親，突然回家，他的三個孩子却不理他，只有他的妻子在默聲哭泣。是一齣充滿倫理親情的話劇。

那次演出，雖然我不講話，可是却贏得不少熱烈的掌聲。擔任導演的安碩之老師，誇獎我的戲「穩健、自然、有生活氣息」；他還說我「不搶戲」，似乎懂得配合舞台畫面的節奏進行……其實我啥也不懂，只是跟着人家瞎起哄、出風頭而已。拿着「畢業證書」回了家，臉上熱烘烘的，腦袋裝滿了一片讚美的掌聲，暈暈糊糊，像喝醉了酒一樣。一進客廳，我把「畢業證書」遞給母親：「媽，我畢業了！」

「畢業了？」母親和靄地笑着，帶着嘲弄的意味說：「小學畢業，你就神氣十足，連爸爸也不認識了，對不對？」

我笑了。但却不滿意母親。菊池寬的那個獨幕劇，是揭示爲人父親的，並不僅是生下兒女，還應當教養兒女，否則他是受到兒女排斥的。沒等我的話說完，母親却激動地說：「你們演這種戲是什麼意思？是讓中國小孩子，反抗出外的父親？還是讓中國的小孩，效忠日本天皇，喊友邦日本萬歲？……」

「媽，人家說，菊池寬是日本作家呀，名氣很大呀！」我不服氣地說。

「狗屁！坐在家裡的坐家！」她低下頭去，氣得流下眼淚：「這是違背東方文化的東西。特別是咱們中國，決不能當面頂撞父母，這是幾千年來的傳統孝道……」

是的，我不願再頂撞母親，並不是我服膺她的道理，而是我怕她流淚、傷心，若是她病倒了的話，誰給我煮飯、洗衣呢？我是多麼自私！……那年秋天，我才明白母親爲什麼討厭「父歸」話劇的眞正原因。八年的鐵樹開了花！日本帝國主義侵略軍，宛如烏龜抱鐵球，連滾帶爬地被趕出了苦難的中國原野。

爸爸，多麼陌生的名詞。從記憶中「死去多年」的爸爸，正如同那齣獨幕劇「父歸」一樣，悄悄回了家。我還是沒一句「台詞」，只是聽見母親的哭聲，我也隨着哭了起來……

四十年來，每當在夢中見到母親，或是聽到母親的話語，看到母親臉上的眼淚，我總是天亮之後，不肯起床，恨不得再重回到朦朧的夢境中去。每當我聽到這一句歌詞「世界上唯有母親者，是最幸福的人」，我總會流出激動而感傷的熱淚！是啊，母親當年說得眞對，如今我縱有黃金千萬，却怎能再將逝世四十年的母親尋回人間呢！

風雪年關近

住在這個亞熱帶的島上，一年四季都看見紅花綠葉，幾乎尋不着一點冬天的蹤影，因此我對於春節也就覺得淡漠了些；若在故鄉北方，臘月的風雪籠蓋了蒼茫幽邃的原野，孩子們凍得通紅的小手，在雪地裏捏雪人、放炮仗，那濃郁的醉人的春節氣氛，是多麼讓我神往啊！

雖然隔了三十年，但是每逢想起來仍恍如昨天的事。如今，我正挑燈獨坐，眼前展現出一個熱騰騰的畫面：在一盞馬燈底下，圍了裏三層外三層的賭客，有的吸菸、有的數鈔票、有的低頭沉思、有的仰首遐想，每一個人都把希望寄托在那四方柚黃色的竹牌上。

我是跟着舅父來的。起初，我對於這種場合實在不習慣，屋內香烟燎繞，瓜子殼、花生皮灑滿一地。我個子小，什麼也看不見，只看見黑壓壓的一些男人的背影。糖吃完了，舅給我買一串糖葫蘆；糖葫蘆吃完了，舅給我買兩個柿餅；柿餅吃完了，舅給我買了一把焦棗……焦棗吃完了，舅父皺皺眉頭，狠狠地罵我：

「你光知道吃，我怎麼會不輸錢？……哼，三六一隻鵝，神仙配不活！這牌九不能押啦！」

儘管他嘴上說「不能押」，可是他依然戀戀不捨，徘徊在牌桌四週，替別人乾着急、傻熱心。我心裏非常納悶：「賭博這玩意一點也沒意思，爲什麼大人們都喜歡它？」

蹲在牆角，凝望着那些賭博者的背影，腦海中兀自思索着一些不着邊際的事，不知從什麼時候睡着了。風聲、雪雹洒在房簷下的沙沙聲，似乎都離我遠了。我隱約地聽見舅母的聲音：

「大春！醒一醒，你聽！」

「什麼？」我怔住了。

「你聽嘛，」舅母說：「誰在喊么二三？」

我爬起來，摸索着牆壁去尋找那種奇怪的聲音。舅母擎着一盞油燈，跟在我的身後。我的心噗噗直跳。摸索了半天，忽然舅母像捉到一隻喜鵲似地發出驚喜的叫聲：「你聽，就在石頭洞裏！」

我摒住了呼吸，聽得從那石塊堆砌的牆隙裏，傳出一聲低沉地、蒼涼地聲音：「么二三……」

舅母把油燈交給了我。她噙着滿眶熱淚，用十字鎬鑿開那些石頭，掏了半天，奇蹟發現了——在那黑暗的洞穴，擺着三粒骰子，骰子的點兒就是「么二三」。

「怎麼不輸呢？么二三，怪不得他輸了那麼多錢，從臘月二十三，一直到正月十五元宵節……」舅母熱淚盈眶，一面囁嚅地說。接著，她把那三粒骰子翻過來，露出「四五六」三個點兒。然後再把石塊塡塞進去。「睡覺吧！這件事別告訴你舅。你舅是個賭鬼，沒出息……久賭神仙輸……誰叫我的命苦，嫁給了一個賭……」

誰拍我的頭呢？我醒了。聽得舅父發出暢快的笑聲：

「哈哈！走吧。……我赢了一千多……這牌可眞順哪，一二開步走也贏錢，你說怪不怪呢！……莊家砸鍋了，誰推誰砸鍋，哈哈……」

我默默地站起來，跟着他向外走。

「怎麼啦，你不高興？」舅父低下了頭，連哄帶駡地說：「你跟我記仇啦？大春，你這孩子眞沒良心，從下馬河到湯家莊，十八里山路，是我背你回來的……你剛上高小就蹺尾巴啦，哼，還早哩！……往後你媽把你揍死，我也不拉……爲了你，你媽還跟我記仇……哼，從小看大，你長大了也不是一個好東西！……」

我兀自凝聽着這些話。彷彿喉嚨裏堵上了一個核桃，覺得眼睛發澀，鼻子發酸，我忍了半天，再也忍不住，不禁放聲大哭起來！

「哎喲，」舅父蹲下來，急忙拍着我的肩膀，柔風細雨地說：「你哭什麼……我沒打你呀……從你生下來到現在，舅舅從來沒有按過你一指頭……剛才我是跟你鬧着玩的。……大春……」

「舅！」我擦乾了眼淚，認眞地說：「你贏了，就不要再賭了。」

「是啊，我這不是帶你回家過年嘛。」

「我是說，以後你永遠別再賭博了。賭博的人，最沒有出息……」

「咳，別說了！」舅父扳起了臉說。

「我要說，你打我，我也得說。」我嚷着：「舅！你自己不知道哇，人家背後叫你賭鬼！」

「胡說，」舅父說：「過年押兩把牌九，有什麼了不起？縣長也管不着。」

我一直和舅父爭着吵着。雖然，他沒有打過我一下，或是罵我一句；但是我的心却沉甸甸地，像那風雪覆蓋下的荒野。最使我難過的，從那次春節以後，舅父就離開了故鄉，參加了抗日戰爭，他正如同我的老師寫的文章，他像一隻斷了線的風箏，被風吹向了飄渺的遠方……

舅父一直沒有消息。像他那麼年輕、健康、樂觀、瀟洒的人，怎麼會離開了人間？

這些年來，偶而和朋友打八圈麻將，總是興致索然。特別是近春節的時候，我最懼怕聽到麻將牌的嘩嘩聲音；往事聯繫着無邊的鄉愁，我內心是何等沉重啊！

山水篇

太平山紀遊

那天傍晚離開宜蘭，驅車趕到土場，天已摸黑。土場是「太平山森林遊樂區」的進山口，遊客必須辦理入山手續，方可過關。我找了一份遊樂區簡章，看見數幀風景圖片，最引入矚目的是青翠的山巒背景，一堆波浪似的雲朵，在藍空之間湧捲浮動，這幀圖片上印有六字：「山是雲的故鄉」。我暗自讚賞道：「這詩一樣的形容，眞是太妙了！」

汽車沿着山路向前行駛，聽司機說：過去上山的交通工具，只有運輸木材的「蹦蹦車」沿着枕木舖架的鐵軌蜿蜒而上。以海拔一千九百五十米的太平山爲中心，四面有三星山、望洋山、獨立山等高原。這兒盛產紅檜、扁柏杉、櫸木、柳杉等珍貴木材，由於長年的砍伐，林務局從民國六十六年起暫停砍伐森林，建立了「太平山森林遊樂區」。在這海拔五百米至兩千米的遊樂區內，總面積一萬二千六百公頃，這兒有湖泊、瀑布、山泉、森林，可惜目前設施不夠現代化，而且路況不好，如果能夠投資開發它，「太平山遊樂區」眞是臺灣北部的勝景。

汽車駛到仁澤，那是一座羣山環繞下的山村，由於當地有溫泉，因而建立了數家溫泉旅館。汽車司機囑咐我們換車上山，我覺得非常詫異，既然他駕車從平地開到這五百米山地，何以不能繼續攀登兩千米的山路？夜幕蒼茫，我看不清對方的表情，只聽他嘿嘿一笑：「先生，你上了路就明白了！」

我隨着同伴登上一輛十輪六個汽缸的大卡車，車上架設塑料棚，棚內擺有七、八排固定坐位，可坐四十人。當這輛日軍陸戰隊遺留下的戰浮品改裝成的卡車駛出仁澤，沿着崎嶇而蜿蜒山路向前行駛，但聽得老爺車顛得澎澎價響，我肚內的五臟六腑跳躍不停，幸而車內沒有孕婦，否則連六、七月的胎兒也得被顛出母體來！坐在身旁的老伴，捏着我的手低聲埋怨：「人家男人帶着老婆遊歐洲、遊夏威夷，你却把我帶到這猴子不吃水的地方，坐這種鬼車子，受洋罪！」我還捏了她一下，輕輕在耳邊朗誦傳統教條：「不受苦中苦，難爲人上人！」

從仁澤到太平山，汽車「跳」了快半個鐘頭，把車廂裏的男女老少顛得啼笑皆非，捂着肚子喊餓。我回頭問那位名叫佳佳的嚮導：「快到了吧？」昏弱的電灯光下，「佳佳」裂嘴露出美麗的小虎牙：「仁澤到太平山二十四公里，再快也得一個鐘頭！」

「澎呀澎呀！」汽車在山路上行駛，震顛出有節拍的聲響。這惱人的討厭的聲響，爲啥傳送到我的耳朵中，却變成了「包子——饅頭——油餅——鍋貼——燒賣——……」呢？老伴看出我的毛病，趕緊從塑料袋摸出一塊糖果，遞給我說：「趕快吃了它，要不你餓得慌。」她轉回頭，將一包糖果傳遞出去，請同伴們吃。

雖然隔着厚塑料棚，況且外面是漆黑的夜晚，但是我却料到這段彎曲而狹窄的山路，駕車實在不容易。我暗自爲前面駕駛座上的那位司機叫屈，以他這般熟練的駕駛技術，爲什麼躲在這深山野林之間，這豈不埋沒人才？但轉念一想，太平山的路況壞，路窄、彎曲，而且每逢雨季，山石墜下來，時常阻擋道路，如果沒有一位像他這樣既熟悉路況而又有熟練駕車技術的人開車，那遊客怎能平安地攀上海拔兩千米的太平山？

那晚到達太平山，冷雨霏霏，飢寒交加，我走進旅館的餐廳，剛端起白米飯，挾了一筷鮮筍炒肉絲，猛然想起那位駕車的無名英雄。我詢問「佳佳」：「駕駛先生來了麼？」她指着旁桌的一位身穿棉夾克的中年人，向我介紹：「阿大，就是他。你在太平山旅遊，只要提起阿大，任何人都知道。他比省主席邱創煥的名氣還大哩。」

我趕快吃了一碗白飯，端起兩杯高粱酒，走到「阿大」的身旁坐下，向他敬酒。「阿大」一名滿太平山，從十三歲跑上山來修建山路，十九歲作了卡車駕駛助手，服兵役回來當駕駛，林德大就在這霧氣濛茫的深山野林裏，開了二十七年的十輪大卡車；林德大救過不少的旅客，也載運過成千上萬的人，來到風光秀麗的太平山，度假期、度蜜月，但是却沒有人去採訪過他，或是和他談過話。這教我怎麼不感慨萬千呢！

這位原籍羅東鎮的優秀駕駛林德大，今年虛歲五十，稍黑的皮膚，烱烱的眼睛，健壯的身體，看來也不過四十出頭。他不吸菸、不喝酒，不嚼檳榔，講話有些靦覥害羞的神情。雖然他小學畢業，可是他的談吐，寫的字，確有中專以上的程度。從此可見生活和工作的磨練，有時是比課堂學習得更爲廣博。我倆喝盡杯中酒，原想再給他斟一杯，卻被「阿大」阻攔下來。他懇摯地說：「你請我喝酒，我不能不喝。我原是滴酒不沾的。先生，我在高山上開車，用我們臺灣話來說：

『紅衫穿一半』，是一件危險的工作啊。我開了二十七年車子，從來沒出過差錯，靠的就是生活有規律啊。」

那晚，氣溫降至攝氏零下二度。我凍得連腳也懶得洗，便蒙上兩條厚棉被朦朧睡去。次日清晨，我渾身裹得像一匹狗熊，抄着手走進飯廳喝稀飯。「阿大」笑嘻嘻走近我說：「現在零下六度，說不定碰上飄雪呢。」

飯後，我們坐上「阿大」的十輪大卡車，車子又顚簸前進，發出具有節奏的聲響。眼前的羣山被深厚的霧沼封鎖。山路旣狹窄而又彎曲，它比蘇花公路、縱貫公路驚險萬倍。從太平山向東駛往翠峯湖約二十一公里。沿途盡是柳杉，也有少數紅檜，茫茫的蘆葦草，草莖上結了一層白晶晶的氷塊，是那麼耀眼奪目。在這兩千米的山路上，常見水窪、落石或是泥濘的路，如果駕駛不熟悉路況，那是非常危險的。

車子快到翠峯湖，我忽然發現路旁有人灑了冥紙。正在納悶，聽嚮導小姐「佳佳」說：去年雙十節，有一輛從桃園開來的旅行車，來太平山旅行。車子開到這個拐彎處，不幸滑了下去，跌進山谷。因此過路的司機灑些冥紙，悼念亡魂。這種傳統迷信，大抵是祈求平安的自我安慰罷。

站在煙籠霧鎖的葫蘆形的翠峯湖畔，寒氣襲人，天上不時飄下一陣陣淒冷的雨絲，更覺得手凍腳寒。這座佔地二十七公頃的天然湖，湖水清澈。聽說去年夏天有兩位青年教師，到湖中游泳。因為湖水極冷，其中一位教師竟致心臟痲痺而死。想不到趁興而來，卻發生了悲劇。

離開翠峯湖，我特地跨上駕駛室，和「阿大」同行。我驚訝這位駕駛對於太平山區的一草一木，眞如數家珍一般熟悉。這四周寧靜山叢中開了不少花，野百合白色，呈喇叭狀；宵待花泛出金黃色的光彩；毛地黃花時，宛如一串串倒掛的葡萄，等春天到來，眼前的荒漠的山野，杜鵑花、胡蔴花、山櫻……呈現一派百花爭艷的景象，生活在山林間的人們是多麼幸福啊！

「你看！」林德大握住方向盤，冷不防用左手向外一指：「紅頭山雀。」

他告訴我：天氣暖和，金翼白眉、茶腹鶇、紅頭山雀，還有成百的喊不出名的鳥兒，吱吱喳喳，唱個不休。他說：「這附近山裡有猴子、狸、山羌，還有黑熊哩。」

「你不怕野獸？」我是沒話找話，卻提出這樣幼稚的問。

「先生，有人給我雙倍工資，請我去臺北開貨車我也不幹。山上空氣新鮮，生活簡單，一年四季跟花草野獸打交道，多有意思！你怎麼說我怕它們呢？哈哈……」

林德大那爽朗而快活的笑聲，如同連綿起伏的波浪形的山巒，在我的眼前湧捲、飄盪……

不是過客

我坐在一座木造的涼棚小屋內，四周是靜寂無聲的。傍晚的夕陽，洒在眼前月牙形的沙灘。海潮一波一波從遠方海面捲過來，捲到沙灘的時刻，發出嘩拉拉的脆響，繼而發出一陣「沙——沙」聲，那是海水冲刷細沙與珊瑚碎末而發出的聲音。

海面上不時吹來一陣涼風，風吹在頭髮上、臉上和身上，眞比吃冰淇淋還要舒暢爽快。於是，我禁不住引吭高歌：

美麗的吉貝島啊，

眞使我留戀難忘……

驀地，從右前方約一百米處的瞭望台，飛出來一隻海鳥，牠嘎嘎地啼叫兩聲，展翅飛向那浩瀚茫漠的遠海去了。啊，我的心感到一片歉意，是我這破鑼嗓子惹惱了牠？還是我不應該打攪了牠的詩意的寧靜享受？我急忙站起來向茫茫的海峽眺望，卻尋不着海鳥的影子。海鳥呀，我已經不唱了！……回來吧！……

這片寧靜的海灘是屬於吉貝島漁民的，還有海鳥，我只是一名過客而已。我懷著惶惑的心情，向那美麗的沙灘揮手道別，沿著碎石小路，走進村莊。抬頭看看藍色的天空，宛如大海，呼吸一口新鮮的、略帶一點腥味的空氣，這海村的空氣眞是甘泉一般清冽可口啊。

海村的街道彎曲不平。古樸的用硓砧石堆砌的房屋，不時傳出孩子們的哭叫聲浪。有的人家門口堆著海螺殼，腥味撲鼻，幾個婦女蹲在那兒洗滌、穿眼，準備製作工藝品出售。再往漁港方向走，迎面是一座古老的廟，廟前掛著匾額，上書「福德廟」。我發現一個四十開外的漁民，喝得臉上通紅，倚在門框發怔。他的脚邊放著半瓶米酒。他爲什麼獨自在這兒喝酒？莫非他和自己的女人吵了架，賭氣跑到廟門口來喝悶酒？

其實他不必因爲芝蔴大的事，煩悶喝酒。在我這個遊客的心目中，住在海村的漁民不會苦悶的，一天到晚面對著浩瀚無垠的大海，「忍片刻風平浪靜，退一步海闊天空」，把酒瓶子丟進大海，還是回家去哄老婆、抱孩子吧！天下如此紛擾不寧，哪個地方的人也比不上你幸運啊！

我回頭向「福德廟」瞄了一眼，發現那位喝醉的漁民，翻著魷魚般的眼珠，正朝我發出善意的微笑呢！

兄弟，你應該笑啊。你那健壯的牛腱肉似的胳臂，充滿了男性的魅力啊。不但是我——一個在戰亂中成長的缺乏營養的人，比不上你；甚至連屠格涅夫筆下的那個自命英俊瀟洒的羅亭，也會見了你感到自卑哩。

望那夕陽中的大海景色，我不由得憶起了屠格涅夫的一段幽默的話：

「要是有女人使你中意，你就想盡辦法追上她；假使她不理你的時候，趕快掉回頭來，朋友，海裡的大魚多得很！」

啊，我發現剛回港靠碼頭的兩艘漁船，盛滿了捕撈的鮮魚，鰹魚、鰆魚、鰮魚、鯛魚、鰺魚、鮪魚、鱠魚、鯧魚、烏賊……青年漁民穿著時髦的藍色夾克，戴著小帽，正在艙內忙碌，嘴角上漾出快活的笑容。我放眼向那遠方眺望，在島嶼的乾涸地帶，閃出不少的漁民的影子，那是海水養殖區，如紫菜、石花菜、淺蜊、帆立貝、石斑、咖吶、黑鯛……這些海產食品最有滋養，而且有助於發育。據說長年吃海產物，不僅永保青春，同時增加賀爾蒙，如果這些漁民能夠少喝醉、戒賭博，他們都會成爲百年老壽星的。

坐在駛往馬公本島的機帆船上，沐著彩光萬道的夕陽，我的眼睛忙著搜取海島的景緻，房屋、廟宇、鳥群、船隻，以及在海嶼乾涸區作業的漁民……這美麗的吉貝島的旅行，眞是讓我難以忘懷……眼前的波浪翻湧起我往日的夢……

早在二十多年前，我便乘風破浪，踏遍了澎湖的幾個離島，還寫過一篇幼稚的尙未完成的小說：住在島上的青年教師，在吉貝島認識了一個矯健美麗的漁家女，他們婚後就住在那座廟後的一棟寧靜的磚瓦房裡。他倆晨摘菜、晚澆瓜、秋織網、冬種花，過著無憂無慮的海村生活……有一天，那個青年禁不住外界的誘惑，他夢想自己像海燕展翅，飛到遠方去發展。當他把這個願望告訴那個漁家女，她却蒙著面孔嗚咽成聲了。海村的山山水水，一草一木，都會牽住她的脚步，海枯石爛，她決不會離開這寧靜的海村的。

「嗚——嗚」迎面駛過來一艘漁船，那個掌舵的漁民摘下帽子，朝著我們的舵房打招呼，大概他們是同村的鄰居吧。不久，那艘漁船噗噗地駛遠，留下一股淡淡的柴油氣息在船頭飄盪……

我又想起那個矯健的漁家女了。她的丈夫走後，她依舊起午更、忙半夜，過著勤奮愉快的日子。摻著地瓜絲的米飯，嘴裏嚼著鮮美可口的鮮魚，她一口氣能吃兩三碗。丈夫失蹤了兩三年，她胖得如同一四小母牛一樣。

「減肥吧，阿柑。」鄰居阿嫂好心地勸她。

她搖搖頭，笑一笑。心想：「我保持著苗條身材給誰看呢？」

那時候海村的電視機還不算普遍，她買得起，却討厭那個害人的機器。她認爲她丈夫就是被報紙、廣播誘拐走的。在無數的月夜，她耐不住寂寞的痛苦，她總是穿一件貼身紅短褲，連乳罩也不掛，披上一條浴巾就溜出後門，逕向那月牙般的沙灘奔去。她去做什麼？村裡的人都在熟睡中，誰會發現她呢？……她宛如一隻返歸自然的青蛙，投身在清涼的大海的泡沫裡。她爲什麼半夜跑來游泳？只有天上的星星明白、海裡的魚群明白，從小吃魚蝦長大起來的女人，sex 比較強烈，她讓海水的鹹質來滌盡生理上的慾望，等到游得精疲力竭，她才跑回家去睡覺。

那時，我腦海充滿了羅曼蒂克的幻想，寫著、寫著，我竟然無法繼續下去：讓那個浪子回頭？還是把浪子安排在一場意外的車禍中，死在台北西門町？……你別見笑，我的文學修養實在低劣，我沒有辦法把它寫完；但是你會瞭解我的心底的感情，我是對於吉貝島上這位婦女，寄予無限的同情和祝福的。

夜之幕網，從海岸的四面八方籠罩下來，機帆船繞過一座海堤，慢慢向港內駛去。遠方，閃現出微弱的燈光。幕色蒼茫，我發現遠處有汽車在公路上奔馳。聽身後有人指點著說，西南的昏暗的天壁上閃爍燈火的地方，就是馬公……聽到馬公，我聯想起馬公機場，明天上午九點我便搭乘班機飛返台北…想著、想著，我不禁湧起了無限依戀的情緒。

我想起那位矯健的吉貝島姑娘，當初她是不應該愛上那個浪子的。她應當愛一個樸素、健壯、愛海與鄉土的漁民；或者，她愛一位從外地來澎湖的青年，那青年不虛榮、不浮躁、不好高騖遠，他全心全意爲建設海鄉而住在島上，和他的伴侶度過幸福的一生……

轉過身去，我朝著隱沒在黑色的浩瀚海峽中的北方眺望。吉貝島，多麼中國化的名字，它象徵著以海爲生的人，永遠沐浴在溫暖的陽光中。啊，我突然覺得鼻酸眼濕，因爲我捨不得離開那月牙形的沙灘，捨不得離開倚在廟門外喝醉的漁民，捨不得離開我筆下的那個讓人同情與祝福的女人……唉唉！

夜色茫茫，我坐著一輛小型巴士回馬公途上，想起有一年隨同作家團訪問澎湖，一位當地同胞笑道：「這兒風沙多，沒什麼可寫的。回到台北，你們馬上會忘記了澎湖。」他的話如同鉛塊一直壓在心底。我是過客，但我是人生的過客；我在吉貝島停留了不足一天，但它是我的同胞的家鄉，我愛它不亞於住在那兒的漁民，有朝一日再遇上他，我一定熱誠地說出我心底的話。

祝山看日出

窗外黑糊糊的，我便被鄰室的旅客吵醒，捻亮電燈，看看錶才三點半鐘。捻熄了燈，正在睡回籠覺，聽得有人敲門：「先生，上山看日出啦。」

我的腦袋確實有些發脹。坐了一天的汽車，來到這海拔二千二百多米的山上，空氣稀薄，身體疲乏，再加上睡眠不足，你想這滋味怎會好受？上身穿了一件棉毛衫、兩件毛衣，外罩夾克，下面是棉毛褲、西裝褲，脚上是一雙星兒的半舊的愛迪達球鞋。渾身鼓鼓溜溜，沒有照鏡子，大概像個不倒翁玩具吧？

胡亂揗了一把臉，舀了一杯涼水刷牙，便圍上毛線圍脖兒下了樓。外面黑唬唬的，手電筒、汽車燈，把山路照得越加幽秘而讓人神往。一面走，一面喘氣。路上的年輕人昂步前行，有的嘴裏還哼着歌曲。啊，我回憶三十年前，比他們還年輕些，一個人握着樹枝兒，小跑似的上山，嘴中唱着：「三春好光陰，物華天地新，今朝結伴去旅行……」反正四周黑黝黝的沒有人影，我想怎麼唱就怎麼唱，所以膽量就大起來了……想想往事，恍在眼前，如今這條通往祝山的山路，早已修砌了柏油路面，汽車穿梭而過，遊客猶如過江之鯽，這顯著的繁華進步景象，怎不讓我感到欣喜呢！

正在累得發愁，從後面來了一輛汽車，聽得司機用閩南話喊着：「鯽來郎，奥雜！」我趕快跳上了車，心中暗想：「純樸可愛的阿里山人，你的心太軟了。即使你向旅客索取二百元，我也不敢批評你敲竹槓的。一個多小時的上山路程，讓俺這個山東小老頭兒怎受得了？」

山上的空氣眞是新鮮，吸在鼻孔中咽進肚裏，覺得甜絲絲的，還有一點涼沁沁的味道。如果在這兒住上十年，吃米飯，嚼筍片炒肉絲，喝櫻花山茶，一天到晚勞動，那不健壯得像牛犢似的才怪哩。這兒的人們，根本不懂什麼是「空氣汚染」。

也許你跟我擡槓：「上山的汽車，排除很多廢氣，那不是汚染是啥？」

看那山路兩旁的高大樹林吧，它枝葉繁茂地矗立着，宛如一位巨大的山神，伸出毛茸茸的大手，那些蚊虻怎敢在它四周停留？是啊，古今中外多少的詩人在歌頌山林的美啊。

下了車，我已站在海拔兩千四百多米的祝山頂上。看看錶，四點五十分。我這時才覺得有些寒冷，走到燈火閃爍的小吃攤前，先要了一紙杯熱糊糊的薑母湯，喝進肚裏。看看鍋內煎的雞蛋餅，實在有點饞，可是忍住不吃它，並不是省錢，因爲我吃飽了就想睡覺，如果腦袋晃晃悠悠等日出，那是多麼煞風景的事！

「先生，幾點鐘日出？」我問那位青年小販。

「七點四分零九秒。」

眼前濛茫一片，盡是人影。有的倚在圍牆旁吸烟聊天，有的坐在石階上打盹兒，也有的弄些殘枝樹條點上火，再放上木炭，幾個青年男女便圍在一起了；雖然飄起了不少炊烟，但人們都不會嫌它，反而還會向他們投以祝福的眼光呢。

我把兩隻手抄在袖內，不停地聳肩、跺脚，那是由於天寒地凍的緣故。手錶爲什麼走得這麼慢，距離日出的時間還有兩個小時，我怎麼忍受下去？

「剛才我看溫度計，阿里山三度，這兒零度。」從我身旁走過一對青年，其中一個這樣說。

天漸漸發亮，燈光閃耀下，我這才發現旅客的穿着，都比我闊綽，而且時髦，不少青年揹了照相機，準備獵取日出奇景。誰敢否認臺灣的生活品質之高，在亞洲僅次於日本呢？這是用汗水、鮮血換來的繁榮啊。我慢步走到圍牆前，好容易擠了一個位置，雙手抄在袖口，趴在牆垛上，靜候日出。這時對面山上泛出淡黃的光，那光把兩朵浮雲染成菊黃色。沿着起伏的山勢去看，到底太陽應該從何處升起，這倒是讓人難以猜測的問題。

我的脚不時輕輕跺兩下，爲了驅逐寒冷。這時四周的人越聚越多，還有抱着嬰兒、攙扶老人來的，眞是閒情雅興。對面山峯逐漸泛出白亮的光，我至此才看出太陽竟是從那兒升起，這是使我感到意外的事。

前面，一位青年手持喇叭筒，介紹對面的玉山的掌故、阿里山的氣溫及產物，接着推銷些風景照片及櫻花茶來。我想過去買半斤茶葉，帶回去品嚐一番，但却怕回來尋不到適當的位置。看看手錶，還差半個鐘頭。那對面日出方向的山峯，却一分一秒地變幻無常，光芒也一分一秒的強烈起來，四周的高山、樹木、甚至人群，也沐浴了那溫暖而充滿希望的光澤。

太陽，你是宇宙的主宰，如果失去了你，那麼住在地球上的人類，將會過着「萬古如長夜」的黑暗生活。我繼而一想：「如果沒有太陽，別說人類，即使任何生物也無法生存啊！」

青年時代，我看過海上的日出，它將浮出海平面的刹那，是一隻又大又圓的紅球，但等它一跳出海面，則耀目刺眼，光芒萬丈；那無限的光源穿過澎湃的海水，鋪成了一道金色的路，一直伸向船身……我正胡思亂想，聽得四周的人們嚷了起來：「時間到了，還有五秒、四秒、三秒……」啊，我看見一個白色的、發亮的東西，突然浮出了山頂，眼前驟然明亮起來，我不由地嚷着：「出來了！」

太陽終於出來了！它照耀着高山、樹木、村莊與河流，也照耀在我的身上，我已感覺到陽光的溫暖。太陽不屬於你，也不屬於我，它是屬於全人類的；不，它應該是屬於宇宙萬物的。

看了日出，我忽然發覺我也像許多朋友一樣，有點自私，也有些愚蠢。

金門島見聞

在綠蔭夾道的金門散步，暮冬的陽光穿過木麻黃的樹隙，照射在我的身上，我感到了無限的暖意。遠眺那湛藍色的海峽，隱約地發現有兩艘船隻在默默蠕動。島上的綠油油的田裏，長滿了茂盛的菜蔬瓜果。海風一陣陣吹來，吹得木麻黃發出沙沙的悅耳的聲響。正擡頭時，我看見幾隻海鳥掠過眼前那座林木葱籠的村莊，飛向那矗立在金門中央的南太武山。凝神著這如詩如畫的海島景致，我不禁吟誦起宋朝丘葵的一首七言律詩：

接石為巢瓦縫欹，家風惟有白雲知。
連筒遠取煎茶水，種竹先尋桂衲枝。
菴小偏涵新世界，山空不見舊亭池。
清宵一段西來意，林影參差月上時。

我按著丘葵的詩意去尋找宋朝時金門島的遺跡，遍尋不著，起初有些失望，但是當我遊罷了「翠谷」、「榕園」以後，才真正領略到丘葵筆下的恬靜樸素的田園生活情趣。尤其是「榕園」最讓人留連忘返，它原是一座清幽的民宅，住屋環抱在一片濃鬱的樹叢之間，兩株楓樹上的紅葉，夾雜在綠葉之中，更顯得嬌艷奪目。這座雅舍的主人，原是明朝嘉靖年間的洪受，爲金門著名士子，他築屋在此養花蒔草，吟詩讀書，安渡晚年。金門縣政府爲了保持這個具有閩南風貌的古蹟，特地修繕一番，列爲觀光旅遊之地。我在屋旁的樹蔭石路漫步，想起這座房屋主人的寧靜隱士生活，眞是無比幸福，他既能看到山的雄偉氣勢，也會欣賞到大海的波瀾壯闊的景象；詩人陶淵明地下有知，他一定會離鄉背井，肩起行囊，渡海來金門安渡餘生的。

正當我沉浸在詩意的夢網裏，但見一位中年人騎著摩托車自公路奔馳而來，剎住了車，他摘下一頂鴨舌帽，露出了滿鬢白髮，但眉宇之間仍是流露出一派英氣。車座後面裝有塑料箱，箱內有汽水、啤酒、餅乾、水果等雜貨，我買了一斤橘子，一邊剝食，一邊和那位小販聊天。原來他是福建上杭人，四十年前隨同軍隊來到金門，修馬路、種樹、挖池塘、築戰壕，他曾經噙著熱淚，眼望那波浪滔滔的海峽對岸流淚、嘆息，忍受著有家歸不得的痛苦；他也曾握緊憤怒的拳頭，參加了數不清的保衞金門的砲戰。他退伍以後，和當地女子相愛結婚。四十年來，金門島從一個荒草湖坡的窮島，如今變成一座綠樹成蔭的花園，這種翻天覆地的變化，這位老兵才是歷史的見證人。

「你回老家看看沒有？」

「嗯，回去了。」他搭拉著頭，眼眶噙著淚珠回答。

過去，盼星星、盼月亮，盼望有一日能夠回到海峽對岸福建上杭的故鄉，那怕只是跪在父母面前，抱著老人的雙腿痛哭一場！也算了却這一輩子的心願。自從前年冬天政府開放大陸探親，這位老兵帶著妻子、帶了二十萬積蓄，帶著滿腔悲喜交集的感情返回了上杭。故鄉風光依舊，但已人物全非，他在夢中的父母的慈祥的面貌，也僅是一場幻夢而已，甚至連骨灰盒也沒見著。唯一的胞妹見到他，像見到了財神爺，她瞪著貪婪的眼珠，迎接著電視機、電冰箱、洗衣機；她還說屋後有一塊空地，準備蓋一棟房子，將來給兒子娶媳婦；她還說她婆婆患了糖尿病，需要注射一種聯邦德國進口的針藥，一年的藥費，約合人民幣九萬；她還向這位退伍的國軍士官長、流動小販的哥哥，要一筆將近十萬新臺幣的現款，打算在村裏搞個體戶，開一間雜貨店……他硬著頭皮、耐著性情，握緊胞妹的手，答應下來。

出了村子，老伴氣憤地問他：「你受了半輩子苦，爲啥什麼都答應？難道你是資本家、王永慶？」

他噙著眼淚，指著眼前那巍峩的太武山上的鐫刻「毋忘在莒」勒石，向我苦笑道：「老鄉，事到如今，我能怎樣向老伴解釋？老人家在世的時候，拄著拐棍在島上散步，我有一次在激烈的砲戰中，還見過他。他寫的那四個字，不怕您笑話，四個我念錯兩個，我老是把它念成母忘在呂，同志們都笑我是——別字大王！」

我沒有陪他笑。不是不敢笑，而是心中壓了一塊鉛，沉甸甸怪難受。

「旣然老人家教導咱們別忘了家鄉，別忘了過去一段教訓，咱們化點錢算了啥？何況我妹妹向我要錢，即使不合理，我也得給她呀！……誰叫我們金門比上杭有錢呢？」

看到島上茂盛蒼翠的木麻黃樹，我才眞正悟出「人定勝天」的哲理。四十年前，島上駐軍爲了種樹，不知耗費多少的心血。他們將幼嫩的樹苗，放進舊罐頭盒內，再裝滿潮濕的泥土，然後按照規劃地段栽種下去。每日灌水、除蟲，宛如培養珍貴的蘭花，眼看木痲黃一天天茁壯成長起來。據說當年爲了種不活木痲黃，不少質樸善良的戰士因之搥胸頓足，甚至抱頭痛哭！如今，島上的木痲黃不僅綠化金門，使這座濱臨福建前哨成爲海角樂園，旅遊勝地，而且它對於金門的經濟也發生了積極推進的作用。

古人常說：「前人種樹，後人乘涼」，那些胼手胝足爲種樹而辛勞的人，如今在那兒呢？

也許金門的水質特別甘洌可口，適宜釀酒。金門酒在近三十年來馳名世界。我這次嚐了剛出產的葡萄酒，眞比法國葡萄酒爽口甜美。金門酒廠的賈芸廠長，軍人出身，他用著冀東口音介紹酒的品種，不時引起閧堂大笑。大麯酒、白金龍酒銷路最好。陳年特級高粱酒，已有斷貨的現象。至於楊森將軍的秘方釀造的益壽酒，以及最新出廠的金剛藥酒，對於中老年人健腎功用甚爲有益，可惜我近年血壓不甚正常，再說我也不會飲酒，這次我只帶回兩瓶剛出鍋的葡萄酒，假日小酌，喝上兩盅，眞有飄然若仙之感哩。

由於金門島上出土的礦產如石英、長石、磁土，是最佳的陶瓷原料，因而從民國五十二年起便建立了陶瓷廠。廠內生產的花瓶、茶具、酒壺、人物、玩偶以及動物均甚精緻可愛，而且價格低廉。每年金門出產的紀念酒，都是陶瓷製成的酒瓶，有人物、有巨砲、有「中華民國憲法」書形，也有仿古的酒瓶，這都是「金門陶瓷廠」的產品。也許由於交通的因素，或許由於宣傳不夠，因而金門陶瓷事業不盡爲外界所了解。這次我選購了一套陶瓷的茶具，才花了四百元。當我執筆寫作此文時，飲包種茶，佐以金門特產貢糖，耳畔不禁響起滾蕩的波濤聲響。啊！金門前線的同胞，在寒風凜冽的海島上，你們無恙否？

想起金門，我的心情猶如萬馬奔騰，不能平靜下來。我不但應該向金門島上的人民祝福，更應該要記憶那些爲建設金門而犧牲的無名英雄，如果沒有他們，臺灣是不會有今日的繁榮景象的。

我放下茶杯，不禁感到自私而渺小。啊，在人類歷史的長河裏，一個人算得什麼！一滴水、一株草、一粒沙而已。但是，那種植金門島的蒼茂的樹木，那穿鑿堅固花崗岩的太武山，那開墾的海埔新生地的農作物或魚塘，不都是一滴滴的水珠、一粒粒的沙子凝聚而成的力量麼？而今，我的耳畔盪漾起了偉大藝術家貝多芬的聲音：「我稱爲英雄的不是靠武力稱雄，而是心靈偉大的人。」

啊，金門，千萬無名英雄用血汗寫成的。

春滿蘭嶼

淡淡的三月天，蘭嶼的氣候溫暖如春。我坐在紅頭村前的海邊，向那茫茫的海天一色的南方眺望，我知道在距離一百十公里的地方，便是菲律賓的巴丹群島；早在一千三百年前，那些健美的、圓臉的、褐色皮膚的馬來漁民，划着漁船，哼着民謠，乘風破浪渡過巴士海峽，來到這座寧靜而美麗的蘭嶼島。他們用兩隻結實而勤勞的手，上山砍樹，建立起低矮的茅屋，然後種植水芋，下海捕魚，過起純樸的海島生活……眼前，一波一波的潮水，沖刷着岸上的渾圓的石頭，發出嘩啦嘩啦的聲響，我頓時聯想起住在這兒的人們，千百年來，他們的祖先便是在這嘩啦嘩啦的潮水聲度過的，那是何等寂寞而難捱的歲月啊。

正凝思時，從海邊一塊巨大的岩石後面，閃出一個健壯的穿丁字褲的雅美族青年，背着漁具，手上拾着剛捕撈的章魚，昂步走了過來。

「冠卡衣（你好）！」他向我點頭微笑，嘴裏紅冬冬的，嚼着檳榔。

我遞給他一支香菸，替他點上火。他吸了一口，對我說：「阿由衣（謝謝）！」

他走了老遠，我才想起剛學會的雅美族話：「米考南（再見）！」

他轉回頭，向我笑了。

海水嘩啦嘩啦地響着，那寂寞而有力的衝擊聲，震撼着這寧靜的海村。

蘭嶼島上有四座村莊，除了我背後的紅頭村外，還有椰油村、東清村和朗島村；另外，野銀、漁人兩部落，也附屬東清、紅頭村管轄。

這座美麗的座落在臺灣東南方的小島，過去叫紅頭嶼。一七三〇年，陳倫烱在「海國見聞錄」中寫道：「……惟一島與臺灣稍近者，名曰紅頭嶼。有土番居住，無舟楫往來，語言不通，食薯芋海族之類。產沙金，臺灣曾有舟到其處……」

正由於那時傳說島上產黃金，所以引起外界人民的嚮往。不僅臺灣南部恒春一帶的漁民，紛紛前來探路，甚至福建沿海泉州、漳州一帶的人，也抱着幸福的夢想，駕着風船，前來淘金，但結果却失望而歸。

是的，蘭嶼確是一個神秘而美麗的島。住在島上的馬來血統的雅美族人民，千百年來，過的是刀耕火種的原始部落生活。雅美族婦女的「髮舞」，最能代表海島人民的合作互助精神：一群年輕健美的婦女手牽手，翩然起舞，隨着手足的揮舞，她們的烏黑涓光的長髮，也現出了波浪形狀，伴着帶有祈禱意味的歌聲，更是動人。

談到雅美族的歌謠，多半是在祭祀或建屋時唱的。歌詞內容含有讚美祖先、驅逐惡靈，以及家族長壽、後代繁衍的祝福意味。

他們划木造船時，先向山上的樹木作祈禱，歌詞是：

「我們要砍你，請你倒在最好的位置上，我們工作很快完畢，會拿豐富的豬、羊、水芋來祭你。」

雅美族人民造船時，那些勤勞的漁民也向船的靈唱道：

「我的斧頭很利，可削硬木，我出海到小蘭嶼，可以捕到一千條飛魚回來，我做的船輕駛海上。」

這種樸素的祈禱歌詞，爽快地表達出他們的內心願望。雅美族人民信仰「靈」，每個人的四肢頭腦，都有「靈」的存在，當然漁船、樹木，甚至魚蝦也附着「靈」。雅美族人民認爲人死之後，應當趕快把屍體包紮捆綁起來，擡到山林之間把它掩埋，再在上面壓幾塊巨大的石頭，免得「惡靈」跑回家來進行騷擾活動。

住在紅頭村二十六號的織布能手瑪尼雅凱，是一位七十六歲的老婦，她的丈夫是在半年前過世的。我們去訪問時，她曾透過翻譯，講起丈夫最近「回來」的事。

「他昨天晚上又回來了。我怕得要命。前些日子，大概半月以前吧，他也回家過一次。」雅凱講到這件事，似乎心有餘悸的樣子。

「妳怎麼知道他回來了呢？」我用日本話問她。

「他一進門我就知道，」雅凱擡起頭來，向那陰暗低矮的房樑眺望：「上面掛的魚乾、帽子直搖幌；我還聽見門口刷刷地響，好像有人走路……」

我心裏暗想：那一定是夜風吹的緣故，也許是一隻野猫出來覓食。可是，我怎能向那位淳樸而迷信的老婦解說呢？

瑪尼雅凱最近患腰疼病，因此動作比較緩慢，她磨蹭了半天，才坐在織布機前。她用兩隻脚蹬着，兩隻手推機進行編織工作；編織的原料是山上盛產的苧蔴，先把它曝乾，再將纖維剝下來，搓成蔴絲。我一面端望這位老婦純熟的織布動作，聽旁邊的朋友介紹：瑪尼雅凱年輕時候是一位美麗的歌手、領舞者，最難得的她織布又快又好，因此風靡了紅頭村的年輕小伙子。她從十八歲結婚以後，一直住在這座低矮而陰暗的原始茅屋中，度過了將近六十年的漫長歲月。別看她年紀這麼大，身體還那麼硬朗，說起來瑪尼雅凱還算幸福的。

織罷了布，雅凱換上漂亮的衣服，胸前掛滿了用瑪瑙、玻璃珠或白色鈕扣串結而成的項鍊，吸着香菸，面露羞怯的笑容，走到涼台前讓我們拍照。當我挨近她時，這位七十六歲的婦女竟然羞紅了臉，倒使我感到不好意思了。我告訴那位作翻譯的雅美族青年：「請你告訴她，我母親三十出頭就過世了，她如果活着的話，今年才七十四歲，比她還小兩歲呢。你再告訴她，她的命比我母親好，也比我母親漂亮……」當雅凱聽懂了這些話，立刻親熱地挨近我，一同拍照，彷彿我聽到了她那一顆跳動的心……

雅美族人民的住屋，都是建在背山面海的島的沿岸。每一家房前，都有一個涼台，那是休憩聊天的場所。涼台呈長方形，用六或八根木柱支撐着，上面是茅草或木片屋頂，台面是木板，約一、二米高，有的還裝置簡單的扶梯。走到任何地方，我常看見婦女坐在涼台上談話，小孩在一旁玩耍或睡覺。雖然村莊蓋起了磚瓦平房，但是許多人家的窗前，依舊搭建涼台，由此可見，若想改變人們的生活習慣是多麼困難啊！

雅美族的姑娘健美而漂亮，她們在婚前享受着自由的戀愛生活。這些從小在海島上長大的女孩，會游泳、會唱歌，她們的烏溜溜的大眼睛、柔軟烏黑的長髮、紅褐發亮的胴體，確實給人一種健美成熟的感覺。

我的朋友J君，過去曾跟椰油村的一位姑娘，相戀三年，雖然他們沒有結婚，但是提起往事，J君仍然湧出大海般的深厚感情。

「她非常純潔、熱情。我們相處兩三年，她從來沒向我要一樣東西。她的熱情像火一樣，讓我渾身熱糊糊的。有人說雅美族的姑娘，亂七八糟，簡直是胡扯八道！她們戀愛固然自由，可是行爲却非常嚴謹，這是城市姑娘比不了的。」

蘭嶼島上的雅美族姑娘，最愛清潔，由於每年平均氣溫攝氏二十二度C，而且山上的溪水多，所以她們一天洗數次澡。這些女孩都不穿內褲，即使月信來時，也只用溪水洗淨，而不備經帶。在蘭嶼島上，却很少發現患皮膚病的。

「你們聚在一起，你會感到雅美族女孩有什麼不同嗎？」

J君聽了我提出的問題，不禁笑了。他說：「她的身體非常健康。如果問我她跟臺灣本島的女孩有什麼不同的話，我只覺得和她在一起，聞到一股淡淡的魚腥味。你想，她的衣服掛在屋裏，屋裏時常掛魚乾，她的衣服怎麼不腥呢？」他說着吸了一下鼻子，彷彿在追憶那逝去的甜蜜的時光。

雅美族人民因爲愛清潔，穿丁字褲，所以不論男女都有拔毛的風習。在陽光普照的海邊，常見健壯的男人脫去丁字褲，低着頭，用四個手指挾着小石塊，慢慢摘拔陰毛。女人爲了害羞，則在田埂的隱蔽地方拔毛。因此，雅美族的男女，沒有腋毛、胸毛及陰毛，這樣勞動時清清爽爽，永遠保持清潔。

對於J君的戀愛故事，我實在感到興趣。於是，他又追述起一段往事：

「每次我倆約會的地方，白天是在樹林中，晚上是在海邊。因爲避免鄰居撞見。有一次，我竟然鼓足了勇氣，跑到她家去找她，我喊了她的名字，便在涼台前等她。忽然，我看見她哥哥怒氣沖沖走出來，手中拿着一把小刀，我嚇了一跳，掉頭就跑！」

J笑了。我也笑了。

「後來她找我向我道歉。她說她哥哥並不是想殺我，只是嚇唬我一下，以後讓我少接近他的妹妹，免得被鄰居笑話。」

雅美族的結婚非常簡單，只要男女相愛，便託親族到女家提親。普通少女在十八九歲、男人在二十六七歲便可結婚。婚後男女嚴守一夫一妻制的傳統風俗，而且保持貞節。同時，雅美族還有停婚期的習慣，男人到了六十歲則不可再婚，婦女到了五十歲就不能再嫁。在都市中的七八十歲的老頭，還當新郎，這若被雅美族人民聽了，他們不臭罵「老不羞」、「惡鬼」才怪哩。

我在紅頭村住了三天，曾到陳天賜家作客，他的老伴煮了芋頭給我們吃。這種食物和地瓜相似，澱粉多，是雅美族人最主要的糧食。蘭嶼的芋田有兩種，山上的旱田栽的是里芋，平地水田栽的是水芋。他們種植水芋和臺灣種植水稻不同，它是循環栽植方法，當你準備採芋食用時，便利水田中把水芋取出，將水芋上半部切斷四分之一，再連莖栽回原處，剩下的四分之三則帶回家吃。那留栽在原處的水芋，不到三個月便茁壯長大了。

雅美族同胞非常迷信，爲了水芋茂盛，他們在田中豎立一根木竿，上面吊着貝殼，作爲驅鬼或防蟲之用。其實這種水芋對於自然的適應力很強，任何蟲害也影響不了它的生長。陳天賜告訴我們：他活了七十九歲，從來沒發生過饑荒的事。

這位雅美族老人吸着香菸，煙圈繚繞，他的話越扯越遠。一陣海風吹來，我覺得十分涼爽。陳天賜的老伴在一個舊鐵盒中拿出一個檳榔，檳榔泛青，一看就是剛摘的。她用小刀切成兩片，再拿起一個塑料瓶，從瓶內擠出一點石灰汁，夾在檳榔之間，然後送到嘴裏嚼食。看她嚼得津津有味。

陳天賜年輕時候，是一個捕魚能手。環繞蘭嶼附近的海流，介於冷暖流與黑潮交滙處，所以魚類非常豐富。貝殼、海魚、海人草、海芙蓉、珊瑚的蘊藏量很多。僅以每年三月起的飛魚季節估計，平均每年能捕到二百多萬公斤，這實在是雅美族人最大的財富。

所謂飛魚，因爲它的翅甚長，從海浪中躍出能飛四、五十米遠。雅美族人稱它作「埃由斯」，臺灣本島叫它「紅魚」。這種顏色紅的飛魚，每年定期在蘭嶼附近聚結交配，並且繁殖起來，所以蘊藏量非常豐富。最重的飛魚有十二兩，普通約有半斤。雅美族人把捕撈的飛魚曬乾之後再貯藏起來，可以吃到冬天。

雅美族人民捕魚，最能表現出原始社會的互助幫工精神，因此有人類學家把這種社會組織稱爲「漁船組織」。每個村莊的捕魚習慣，是由一個家族組成，船爲集體所有，共同出海作業，捕獲的魚也分而食之。那些刻着藝術圖案的魚船，在夜間出海，漁民便燃起了芒草捲成的火把，引誘遠海的飛魚聚攏而來，讓他們一網打盡。等到飛魚季過去一個月，雅美族人再白晝划小船出海捕魚，這也許是遵循着魚汛期的規律吧。

陳天賜告訴我：蘭嶼的雅美族人，都會編織蔴繩漁網，也會製作魚鉤。他們從來不花錢去買，彷彿在他們的心目中，錢是海風、海水，以及那漫山遍嶺的青草。

這座狹長三角形的蘭嶼島，中部是突起的高山，以紅頭山（今名芳蘭峰）最高，五八四・八米，其次是殺蛇山（高四九四米）、大森山（今名望南峰，高四八〇米）、尖禿山（高四六二米）、青蛇山（高四三八米）、山田山（高四三四米）、飯山（高四〇七米）和嶺端（高一七〇米），總共有九座山脈。這些山上有八百五十種植物，同時也有不少珍貴的飛禽如紅頭綠鳩、紅角鴞、長尾鳩、赤翡翠鳥等。這都是豐富的自然資源。

目前，臺灣本島的飛機，每天都有定時班次到達蘭嶼。一艘客貨兩用的「新蘭嶼輪」，每週二、六定期航行臺東、綠島與蘭嶼之間。我去參觀正開拓中的開元港時，「新蘭嶼輪」剛巧進港，它給蘭嶼帶來無限歡樂的空氣。

蘭嶼沿海修建的柏油公路，風景如畫。從機場乘汽車出發，沿途可以看到虎頭坡、饅頭岩、開元港、紅頭岩、五孔洞、坦克岩、玉女岩、雞母岩、雙獅岩、駱駝岩、兵艦岩、石美人、情人洞……仰望青翠起伏的山巒，白雲如絮，那彎曲的小溪，從群山翠谷中流出來，最後流進太平洋。這些河流急湍而短促，比較長的有椰油溪、朗島溪、野銀溪、漁人溪。純樸健美的雅美族同胞，從小在山明水秀的大自然中成長起來，你說他們是多麼幸福啊。

那天，我從「蘭嶼鄉公所」出來，走到海濱，看見茫茫的大海之間，矗立着一座饅頭形狀的小島。我想起那日從臺東搭乘小飛機飛來蘭嶼的航途，我也曾看到小島。

「那叫什麼島？」我問身旁的一位雅美族青年。

「它叫饅頭岩，上面光禿禿的，我們雅美族人都怕這個地方。」

「爲什麼呢？」

「因爲那是墓地。」

原來過去朗島村一帶的村民，常把死屍埋葬在饅頭岩的四周。依照雅美族的風俗，不成年的孩子夭折，父母便把屍體放在岩石洞中，用大石堵住，讓屍首風化，叫作「崖葬」；有時風浪大，浪潮常把屍體沖走，所以這是很殘酷的陋俗。政府正積極改善這種風俗。

我在凝神中，聽那位青年談起饅頭岩的一段往事：大約在十幾年前，傳說眼前這座饅頭岩上，長着一種金線蘭，它是蘭花中最罕見而富貴的品種。按照當時的價值而言，一株金線蘭約值新臺幣三百萬左右，於是，一傳十，十傳百，不少人渡海來此攀登饅頭岩，由於懸崖危險，因此摔死了不少冒險客。

「有雅美族同胞嗎？」我關切地問。

「怎麼會有？」他咧開嘴直笑，似乎嘲笑我不瞭解雅美族人的風俗。「你不知道麼，我們雅美族人最怕鬼，誰敢去那種地方呢？」

我低下了頭，強作微笑，其實我怎能笑得出來？我從繁華的都市中來，腦海裏充塞着物質文明的烏煙瘴氣，我原以爲走到天涯海角，有錢能使鬼推磨，偏是在蘭嶼的雅美族同胞，却把眼前這黃金之地——饅頭岩，看作鬼哭神嚎的惡魔島。我感慨萬千，轉身握住那位雅美族兄弟的手，無限依戀地說：「阿由衣，米考南（謝謝，再見）！」

「米考南！」他激動地說。

飛機飛臨太平洋的上空，但見機窗外波濤洶湧，白浪滔天；定睛看時，那不是海岸，那是雲海，雲海像白色的棉絮，鋪向那浩瀚無垠的天際。我在朦朧中，彷彿看到漢、滿、蒙、回、藏的兄弟們，手拉着手，引吭高歌；我還看見阿美族、泰雅族、賽夏族、布農族、卑南族、排灣族、魯凱族和蘭嶼的雅美族兄弟姐妹，正在萬里長空姍姍起舞……萬紫千紅的陽光，正普照着他們。

曼谷風情

汽艇迎着朝陽破浪前進，我看見岸上的工人正在忙碌作業。那遠方矗立的一座巍峨的佛塔，即是鄭王廟，他是泰國史上唯一的華裔國王。汽艇繞進湄南河的支流，眼前便呈現出一些以船爲家的人家。有的婦女站在河邊洗頭，滿頭的肥皂泡沫，用汚混的河水沖淨；有一個男人在刷牙；河裏還有三、四個又瘦又黑的小孩兒，正在游泳，其中一個咧開小嘴向我們遊客叫喊：「奧哈腰！（日語：早安）」

啊，湄南河！不少的泰國詩人爲你吟詩謳歌，把你稱作「泰國人民的母親」。幾千年來，你哺育了無數的泰國的勤勞而樸素的子民。由於湄南河水的灌溉，使兩岸的稻谷在炎熱的陽光下，迅速地結穗而茂盛起來，成爲名震世界的米倉。人們嚼着細長芳香的米飯，喝着又甜又涼的椰汁，生活是那麼恬靜、愉快，宛如湄南河的河水一樣。

但是，由於工業的發展，這條寧靜如畫的湄南河已發生了變化。河水變成混濁的顏色，河裏有椰皮、紙屑、牛糞、死狗，而且還有肉眼看不見的汚染素。據泰國有關機構調查：湄南河汚染最嚴重的是巴香他尼府地區流域，河水滲入的汚水，每天約爲二萬九千公斤汚染素。目前湄南河岸有兩萬家工廠，因此河水中的氧氣，使魚蝦已苟延殘喘，難以生存；如果再過十年，湄南河眞變成一條死水了。

我聯想起臺北市的基隆河、淡水河，豈不早已成爲混濁難聞的死水？這與兩百多萬人民息息相關的問題，到現在還沒有解決，我們又怎好意思評論人家？

這次泰國之行，暢遊了南部勝地芭他耶。二十年前，那兒只是一個荒凉的漁村，風光秀麗，非常寧靜。由於二次大戰期間，日軍在此殘害了許多民衆，因此一直傳出鬧鬼的謠言。越戰時期，美國海軍軍艦停泊暹邏灣，當地商人在芭他耶修建了酒吧旅館，提供美軍官兵渡假遊樂，因此把芭他耶建設成西方風味的海鎭。芭他耶距離曼谷東南約一百五十公里。汽車沿着濱海公路向前奔駛，右面是浩瀚無垠的暹邏灣，左邊是清澈的運河，運河對岸盡是農民搭建的竹籬茅舍。據說過去沿海人民喝的都是含有鹽質的井水，泰國政府開鑿這條人工運河，爲的解決農民飲水及灌溉問題。隔着車窗，我發現河邊放了不少漁網，原來等晚上做飯時，農民再拉起網，隨手抓出幾條活蹦亂跳的鮮魚，烹調佐餐。你看，這是多麼樸素的田園生活！

芭他耶這座充滿美國情調的海濱，如今已尋不着絲毫泰國風味。碧綠的海水、白色的沙灘，到處都是講着「陰溝流水」或是「窪莫宰羊」的外國人。不管你滑水、釣魚、打槍、潛水、坐水上摩托車，甚至觀賞「人妖歌舞表演」，只要你有美鈔或泰幣，你可以盡量享受歡樂的假期。

芭他耶之行，最難忘的則是欣賞「人妖歌舞」，使我大開眼界。不少光彩艷麗的女歌手，竟然是男人，這實在是令人不可思議的事。從表演藝術而言，演員可以創造「第三自我」。因此許多男人在表演歌舞時，一顰一笑、投足擧手，都比女人還要柔美動人，這就是表演的最高境界。我聯想起京劇的著名演員梅蘭芳、程硯秋、尙小雲、荀慧生，他們都是男人，但扮演古代的美女角色，却維妙維肖，婀娜多姿，給我國京劇史上留下豐富的表演藝術經驗。看了這些美麗的泰國歌舞演員，感慨不已。我覺得社會不僅不應當歧視他們，而且更應當尊重他們。至於「人妖」這個翻譯名稱，實在過份缺德、無聊。對這極少數變性的人，我們應該寄予無限的關懷才是啊。

泰國北部所謂金三角地帶，是著名的鴉片產地。因此，曼谷成爲毒品走私的轉運站。來自世界各地的走私高手，利用不同的招式，向泰國海關進行挑戰。有的將毒品塞在皮箱夾縫內、皮鞋後跟中，還有藏在女人的化妝盒，或是三角褲裏。儘管泰國檢查人員非常嚴格，但是「道高一尺，魔高一丈」，每年依然有不少的毒品轉運世界各地去。

不久以前，曼谷機場發生一件驚人的新聞。一位泰國年輕婦女，跟隨丈夫、抱着嬰兒通過檢查站，進了候機室，正準備搭機出境，這時一位機警的安全人員，發現那婦女懷裏的嬰兒，一直沉睡不醒。他立刻帶了助手前往偵查，原來那個男嬰早已斷氣，脫掉衣服，發現男嬰的肚皮上縫了一道線，破腹一看，嬰兒的五臟六腑皆已挖出，裏面却塞滿了海洛英。

啊，爲了發財，這些毒販竟然用這麼殘無人道的手段，眞是令人膽顫心驚啊。

這次在曼谷停留時期，當地導遊帶我們去參觀「蛇園」。看了一些醜惡可怕的毒蛇，走進蛇藥店，便聽那位戴着眼鏡，從臺北來的商人講演。啊，咱們中國的商人眞是偉大，他能憑着鄉土之情，騙取自己同胞身上的血汗錢，而且還在迢遙萬里的異國。一盒「蛇膽片」，出售七十美元，折合新臺幣二千八百元。同胞啊，如果你還承認自己是黃帝子孫，你能忍心欺騙這些從臺灣去的父老兄弟麼？

也許過去我是孤陋寡聞，我總以爲中國人講道德、說仁義，尤其知識份子更是孔子的化身，他們比麒麟還要高貴，比孔雀還要驕傲；不，有的爲了騙錢，他們比蛇更醜惡，比蛇更毒狠。

自從開放觀光以來，我們同胞用血汗賺來的錢，大量地被海外的蛇騙走，這是最大的損失！也許別人早已發現這個問題，但却懶得去說。我認爲臺灣吃的、穿的、住的，甚至娛樂，都不比外國差，咱們同胞出外觀光旅行，用不着當大頭、作凱子去採購貨物。主管海外觀光旅遊的機關，不知注意到這件事了麼？

新加坡一瞥

那天晚上，我和道夫兄在紅燈碼頭附近小吃攤進餐，坐在露天餐座上，耀眼的燈光照得宛如白晝一樣，一陣陣混着肉香的烟氣，撲進鼻管。我看見那馬來人用純熟的動作，燒烤沙爹。這種沙爹是把牛、羊或豬肉切成粒塊，串在竹籤上，然後在炭火上烤熟它。我拿着羊、牛肉沙爹，蘸佐料吃，再喝椰子汁，標準馬來風味。道夫見我飯量不小，便加了一盤馬來炒麵。眞是其味無窮。回過頭去，我看那墨綠色的海洋，漁火猶如星群。海風送爽，倒不覺得炎熱。道夫告訴我：新加坡原是一個荒涼的海村，最早馬來漁民居住。後來，一位名叫萊弗士的英國人發現此島，從此引起外界的注意，於是新加坡逐漸開拓發展起來。如今，一座命名爲「萊弗士大飯店」的建築物，正在日夜趕工，這座高達七十八層的亞洲第一高樓，將在一九八五年建成。是啊，李光耀不愧是一個最有魄力的領導人物。

我在一九七九年初訪新加坡，那時正在翻蓋房屋。四年不見，確有耳目一新之感。街道比以前更加整潔，樹木也比過去濃鬱得多，尤其是海浦新生地上，蓋起一座座矗立雲霄的國民住宅。一位新加坡作家興奮地說：「到了一九九〇年，新加坡再也看不見一棟低矮的房子了。到那時候，您來新加坡觀光，恐怕不認識路了。」

是啊，這種愚公移山的精神，怎不讓人感到驚訝呢？近幾年來，整個世界的建築業面臨癱瘓，新加坡却把握大好時機，加緊建築國民住宅、高樓大厦，這種有計劃的建設是值得稱道的。目前，來自日本、韓國和中華民國的建築工人，正在爲新加坡的現代化而勞動着。他們不僅建築住宅、工廠，而且還加緊修建地下鐵路。到了一九九〇年，從機場到市區、從市區到郊外，蛛網似的地下鐵路，將載運着千千萬萬的新加坡國民和外國人民，在這塊椰子形狀的國土上旅行。這個由中、馬、英、印四大民族組成的國家，民族之間親密團結，毫無隔閡。據說新加坡的法律，對於販毒、携帶槍械，以及挑撥分化民族情感者，將會處以極刑。

住在新加坡的公民，每年可以享受四個過年的假期。五月十三日是印度新年，七月十二日是馬來人的新年，華人過的是傳統的農曆新年，而英國人則過陽曆新年。每到「過年」時期，各民族相互拜年賀節，鑼鼓喧天，充滿歡樂祝福的空氣。

這次到新加坡，碰到老同學李清漢，他和他的夫人、舞蹈家王麗惠來此十載，對於舞蹈藝術努力不懈，時常帶領學生在電視節目中演出，受到廣大觀衆的歡迎。那晚，我陪作家宋膺兄去摩綿律路李家作客，他住在一棟寬敞的七樓上，約四十坪，打開落地窗，俯瞰新加坡的美麗夜景，海風吹進客廳，倒很涼爽。

清漢打開錄影機，讓我們欣賞麗惠編導的舞劇。這時，畫家楊震夷兄匆匆趕至，同來的是新加坡著名收藏家兼畫廊主持黃玉芳先生，李家更增添了熱鬧的氣氛。黃玉芳的畫廊，近幾年來曾展出我國郭燕嶠、楊震夷、陳典、田父、黃啓龍、葉醉白、張大千等名家作品。此人熱情爽朗，藝術氣息濃重，因此，頗有故人重逢之感。

李家的女傭長得又矮又黑，傻糊糊的，給客人端茶，好像手足無措的樣子。原來此女是斯里蘭卡人，二十五歲，看起來猶若十六七歲的姑娘。

「爲什麼她不結婚呢？」我問麗惠嫂。

「她家裏窮，沒有錢買嫁粧，怎麼嫁得出去？」她皺了一下眉頭，埋怨地說：「這個女孩兒笨得要命，什麼活兒都做不順當。」

我暗自爲這個異國女孩發起愁來。如果她出生在富裕之家，如今正值「花開等郎來」之年，她怎會萬里迢迢跑來新加坡當女傭？斯里蘭卡與印度風俗相同，若是女家買不起嫁粧，那是難以出嫁的；即使嫁出去，一定受到男方的精神虐待，每年爲嫁粧自殺的婦女，何止千百！唉唉，這不合情理的陋俗，不知吞噬了多少印度的婦女！想起我國古時有人說「苛政猛於虎」，其實這種陋俗比猛虎還要殘忍、厲害。想着想着，我不禁泛起了淡淡的哀愁。

是啊，兩年前我曾走過印度、錫蘭的原野，那時我便湧起了一個新的觀念：一個有遠見、有魄力的政治家，遠比十個偉大的文學家、藝術家更爲重要。你想：治理一個國家，讓人人有飯吃、人人有衣穿、人人有房屋住，而且青少年受到良好的教育，生活水準高，交通秩序好，每一個國民都喜笑顏開、樂觀奮鬥；這話說起來容易，做起來可並不是那麼簡單啊。

而新加坡這個年青的國家，在如此狹小的島上，竟然建設出這麼令人驚喜的成績，我認爲這是亞洲人的光榮，也是黃種人的光榮！

也許有人認爲新加坡走上現代化以後，文化建設恐怕不能齊頭並進。事實上，近十年來，新加坡一直爲開展精神文明而努力。去年，新加坡總理公署高級政務部長李炯才在「國際華文文藝營」中曾說：

「新加坡目前推廣華語運動，是希望華裔的年輕一代不要遺忘他們的根。政府希望華人繼續向華語世界汲取靈感和智慧，正如汲取西方工藝來充實我們的物質生活。」

這些話使我聯想起一九一九年我國的五四運動。那時，許多中國留學生，爲了迎頭趕上西方的科學技術，竟然狂熱地喊出「打倒孔家店」的口號。是啊，當你拔掉了民族文化的根，又怎能結出西化的果實？走了萬水千山，走了多少的歧途彎路，最後才喚起咱們的知識份子的覺悟啊！

抹去眼角的熱淚，我走出候機室，登上了飛往臺灣的班機。新加坡，再見，你是一面鏡子，讓我們把它帶回臺灣去，爲的是建設中國的明天。

菲律賓速寫

陽光灑遍了珍珠島

如果你在菲律賓旅行，時常會發現公園、海濱或濃蔭樹下，不少青年情侶擁偎談話；有的彈奏吉他，有的引吭高歌，他們那種渾然忘我的樂觀性格，實在率眞可愛。

我在這次旅行中，發現馬來民族不但熱情好客，而且樂觀豁達，他們從來不懂得「憂愁」，即使明天沒有飯吃，他們也盡情地享受快樂的今天！大約由於氣候炎熱的緣故，菲律賓的少女到了十五、六歲，便發育得非常成熟，有些鄉間的女孩子竟然作了母親了。

在漫長的炎熱的季節裏，許多熱情的菲律賓青少年，在公園、海濱或花前月下，滿懷著幸福的夢想，唱起了醉人的情歌。

「爲了你，我才活著，

爲了你，我願意愛你到死。

你應該明白，沒有任何一個人，

能打動我的心；

我心裏想念的，只有你、只有你……」

這一首著名的用達客洛語唱出的民歌，不知陶醉了多少追求幸福愛情的男女。我在各地旅行中，時常聽到這首纏綿而熱情的旋律，它確有使人繞樑三日的感受。

菲律賓的方言很多，因此菲國政府規定以達客洛作爲「國語」。爲了搜集達客洛民歌，我曾託人選購了不少具有代表性的錄音帶。其中「種田歌」便是頗具農村特色的一首民歌。它的歌詞是這樣的：

種田可不是一件有趣的事，
我們得從黎明破曉彎腰到日落黃昏，
不能站，不能坐，更不能打瞌睡。
種田可不是一件好玩的事，
我們得從黎明破曉彎腰到日落黃昏，
不能站，不能坐，更不能偷點懶。

啊，親愛的朋友們，
讓我們走向歸途吧，
現在我們可以盡情休息到黎明雞啼。
睡吧，靜靜地睡吧，
我們需要強壯的體格，

明天將又是一個漫長的工作天。

雖然歌詞表現出農民生活的辛勞，但事實上菲律賓的農民却過得瀟灑、快活。也許由於這兒是熱帶地區，只要灑下了種籽，農民用不著特意去拔草或施肥，便會得到收穫。一位華僑朋友笑著說：「菲律賓人民是不愁挨餓受凍的。一家人種上兩棵椰子樹，就不愁吃穿了。這兒一年到頭是夏天，我們根本不懂得寒冷這兩個字。」是啊，走到鄉間小河旁，常見農民在捕撈魚蝦，那是他們最營養而鮮美的菜餚，你想，他們怎麼會發愁生活問題？

菲律賓有一句諺語：「要能數得清天上的星，才能數得完椰樹的用處。」在世界上，沒有一個地方比得上菲律賓的椰樹多。尤其在中南部的蒼茫的原野，放眼望去，盡是一片綠色的椰林。據營養學家的實驗報告：一顆椰子所含的蛋白質，等於兩塊牛排所含的份量。一顆成長五個月的椰子，倒出來的兩杯椰汁，成份包括兩茶匙糖，還有維他命、礦物質。這種椰汁沒有細菌，如果多喝了還可以根治支氣管炎。

這大約是上蒼有意庇佑這些質樸善良的馬來民族吧，讓這兒成長出那麼多的椰樹，成爲「椰子王國」。椰子的果肉營養極高，而且還能製成椰乾。椰子的樹幹用處廣，製床、椅子、床墊、地毯、掃帚、茶杯、碟子、肥皀、帆布、繩索、魚網材料、製粉或釀酒。想一想，椰樹的用處眞像天上的星兒那麼多啊。

正由於菲律賓氣候炎熱，農作物容易蓬勃成長，所以廣大的人民才培養出歌唱、舞蹈的藝術興趣。有一次，我在宿霧市普拉撒酒店進餐，那天晚上客人極少，四位菲律賓男歌手站在餐桌前，爲我這個來自臺灣的客人演唱了數首中國歌曲，那純熟而清晰的歌詞，深深打動了我的心，我彷彿回到了故鄉一樣。是啊，菲律賓男女青年的渾圓有力的歌喉，實在令人陶醉。

早在四百多年前，菲律賓便接受了西方文化，因此它的繪畫、文學、戲劇或雕刻，都頗具西方風味。在每一個城市，我都曾發現傑出的雕刻作品。聽說印尼的雕刻也很出色，這大概是馬來民族獨特的藝術天才吧。這次去呂宋北部避暑勝地碧瑤旅行，我看見工藝品商店陳列著用原木雕刻的人物、牛馬、瓜果或飲食器具，刀法細緻，維妙維肖，價格也很低廉，這在亞洲是獨具特色的藝術品。

這次在馬尼拉停留期間，適逢第三十屆戲劇季，「菲律賓劇團」從四月十一日起演出畢雅芙Piaf 歌劇二十五天。我有機會欣賞它的演出，感到非常興奮。艾芮斯・畢雅芙 Edith Piaf 是現代法國一位傑出的歌劇演員，她於一九一五年十二月十五日出生在巴黎一個貧困的演員之家。從小她患了白內障，眼睛並影響不了她的藝術前程，通過她的努力不懈，她在第二次世界大戰前夕，一躍而爲著名的歌星。一九四八年，畢雅芙訪問美國，作了爲期二十一週的表演，轟動世界歌壇。不幸的是，她的情人棄世，再加上她發生車禍，因此畢雅芙在精神上遭受嚴重的傷害。這位充滿浪漫主義氣息的法國著名歌劇女演員，到了四十七歲時，曾和一位年僅二十七歲的青年相戀。一九六三年二月，畢雅芙在法國帕瑞森音樂廳演出歌劇伯比諾 Bobino，這是她畢生最後的一次表演，同年十月十一日她病逝巴黎，結束了她絢爛光彩的一生。

畢雅芙的葬禮，轟動巴黎，也轟動整個世界。那日，法國四萬多崇拜她的歌迷，噙著淚珠，手捧鮮花，擠破了葬場的大門。法國的報紙稱頌畢雅芙是「永遠美麗小雲雀」。

這齣傳記性的歌劇演出將近三小時，扮演畢雅芙的是菲律賓著名的業餘歌劇演員焦埃・薇芮達Joy Virata，她是現任菲律賓政府總理的夫人。陪同我看戲的作家蘇陵說：「薇芮達在大學時代便醉心於歌劇藝術，她雖然作了總理的太太，可是她仍然熱心參加演戲活動，因爲藝術像海洋一樣，實在太迷人了！」

「她丈夫願意她出來演戲麼？」我低聲問。

「你想，他怎麼會願意呢？」蘇陵聳了一下肩膀，轉頭笑道：「我們畢竟都是東方人啊，你說是不是？」

是啊，我聯想起青年時代，我也作過幾年業餘演員，我曾聽過不少帶有諷刺意味的話，爲了爭辯，我還開罪了許多親屬與朋友。因此，我能瞭解一位藝術演員的思想願望，也比較清楚他們內心深處的歡樂與嚮往。我覺得薇芮達女士的表演與歌唱，充份流露出她的藝術才華。她塑造的那個法國現代歌劇女演員畢雅芙，栩栩如生展現在我們觀衆的眼前，這才是一個最可喜的藝術作品。從表演藝術立場而言，我認爲薇芮達女士的藝術成就，早已掩蓋了她的「總理夫人」的身份了。

走出劇場，我們驅車趕到羅哈斯大道旁，下了車，走進寬濶而美麗的黎利公園。但見月光下，許多青年情侶正依偎在草坪上、噴水池畔或是樹底下，正喝著啤酒，嚼著魷魚絲，暢談著幸福的明天。也許明天會失業，也許明天沒有披索買麵包吃，但是樂觀而熱情的菲律賓人民，却永遠無憂無愁盡情地享受著這美好的快樂的時光。這是多麼懂得享受人生的民族啊！

我在朦朧中，依稀地聽見公園的樹林中，傳出一陣美妙的少女的歌聲，那正是我最愛聽的菲律賓民歌——「爲了你」：

「爲了你，我才感覺快樂。

愛你，關懷你，

我的心全部奉獻給你，

我的生命中所有的，

都是爲了你。……」

羅曼羅蘭說：「要散播陽光到別人心中，總得自己心裏有。」是啊，樂觀熱情的菲律賓的人民，內心都充滿了溫暖的陽光，因爲太陽終年照耀在這七千多個珍珠般的島上。

馬尼拉街簷下

爲了去瞻仰巴格蘭教堂，我利用午間休息時間，從索萊街旅館坐馬車先到卡瑞埃達Carriedo，再從此地搭乘剛修建完成的電車去巴格拉蘭Baclaran。坐上這種距離地面六米的高架電車，雖然車廂內沒裝冷氣，只有風扇，但是由於窗外吹進海風，所以並不覺熱。

這條輕軌電車北起卡洛奧坎Caloocan，通過十五個車站，只需半小時，便可以貫穿了馬尼拉的心臟地區，到達最南邊的巴格拉蘭。這條電車路線全長十五公里，票價菲幣二元五角（折合新臺幣五元）。它是在五年前，菲律賓政府委託比利時建造的，共耗資一億五千萬美元，從今年五月十二日全線通車以來，每天輸運旅客六十萬人，它確實解決了馬尼拉的交通問題。

走出巴格拉蘭車站，但見眼前的市場人山人海，非常熱鬧。各種貨物齊全，吃的、穿的、戴的、用的，什麼都有。由於人多，車輛幾乎不能通行。中午的陽光，比烤箱還要炎熱，我一面趕路，一面瞅望路旁有沒有出售草帽、扇子的攤販。汗水直滴，頭曬得暈暈糊糊。我兀自暗想：「像這種烈日當空的天氣，我跑出來幹什麼，豈不是自討苦吃？」走了約莫一刻鐘，才擠進了那座著名的具有三百年歷史的巴格拉蘭教堂。

每個星期三，是巴格拉蘭的定期集市，這猶如我國北方老鄉的「趕集」一樣，來自大岷區各地的商販，都集中在這兒作生意，而許多附近的民衆也趕來購買貨物；每個星期三的「集市」，也促使各地的天主教徒，來到這座古老的巴格拉蘭教堂作彌撒。

在這座寬濶而莊嚴的教堂內，擠滿了幾千位男女信徒，有的坐著，有的站著，還有跪著匍伏前行的，那是家中有了災難，祈求降福的。每一個人都沉浸在和平、博愛的氛圍裡。

教堂入口處，有兩尊耶穌塑像：一尊是他被釘上了十字架，胸前還留了不少鮮紅的血，另一尊是耶穌少年時期的塑像，每座塑像都掛滿了花環。我看見很多男女信徒，排成隊伍，去撫摩耶穌像的手臂、脚趾，有的表示恭敬，還用手絹包住了手再去撫摩。據說過去有人來此祈求降福，不久果然得到靈驗，因此前來作彌撒的信徒絡繹不絕。

菲律賓由於受西班牙統治的影響，全國人民百分之八十以上信仰天主教。每年三月底或四月初的「復活節」，全國各地信徒化裝遊行，到處形成萬人空巷的場面。也許受了宗教的影響，菲律賓人也非常和善可親。在那麼炎熱的擁擠的都市中，每個人的心情猶如曬乾的柴草，只要點上一根火柴，便會引起一場大火。但是我却沒碰見一次吵架的事件。即使遇到堵車的情況，那些菲律賓司機也是瞪著大眼睛，趴在方向盤上發怔，幾乎尋不到絲毫的怒氣，他們這種溫順可愛的性格，比起咱們臺灣開車的那種爭分搶秒的硬派作風，實在不能相比。

離開巴格拉蘭教堂不遠，便是海港。附近有不少飯館，生意極好，好不容易找到一個座位，叫了一瓶汽水，擦過冰毛巾，這才覺得涼爽了些。此地的炸雞非常著名，每客只菲幣三十元，折合新臺幣六十元，是大衆化的食物。這種炸雞口味不錯，它與烤豬同樣是菲律賓餐館的「招牌菜」。

作爲菲律賓首都的馬尼拉，我認爲最應改革的則是下水道淤塞問題，如果不及時修整，遇到颱風，馬尼拉又將發生淹水災難，在馬尼拉停留期間，偶然一場驟雨，便見馬路變成河流，有人用木板載送行人，索價五角，其次是有些道路崎嶇不平，無人過問，汽車駛過街巷，宛如小船在湍急的河溪中划行，即使坐馬車經過華人區附近的街巷，車子也顛得非常厲害，我緊抓住車沿的木把，眞怕翻下車去一命嗚呼！

我問：「爲什麼不修馬路呢？」

朋友告訴我：當地政府整修馬路，必須讓兩旁的住戶捐款，有時因爲住戶意見不能統一，因此便形成「三個和尙沒水吃」的現象。

爲了深入瞭解菲律賓下層社會人民生活，我曾在許秋海兄陪同下，參觀了馬尼拉西方的洞鑼區 TONDO DISTRICT，這是亞洲最大的一個貧民窟。

洞鑼區非常遼濶，街道狹窄，高低不平，而且還有嚴重積水現象。因爲貧民住宅過於擁擠，不少婦女坐在街巷洗衣、吃飯、做活或談話，每條街巷都有簡陋的雜貨店，販賣一些香菸、啤酒、水果、雜糧。這種窮困的景象，好似四十年前的華北城市中的貧民區，我不禁流下了感傷的眼淚。

秋海告訴我：住在洞鑼區的貧民，大多數是來自「山頂」（註）的人，他們懷着謀生的夢想，來到馬尼拉，最後只有在這種違建地區搭起簡陋木屋，定居下來，這兒住的有偷竊犯、搶匪、馬車夫、臨時工人、失業者，還有黑社會的人物，據說有錢的人是不敢來此逗留的。遇到搶匪，即使死不了也要被剝去一層皮。由於黑社會爭奪地盤，械鬬的事件時常發生，菲律賓警界也感到非常頭痛。

沿着汚穢的河川建起的貧民屋，都猶如但丁筆下的地獄景象。人和豬狗一樣，吃飯排便都擠在河邊破木屋裡。這兒不但沒有電，也沒有自來水。

「他們沒有水怎麼生活？」我問秋海。

「到附近工廠去接水。過去，有家工廠嫌麻煩，怕影響警衛安全，不准他們去接水。這些窮小子發了脾氣，扔石頭，砸玻璃，搗燬汽車，工廠老闆沒辦法了，只得出來跟他們談判：你們繼續接水吧，只要不再搗亂，維持和平共存的局面吧。」

聽到這些有趣的往事，我却笑不出來。想起目前的非洲，尚有幾千萬人嗷嗷待哺；想起印度、孟加拉，還有千千萬萬無家可歸的災民，這些住在洞鑼區的菲律賓人民比起他們還算幸福的。

汽車駛出洞鑼區，我內心感觸很多。從五年前訪問印度，我便湧出了一種新的觀念：即使有了偉大的作家、藝術家、哲學家和科學家，如果沒有偉大的政治家去掌舵，人類還是得不到自由和幸福。

歸途中，順便參觀了迪美索里亞 Divisoria 市場。這兒好似臺北市的萬華，是貨物批發中心，因此物價非常低廉。但是購物者必須心要狠一些，謹守「漫天要價，就地還錢」的原則，他要一百元，你還他六十元已經夠多了。我發現路旁的攤販，擺的貨品五花八門，有一種簡體字的牙膏，廣州出口的，堆積如山，雖然定價非常低廉，但却無人去買。這附近的街道盡是商場，擁擠而髒亂，而且毫無秩序。秋海說：菲律賓四面是海，島嶼極多，因此從各地走私而來的貨物，大半運到此地批售。這附近還有專售布疋的市場，都是華僑經營，我經過那兒，感到眼睛發澀流淚，大約由於布疋中含有藥物的緣故吧。

我回了旅館，沖了一個冷水浴，便走到對面街口理髮店去洗頭。一個打扮得非常妖艷的菲人理髮師，用英語向我招呼。聽其聲音，却有點像男人。但通過大鏡，看到了他那豐滿的胸脯，我暗自吃驚：「莫非我的眼花撩亂，是被太陽曬出了毛病？」這位理髮師替我吹風時，不禁哼起了英文流行歌曲。仔細去聽，宛如最近走紅的美國黑人歌星邁可·傑克遜一樣，聽着他那悅耳的歌聲，我的肩膀幾乎聳動起來，那青年理髮師用手指輕輕捏了我一下，似乎在說：「老頭兒，你倒很上道！」

目前菲律賓有不少這種「變態的人」作理髮師、美容師、化妝師、服裝設計師、歌手或電影導演。菲律賓人稱他們是「巴辣」Ba-la。在馬尼拉，一位華人李美伶，是家喻戶曉的名歌星，她曾經來臺北「來來大飯店」登臺獻唱，轟動一時。這次旅菲期間，朋友曾熱心爲我安排欣賞他的歌唱，我連忙作揖說：「人世間的萬花筒，我是看不盡的，待有生之年來馬尼拉再聽他演唱吧。」

註：呂宋島多山，華僑稱「山頂」乃指鄉間的意思，這是當地的習慣語。

訪黎剎的故居

汽車沿著寧靜的公路向南緩行，沿途看到的盡是熱帶樹木，和那波浪似的綠色原野。越過清澈而美麗的內湖，我發覺迎面那座山在朝陽照射下，更顯得嬌艷青翠，像一位剛從湖中游泳出來的青年婦女一樣。

「這座山叫什麼名字？」

「瑪吉琳。」

「充滿詩意的名字，像一個女人一樣。」

坐在我身旁的作家蘇陵笑道：「是啊，這是一位女神的名字。她原名是Maria Makiling。相傳黎剎年輕的時候，他還曾經上山去找過這位女神呢。」

我沉浸在這濃郁的詩情畫境中。仰望翠綠欲滴的瑪吉琳山嶺上，幾朵白雲，彷彿正舞著誘人的美姿。是啊，瑪吉琳就是一位能歌善舞的女神，有關她的充滿詩意的神話，在這恬靜的內湖附近的農莊傳播著……

相傳這個棕色皮膚、大而深邃的眼睛的瑪吉琳，是一位熱愛大自然的女神，她長年深躲在山林之間，凝聽山風、椰雨，或林間鳥雀的鳴叫聲音：遇到月光皎潔的夜晚，瑪吉琳也會帶著豎琴，走到幽靜的內湖旁邊的草地上，一面彈琴，一面欣賞湖光山色的景緻。據詩人黎利當年描寫，瑪吉琳的輕盈的脚步，即使飛奔而過，也不會踩著一株青草。

甚至到了今天，這個詩意的瑪吉琳女神，依舊受到內湖省人民的膜拜；關於她的傳說與神話，猶如山風一般吹散到每一個角落。

陽光灑進了車廂，原來汽車轉了彎，我們朝著詩人黎利的故居加侖巴鎮前進。這時，作家蘇陵用那充滿詩意的聲音，談起黎利在年輕時代寫的一篇有關瑪吉琳的短篇小說。那時，這個棕色皮膚、大眼睛的女神突然失蹤了！山林、湖畔，再也尋不到她的蹤影。她到底上哪兒去了？難道她忍心離開內湖一帶這些淳樸善良的農民？……詩人黎利爲了尋找瑪吉琳，時常在月明星稀的晚上，跑到內湖畔去散步，但却始終看不見她的芳蹤。於是，黎利下定決心，帶著行囊與乾糧走進了深山密林，一連數日，依然找不到女神的下落。這天夜間，黎利投宿在一個老樵夫的家裡，當黎利說出他上山的原因，那樵夫苦笑著說：「年輕人，回去吧。即使你老掉了牙，白了頭髮，到了我這般年紀，你也找不到瑪吉琳女神。」

「爲什麼呢？」黎利茫漠不解地問。

老樵夫淒然地搖了搖頭。

次日，當詩人黎利準備下山時，樵夫才告訴他，過去瑪吉琳愛上了一個勤勞的青年，他們時常在山林、湖畔約會，後來被青年的母親發現，母親爲了傳宗接代，逼迫兒子結婚。於是，這個質樸可愛的青年，便把這件事告訴了瑪吉琳。瑪吉琳聽了非常悲傷，忍著眼淚問他：「你打算怎麼辦？」

「我當然聽母親的話啦。」青年農民誠懇地說。

瑪吉琳女神熱淚盈眶，帶著絕望的泣聲說：「你去吧！既然你想跟塵世間的女人結婚，你就離開我，離開這美麗的大自然吧！」

從此，瑪吉琳女神宛如一股青烟，消失在雲蒸霞蔚的叢山之間。內湖省一帶的農民爲了感念她濟世活人的恩情，便給這座山命名瑪吉琳山Mt. Makiling。

這時汽車駛進了加侖巴鎮，但是我的心依舊沉浸在這充滿羅曼蒂克氣息的神話裡。我轉頭向蘇陵瞅了一眼，想問他那老樵夫怎麼知道女神的秘密？也許那樵夫就是當年跟瑪吉琳相戀的人吧？……加侖巴鎮，充滿濃重的文化氣息。下了車，眼前一座臨街的一樓一底的建築物，牆壁上塗著銀灰色的油漆。我們走進黎利紀念館，但見樓下陳列的都是黎利生前的手稿、書札、生活照片。扶梯上了樓，首先參觀了黎利的降生地，那是一張菲律賓人慣用的木床，一八六一年六月十九日將近子夜時刻，在這兒誕生了一個男嬰，他就是傑出的詩人、醫生和革命英雄荷西·黎利 Jose Rizal。在黎利降生的臥房旁，我參觀了他的姐妹住的房間，黎利的臥房，以及浴室、厠所、餐廳。每個房間僅有四坪大，佈置得整齊而樸素。

黎利從小便表現出驚人的才華。剛滿三歲，便在母親教導下學習認字。他八歲時，撰寫了一首題爲「給我的同時代孩子」的詩，傳爲千古佳話。

走出樓房，我和蘇陵去參觀黎利的後園，園內花木扶疏，綠蔭夾道，別有一番熱帶情調。園內有一座馬來式的茅草涼亭，相傳黎利幼年時期，時常和他的姐妹在這兒嬉戲。黎利只有一個哥哥叫巴鮮諾，其他九位姐妹是沙杜尼娜、那絲沙、奧林匹亞、俞細亞、馬利亞、康習尙、扶西巴、丁尼勤、索里勤。黎利在十一名兄妹中，排行第七。

我沿著後園的甬道漫步，園內鳥聲啾啁，芒果樹果實纍纍。擡頭望去，幾隻白鴿正在萬里無雲的藍空飛翔。這充滿和平自由的天地裡，孕育了詩人黎利的愛和平、爭自由的思想。他爲了反抗西班牙的專橫統治，正像我們敬愛的孫中山先生，一直奔走於歐美之間，宣傳革命。儘管黎利走遍海外各地，但是他的心却永遠繫念著這座寧靜的小鎭加侖巴，因爲這兒住著他的父母、兄妹、鄰居、朋友；即使黎利受盡了西班牙統治者的迫害、阻撓，他還是不灰心，而且計劃引導一群失去土地的同胞，移居婆羅州，在那兒建立「新的加侖巴」，想一想，這是多麼堅定不移的偉大理想啊！

我坐在後園的木椅上，凝望著不少前來瞻仰黎利故居的遊客，腦海裡兀自湧泛起黎利的思想與感情。黎利雖然沒有兒子，但是却有千千萬萬的後輩子民，對他膜拜祝福，如果他在九泉之下看到這種情景，他一定喜極而泣吧。

驀然間，我聯想起剛才在旅途上談起的事，詩人黎利當初爲什麼滿懷著「上窮碧落下黃泉」的探索心情，去尋找那位失蹤的女神瑪吉琳呢？

「你說，那樵夫是女神的戀人嗎？」

「是嗎？」蘇陵含蓄地笑了笑：「這倒是很羅曼蒂克的想法。」

「剛才我是這麼想過，如今我推翻了這種看法。黎利是一個偉大的詩人，他愛鄉土、愛鄰居、愛加侖巴小鎭，更愛內湖省的山林和湖水；黎利寫這篇小說是以追念女神瑪吉琳的感情，喚醒住在此地的人民，要熱愛祖國的山山水水，一草一木，你說對不對呢？」

蘇陵激動地點了點頭，眼睛裡迸射出晶瑩的淚花，這也許是詩人的獨特感情吧。我們併肩走出黎利的故居，上了車，汽車不久便駛出恬靜的加侖巴鎭，沐著夏日的陽光，駛向馬尼拉。這時，蘇陵凝望車窗外的內湖，正泛著粼粼的波影。他談起詩人黎利的作品、生活，以及他戀愛的故事。黎利生前曾跟不少漂亮的女孩談過戀愛，他確是一個愛情的夢想者。他的女友有菲律賓人、西班牙人，還有日本人，他的女友包括賈地默、描仁瑞拉、莉未拉、康瑞洛、格爾杜、約瑟芬，還有些不見記載的名字。

望著車窗外的瑪吉琳山，白雲靄靄，眼前的內湖烟波萬頃，我禁不住低吟起黎利的「最後的訣別」詩句：

別矣，美麗的祖國，

陽光垂愛的土地……

是啊，當詩人黎利臨死的前夕，他眷戀的不是自己的親屬或情人，而是陽光普照下的菲律賓。想一想，這是何等高尚的品質、偉大的胸懷！

一八九八年十月二十九日，那是一個值得記念的日子。從中午到下午三時三十分，這位身上流著中國血液的詩人、民族英雄，噙著悲痛的淚花，在獄中寫下「最後的訣別」一詩。下午四時，黎利的母親來獄中探望，接著，他的胞妹丁尼勤進了獄室，黎利把一個酒精燈交給她，那裡面藏的就是這首流傳千古的絕命詩。

詩人黎利是在次日被西班牙統治者處決的。他的樂觀主義人生觀，以及他的詩稿作品，永遠活在菲律賓人民的心坎裡。

回首煙樹各天涯

炎熱的夏季夜晚，我在華人區街頭散步，聽到從餐廳傳出演唱國語歌曲的聲音。正凝望時，發現餐廳門前旋轉的霓虹燈，映出「卡拉ＯＫ」四個字。原來這發源於日本的大衆化娛樂活動，如今已風靡了菲律賓每一個城市。有一個晚上，「耕園文藝社」的朋友餐敍，邀約我去參加。吃飯之前，詩人夏默、散文作家葉來城，他們興奮地在「卡拉ＯＫ」伴奏中，引吭高歌。看了他們那種渾然忘我的沉醉神情，我才恍然悟出這種伴唱機確有迷人的力量。

「伴唱機」是十年前日本唱片公司創造的。當初發明這種玩意兒，爲的是使歌唱大衆化，深入家庭或野外每一個角落。「卡拉」是日本語的「空」，「ＯＫ」則是英文「管弦樂隊」orchestra 的簡寫。「卡拉ＯＫ」的意思，就是「只有樂隊伴奏」。如果你想選唱一首歌曲，只要按出號碼，不久你就可以隨著音樂的旋律，唱起歌來。由於演唱方式簡單易學，所以深受大衆的喜愛。目前菲律賓的不少餐廳裡，每到夜晚「吃宵夜」時間，幾乎到處都能聽到「卡拉ＯＫ」的歌聲。

從「卡拉ＯＫ」傳播之快、傳播之廣，我們可以證明菲律賓是最懂得模倣的民族、最能吸收外國文化藝術的民族，因此他們的性情開朗、活潑，而富於感情。無可諱言的，咱們的華僑同胞生於斯、長於斯，當然也受到了一定的影響。

因爲性格開朗、熱情，所以菲律賓也是愛喝酒的民族。菲國小說家亞力漢洛．羅西斯 Alejandro R. Roces 的著名短篇小說「我們菲人都是淺量的飲者」中，有這樣幽默的話：「我們菲律賓人都是淺量的飲者，我們只在三種特殊情況下才飲酒：當我們極爲愉快時，我們喝酒；當我們極度悲傷時，我們喝酒；而當有其他任何藉口時，我們也喝酒。」

走到任何地方，我都會看見菲律賓人手持啤酒罐，喝得臉上紅咚咚的，咧著嘴傻笑。華人喝酒風尚也很普遍，有錢人喝XO、威士忌，一般人愛喝啤酒，即使再窮的人，也會喝到椰子釀成的酒。

菲華傑出的詩人王國棟先生，生前嗜酒，成爲文藝界的佳話。莊垂明寫的一首「話別」悼念詩，最能表現王國棟的詩人風采：

大家都在說
你提前溜了
定是跑到那邊
喝酒去了
那邊有好酒

就喝它十碗八碗
酒罐空了
回來再喝
小華（註一）夢裡的淚水

在無數燈影朦朧的夜晚，我倚窗眺望，但見街頭巷尾有不少的鄉親同胞漫步。這其中有不少成了富翁。我聯想起七八百年前，那些從福建、廣東來此創業的先輩們，曾經噙著眼淚，棄別了青山環抱、綠水長流的家鄉，坐上風船，來到這炎熱的、陌生的菲律賓謀生。是啊，他們是爲了改變生活環境，才忍受那螞蟻搬家般地艱辛痛苦，在這兒赤手空拳，點點滴滴創建了基業。你想，這不是血汗換來的嗎？

「莫回頭，
莫回頭；
老家只有窮和愁……」

這是我少年時學過的一首歌曲，我哼唱起來，眼淚不禁奪眶而出。過去，一個兩袖清風的番客（註二），如今他的後代已成了腰纏萬貫的富翁；這種滄海桑田的變化決不是僥倖得來的，而是胼手胝足奮鬥出來的成果。這些有錢的企業家，大多年逾六旬，他們是怎樣排遣精神生活呢？有的喝酒、有的去賭場賭錢，有的在假日到郊外海濱去享受大自然風光。

我接觸了幾位企業家，他們內心深處都感到空虛、苦悶，似乎是一株無根的萍草，隨波逐流。一個相識二十年的老友，吸著香煙淡淡地說：「人生多麼沒意思啊。年輕時候，夢想著將來創出一番事業，賺一大筆錢，如今我什麼都有了，甚至連墓地都修建好了，只等我百年以後，眼睛一閉，他們就把我擡進去睡覺。可是，我還是悠悠忽忽的，像一股煙似的，這是怎麼一回事呢？……」

我望著朋友的滿鬢白髮，凝聽著他那充滿哀樂中年的話，我不禁聯想起「紅樓夢」裡的話：「千里搭涼棚，天下沒有不散的宴席。」說穿了，人活在世間，還不是像過客一樣嗎！

在繁華的馬尼拉，也有孤獨無依的華僑老人，他們宛如一株衰老的枯草，躲在荒僻的「華僑義山」的一角，默默地在那兒凝視夕陽、凝視那黑夜中的星星……我穿過香火繚繞的佛堂，登上樓梯，嗅到一股陰暗潮濕的氣息。住在這所養老院的一百零二位老人，大多是無依無靠，生活艱難。我走近一個床前，看見一位年逾八旬的老人，他的頭髮霜白，用濃重的閩南語向我們講起他的故事。

「我是一九一八年從福建來的。你知道麼，我是一個獨子，我出來的時候，我母親哭得很傷心。可是有什麼辦法，我是爲了闖事業才來菲律賓的，母親慢慢想開了，她也就不難過了。」這位名叫李照致的老人，眼睛裡閃著淚花，繼續嘮叨地說：「你知道麼？我在菲律賓待了六十七年，不錯，六十七個年頭，我如今落到這個地步，這是做夢我也沒想到的呀……」

老人家嗚咽成聲，我撫著他的肩膀，輕聲勸他：「您身體還很硬朗呢！」

「我想早一點走。」他擡起了頭，誠懇地說：「十一年前，我七十歲的時候，就想到這件大事。你說是嗎？人早晚得走的，人生七十古來稀嘛，我怎麼多活了十年呢！……」

老人坐在木床上，跟我們談話。床頭擺著一個木櫃，櫃上掛著日曆、手杖。我低下頭去，發現床下放一個臉盆，旁邊有一隻醬色的尿壺。

「您每天做什麼呢？」

「上午，唸唸佛經。下午，在墳地附近走走（因爲這座養老院四周盡是墓地）。星期三、六的下午可以出門，其他時間不准外出。咳，恐怕我這一輩子也不出這個門啦。」

我懷著凄然的心情離開了他，默聲地走下樓梯，耳邊依然迴盪著他那蒼涼的笑聲。但見佛堂內坐滿了養老院的老人，他們正閉著雙眼，隨著木魚聲默默吟誦佛經。正面牆上懸掛一方黑漆匾額，上書「慧賢堂」三字。香火繚繞中，好一片安祥寧靜的氣氛。願他們有生之年，盡情地享受這恬適的生活罷。

走出「養老院」，我的心逐漸開曠而舒暢起來。回首向那煙樹掩映下的建築物凝望，嘴裡不由地默唸著：「人生就是旅途，請你們珍重吧！」

註一：小華，原名陳瓊華，作家，現任光年印刷公司總經理、菲華耕園文藝社理事。她是詩人王國棟的夫人。

註二：番客，菲律賓對自我大陸沿海僑民的稱呼。

碧瑤印象

每年四、五月間，菲律賓終日烈日當空，炎熱之極。這兩個月是暑假，馬尼拉平均氣溫在攝氏三十二度以上。如果你在這時去碧瑤避暑，那眞是最大的人生享受。住在菲律賓的人們，只要聽到Baguio這個地名，頓時渾身覺得涼爽，好似走進冰窟裏一樣。

這座被稱作「夏都」的碧瑤，是在馬尼拉以北一百八十公里，屬於「高山省」。從馬尼拉去碧瑤除了汽車、飛機之外，還有火車直通碧瑤。如從馬尼拉向南，火車可駛到八打雁Batangas，折向東南行，最後到達黎牙實備Legaspi。由於火車設備簡陋，又無冷氣，像老牛破車一般。因此一般人都是坐汽車前往碧瑤的。

從馬尼拉沿著寬敞的公路向北駛行，兩旁的風景甚美，越向北走，四周盡是芭蕉、鳳凰木，那景色如同臺灣的屏東相似。汽車開了將近三個小時，眼前是一片叢綠的群山，原來那就是岷固特山。碧瑤就在那海拔五千呎的群山之間。

汽車開始攀山，我頓時感到涼爽起來。臨離開馬尼拉，朋友曾叮囑我多帶衣服，以免受涼。我心想在炎熱的夏天，帶西裝外套豈不麻煩？我猜想著這碧瑤的氣候，大約像從臺北市到了陽明山一樣，最多也不過相差五、六度。汽車駛到山嶺，但見雲霧瀰漫，沿著山坡盡是別墅、旅社，比我想像中的景像繁華得多，但也寒冷得很！駛到市區，看見不少遊客穿著毛衣，我暗自竊笑：「幸虧我帶來了外套，不然我可凍成冰棒了！」

住慣碧瑤的人說，這兒的氣溫終年在攝氏十五、六度，好似臺灣北部的初冬氣候。我投宿的那家旅社，建立在半山麓間，四周盡是濃鬱的松樹，非常幽靜。由於碧瑤的氣溫較低，最適宜栽種冬季蔬菜，因此到處都是菜園，而且多半是華僑經營的。

也許你認爲蔬菜是一件小事，其實它是一件重要的生活資料。碧瑤附近出產的蔬菜，不僅供給高山省人民食用，而且是馬尼拉地區蔬菜的重要來源。一九五六年，有幾個政客，大概看到華僑經營菜園賺錢，感到眼紅，便用組織「園藝合作社」的方式，想瓜分菜農用血汗換來的成果。但是，政客想欺侮菜農容易，但若要繼續騙取菜農的積極性，讓他們中飽私囊却很難。在短暫的幾個月時間，菜園生產減少，市場供應脫節，於是呂宋島上鬧蔬菜荒，馬尼拉的婦女叫苦連天。這時，高山省省長站起來仗義執言，抨擊少數政客，爲廣大的華僑菜農辯護，從此才解決了這場紛爭。

我在碧瑤華僑開的小飯館裏，吃著包心菜炒肉片，蘸著辣椒醬吃，越吃越香。氣候涼快，每頓飯要吃兩碗。比在馬尼拉吃得多。碧瑤附近種了不少草莓園，也製作了草莓醬。不過，我覺得草莓顆粒比不上臺灣肥大、鮮美。

碧瑤的天氣，眞是變幻無常。早晨，晴空萬里，連一小片雲彩也尋不見，只有一層乳白色的山嵐，宛如澗水般地在山谷之間流淌著。

但是早飯過後，驟然陰雲四合，傾盆大雨，頓時把碧瑤的市區滙成了河流。雨水捲帶著泥沙、雜草、垃圾；雨水也沖來了一股難聞的腥臭氣味。我低聲發愁：「好容易來一趟碧瑤，沒碰到地震，却碰上這場暴雨！」

我在「日記」上這樣記載：「四月二十四日凌晨睡夢中，突被搖醒，睜開眼睛，但見電燈直搖晃，桌上原子筆也滾動作響。翌晨看聯合日報，才知馬尼拉地震四級。當日上午九時零九分，碧瑤發生七級地震，不少門窗破裂，却無傷亡……」從這次碧瑤發生地震，一連七八天，時常有微弱地震，因此碧瑤居民、旅客大有「談震色變」的情景。我是五月六日來碧瑤的，預計八日下午搭汽車返回馬尼拉，雖然這三天沒有地震，但碰上這場暴風雨却也大殺風景。

午飯還沒吃完，碧瑤却已陽光普照，雨後的群山萬嶺，顯得愈加青翠可愛。碧瑤的變幻莫測的氣候，眞是讓人沉醉啊。趁著天氣晴朗，何不去逛公園？碧瑤的公園很多，著名的「萬松宮」，那是菲律賓總統辦公的別墅。辦公大樓前，是一片整潔寬闊的草坪。出了大門，迎面是一座長方形的水池，遠方矗立著林肯紀念堂，這一幅畫面是多麼熟悉啊。恍忽間，我才想起美國首都華盛頓，也是同樣的建築物啊。

我們又去參觀博物館，那兒陳列的古代碧瑤附近伊峨羅 Igarats 族的生活。相傳在公元前二百年至公元後一百年間，這個民族便來到呂宋島北部山區，他們有古銅色的皮膚，高高的顴骨，黑而粗的頭髮。這些民族最會農耕，更長於工藝，他們編織的竹籃、雕刻的人物、器具或動物，都富於藝術價值。我在碧瑤街頭，看見上衣整齊，下部却只緊紮一根帶子的男人，就是伊峨羅族人。

從博物館出來，我們坐車去另一座公園，那兒有一座人工湖，湖的四周修建了環湖石路，路旁垂柳成蔭，設有木橋供遊客休息。湖內不少青年男女划船，不時傳出一陣歡樂的歌聲。我沿著環湖石路漫步，時常有兜售獎劵或芒果片的小孩向我搭訕。

嚼著清脆微酸的芒果片，眺望那垂柳掩映下的湖景，我聯想起了高雄的澄清湖、臺中市公園，那兒的景緻也和這兒差不多；但却比不上碧瑤的空氣清爽淨潔，你儘量地吸一口氣，宛如喝進一口清冽的泉水一樣舒服、爽快。

我在朦朧中，想起一五七四年的冬天，海上英雄林阿鳳率領船隊攻打馬尼拉，因為抵擋不了西班牙的洋槍火砲，最後退守在這群山峻嶺之間。林阿鳳最後噙著失望的淚珠，帶著少數幹部，揚帆回了臺灣，但是他的一千多名水手、眷屬，却在北呂宋島的山野間，留存下來。是啊，你看碧瑤附近的人民，那麼耐勞，那麼儉樸，這不就是黃帝子孫的象徵嗎？

走著，我禁不住挺起胸脯，笑了起來。

宿務詩情

在宿務街頭散步，但見路旁寬敞的庭院內花木扶疏，綠蔭夾道，一片幽靜的氣氛。那濃鬱的盛開的鳳凰樹上，閃耀着千萬隻彩色的花傘。一陣陣的幽香，隨風飄來，是山茶花、還是茉莉花？我在沉醉中，恍若置身在我國華南的一個小城一樣。

是啊，住在這座古老而幽靜的城市的人是幸福的。這兒交通便利、教育發達，他們可以盡情地享受清涼的海水，新鮮的空氣。每年十月到翌年一月。遠從歐洲來的男女觀光客，蜂擁般地趕到宿務對海的麥克丹島避寒，那些碧眼黃髮的德國人、義大利人，在碧波翻滾的浪花中划船、游泳，一直玩到囊空如洗，才懷着依戀的情緒離去。

麥克丹島長十二公里，寬八公里，島上盡是椰樹。從馬尼拉搭國內班機來宿務，只需五十分鐘便抵達麥克丹機場。出了機場便是拉勃拉勃市 Lapu-Lapu City，這是紀念四百多年前戰死麥哲倫的一位民族英雄。穿過寧靜的市郊，迎面是一座鋼骨水泥的跨海大橋——麥克丹大橋，這座橋連接了麥克丹島與宿務島。過橋以後，便是曼代奧市，再向西則是菲律賓的第二大都市宿務市了。四百多年前，麥哲倫就是沿着這條路線抵達宿務的。

我在宿務參觀了西班牙時代的聖保羅城堡Fort San Pedro。買了門票，走進陰森的城門，但見裏面是一片淨潔的草坪，沿着石梯步上城垛，四周都有鐵砲，那是保衛海港的武器。這座城堡並不寬闊，呈四方形。城垛上非常幽靜，偶見菲律賓青年情侶，在城角陰涼處談情說愛。正面城堡上有幾個古老的房間，想當年可能是將軍駐守，如今却見青年管理員，吸菸聊天，一面凝聽爵士樂。我看了這幅情景，怎不興起滄海桑田的感觸呢？

宿務製造的吉他非常有名，物美價廉，每隻大約菲幣四百元（折合新臺幣八百元）左右。王文蔭兄勸我買一隻帶回臺灣，我不懂樂器，旅途迢遙，我何苦自尋煩惱？在菲律賓，幾乎每一個人都會彈奏吉他，他們倚在椰樹下自彈自唱的歡樂情景，實在讓人羨慕。

宿務的華僑大約兩萬多人，雖然家境富裕，但依然保持着勤儉的風氣。這兒物價比馬尼拉低，工資也稍低。一般中等華僑之家，最少雇用三個菲籍傭人，目前每名傭人管食宿，月薪一百五十元（折合新臺幣三百元）、司機七百元（折合新臺幣一千四百元）。因此，宿務有這樣的趣事：一家四口人，却雇用了七個傭人，這讓外界人聽了也許會起反感呢。

那一座矗立半山腰的豪華的普拉撒酒店，傍依着「宿務賭場」，夜闌人靜，賭場却是燈火通明，熱鬧之極。不少穿着時髦的婦女，伴着腰纏萬貫的富商到此賭博。每一張蒼白的臉孔，閃動着兩隻疲乏而失神的眼睛，他們把一切希望寄託在變幻無常的紙牌上……我在「宿務賭場」逗留了半小時，那刺眼的燈光與繚繞的烟氣，使我難以呼吸、睜眼。我想起愛命堡說過：「一方面是莊嚴的工作，另一方面却是荒淫與無恥。」是啊，這些沉溺在賭桌上的人們，豈不正像門外路燈四周飛舞的蜉蝣嗎？它們等不到天明就會僵死在露珠浸濕的草地上。

凡是有中國人住的地方，都有廟宇。在宿務市的半山腰上，矗立着一座雄偉輝煌的定光寶殿，這是菲律賓最大的一座道教的廟。汽車沿山路而行，在廟門下車，首先走過清風亭，沿石梯上去，便是殿堂。旁有土地廟，最高的建築是凌霄殿。站在殿前，可以俯瞰茫茫的宿務海峽。這座定光寶殿是三十年前修建的，由於華僑信徒衆多，香火終日繚繞，所以它修葺一新。不過人工氣味很濃，色彩也過分耀目，反而尋不出古樸的廟宇風味了。

離開定光寶殿不遠，有一座「九重天闕慈善堂」，供奉着花花仙姑。這是五年前由華僑捐獻建成。這座廟的對面，還有一座佛寺，隱沒在葱蘢的樹林中，甚爲清幽寧靜，因爲時間倉促，我無法前往參觀，但願有生之年再去瞻仰吧。

我在宿務停留期間，當地僑領黃守成兄邀我去濱海旅店吃晚餐。沿着麥克丹島的海灘，蓋了不少別墅旅店，那兒有茅屋、涼亭、椰樹，和現代設備的餐廳和遊樂場。我們坐在涼亭進餐，眼前就是一望無垠的海洋，海水清澈見底，我看見有外國人在游泳、駕駛帆船，其樂無窮。守成兄指着遠方的一片海域，談起往事：前年，有兩個從歐洲來的觀光客，駕駛帆船，不幸掉在那片海水之間，因爲那兒最深，而且有激流漩渦，結果他倆溺死，直到現在還沒撈到屍體。

我向那濛茫的遠海眺望，隱約地似乎出現一座彈丸似的小島。我問守成兄：「那是小島，還是一艘船？」

「私人的島。」

「你是說，那個島是別人買的？」

「對呀。如果你有興趣的話，也可以買一座小島，蓋上兩間房子生活、寫作，多清靜呀！」

其實這祇是一種幻想而已。即使我們有那麼多錢買下那座小島，又怎能獲得清靜的生活？僅是那座狹長的宿務島上，就有不少私造槍火的工廠，而且還有叛徒、搶匪隱沒在叢山椰林之間。那古老的詩人陶淵明的田園思想，宛如流水般地一去不復返了。走遍世界五大洲，你上哪兒能尋到一個寧靜的世外桃源？

轉過頭去，朝那碧波萬頃的遠海瞥了一眼，我不由地湧泛出一股淡淡的鄉愁……

描戈律一夕話

清晨七時，我從麥克丹機場搭機西飛，越過宿務島和一片海峽，眼前便是叢山連綿、蔗園千里的黑人島。這個島是米賽亞群島最肥沃的島。早在麥哲倫發現菲律賓的時代，黑人島上已種植蔗園，而且還建立了製糖廠，將近半世紀的發展，如今這兒已擁有「糖業王國」Sugar Empire 的雅號了。

經過三十五分鐘，飛機降落在黑人島西北方的描戈律市 Bacolod City。這座濱海的小城是「西黑人省」的省城，它是全島蔗糖的轉運站。濱海的港口寬闊，可以容納大貨輪停泊。有兩艘客輪每日往返描戈律市與怡朗市之間，航程二小時，票價菲幣四十元，後來我就是搭這種客輪前往怡朗市的。

描戈律是一座潔淨而寬闊的小城，城內的公司商店，幾乎都是華僑經營的。我曾訪問了兩家鞋店，主持經營的是二十六、七歲的姑娘，她們一年到頭忙於生意，因此找不出一點時間去娛樂或談戀愛。

「目前像這樣的女孩子很多，她們很難找到對象。」文蔭兄悄悄對我說。

「有這麼嚴重嗎？」我不相信這個事實。

過去，這兒華僑女孩在二十歲左右便會結婚，由於時代進步，普遍趨向晚婚。可是目前華僑社會尚存着「門當戶對」的舊觀念，因此家境愈富裕的人家，愈是找不着合適的配偶，這樣一天天拖延下去，便難以結婚了。

「她們爲什麼不跟菲律賓青年結婚？」我不解地問。

「哈哈！」文蔭忍不住笑起來：「他們太熱情了，從青年到老年，一直追求愛情生活，誰受得了呢！再說，菲律賓是信奉天主教的國家，不准離婚。哈哈，結婚不是兒戲，這是一輩子的大事啊！」

我懷着困惑不安的心情，去參觀此間的華僑學校。描戈律市的大同中學，創辦於一九三四年，到現在已有五十年的歷史。校門口有中山先生和黎剎的塑像。一進走廊，迎面掛著一幅匾額，那是 蔣公手書「禮義廉恥」四字，下面用英文對此四字作了解說。不久之前，從國內來的「金門青年文化訪問團」，曾經在這所學校的「國興體育館」表演，轟動了整個的城市。

描戈律還有一座華明中學，是天主教辦的。校舍非常寬敞，而且附設小學、幼稚園。這座中學的天主教堂，金碧輝煌，享譽全市，每到週日，不少師生家長前來作彌撒。據校方告訴我：華明中學的神父，都是從中國大陸出來的，而修女却都是從臺灣來的。

這座描戈律市的人口大約三萬人，因此驅車通過街頭，毫無壅塞現象。城市的郊區，放眼望去，盡是一片莽蒼的蔗園，偶見一二個巨大的煙囱伸向晴朗的天空，那就是停工已久的糖廠。

我們坐汽車向東駛出十公里，但見遠山如黛，風光明媚，我建議何不趁此天氣去鄉村旅行？駕車的K君說：「不行，還是回去吧。再往前走，說不定會碰上人民軍！」

近幾年來，由於國際糖價暴跌的影響，使黑人島上的廣大蔗農遭遇空前的災難。佔菲律賓全國總人口中十分之一，大約有三百五十萬人是依賴糖業為生的。換言之，如今糖業一落千丈，這三百五十萬人無法生活。

黑人島是菲律賓最重要的產糖區，外來影響加上菲政府的管理不善，造成工廠倒閉、工人失業，以及蔗農破產的景況。同時這座島上的礦場、鋸木廠也受了戰亂、經濟的雙重影響，陷入停工現象，因此不少失業的工人，投入「人民軍」，過起「大塊吃肉、大碗喝酒」的流寇生活。

那天傍晚，我訪問了著名的僑領郭光嶺先生。他是一位當地製糖起家的企業家。走進郭老寬敞的庭園，宛如進了大觀園，使人摸不清方向，眼前看到的是假山、丘陵、人工湖、涼亭和西式房屋，確有莊園地主的氣勢。這位年逾八旬的愛國僑領，穿着樸素，講著一口濃重的閩南話。他原來是福建晉江縣人，十三歲時，離開故鄉，來到這熱帶的描戈律市謀生。郭老對僑胞服務熱心，戰前曾任抗日後援會主席，戰後一直被推選為此間「菲華商會理事長」，大同中學董事長。他的夫人那描拉，戴着一副眼鏡，是帛里省人，過去曾主持描戈律天主教婦女會孤兒院數十年。

郭老的這座佔地一萬英畝的住宅，過去每天有四十位男女傭工，輪流修剪花木、餵魚養馬、打掃庭園，如今却荒草遍地，呈現一片沒落的景象。

「這幾年來，糖價一直下跌，我實在沒心情整理這座庭園了。工人不容易找。再說，我的兒女都不在身邊，有的在香港，有的在紐約，有的在馬尼拉，目前家裏只剩下我們夫婦倆，我還有什麼心情整理庭園？」郭老剝了一粒炒花生，含在嘴裏。接着苦笑着說：「過去我還計劃爲兒孫修建房舍，住在一起，這種三代同堂的觀念，已經落伍了。你說不是嗎？」

我轉頭向那灑滿夕陽的芒果樹望去，但見碧綠的葉子間，結着纍纍的果實。兩隻不知名的鳥，唧唧喳喳跳躍，霎眼間飛向落日餘暉的晚空。

郭老談起當前菲律賓的華文教育問題，不禁皺起眉頭。他認爲教師的待遇太低，每月僅有兩千菲幣的薪水，怎能請到國內的教師？我這才聯想起此間許多華文學校都是女老師，却看不到一位男老師，原來她們依靠丈夫經商生活，教書只是副業而已；如果只靠月薪二千元（折合新臺幣四千元）生活，那豈不得喝西北風？

目前菲律賓大學沒有華文課程，如果僑胞子弟在華文中學畢業，投考大學，過去所學的華文毫無用處。因此有的僑胞站在現實立場，索性不肯讓子女進華文學校。郭老沉重地說：「中華文化才是咱們的根呀。如果這樣發展下去，再過幾十年，恐怕華僑後代連中國文字都不認識了，這是多麼令人擔憂的問題啊。」

正在凝思中，郭老從書櫥中取出一張中英文對照的卡片，那是民國五十四年五月一日，郭老這座定名「黑犬居」新居落成時印的。這篇「黑犬居記」全文如下：

「居稱黑犬，原係乳名，乃先慈之所賜。光嶺原籍福建晉江，年十三拜別雙親，隻身南來，未有啜菽飲水之奉，又乏昏定晨省之禮。哀哀父母，生我劬勞，爲人子者，其何以堪。黑犬名居，非僅以追思己身之所自出，並藉而昭示後人之所自來。爰掇數語，冀我子孫善體斯旨。」

走出郭光嶺的家，汽車向着燈光閃爍的街道前進。那兩旁的公司、行號或倉庫內，不少黃帝的子孫在燈前談笑風生；我聯想起八百多年前，甚至更早一些歲月，咱們的先輩從福建泉州、廣東台山飄洋過海來到這陌生的海島，爲了茫漠而幸福的明天而奮鬥；今天，他們已經在這一片珍珠般的海島上創建了基業，這怎麼不讓我感到自豪呢？我繼而想起那位億萬富豪的郭光嶺，他在年逾八旬的今天，依然思念當初母親喚他「黑狗」的情景，這種飲水思源的眞摯感情，就是咱們中華文化吧。

春風吹到怡朗

天剛破曉，描戈律碼頭鬧哄哄的。那艘將要駛往怡朗的客輪，正在升火待發。我坐計程車通過碼頭，守柵門的還要收費，原來這座碼頭是私人修建的，他要收費十年，才交還當地政府。這在我聽來感到既驚奇而又有趣。

這艘客輪共有三層，艙內擺滿了座椅，供給旅客休息。最上層搭起帳蓬，以防陽光的曝曬。由於船艙四面通風，所以在航行途中並不覺熱，海風不時撲面，精神頓感清爽振奮。文蔭兄對我說：從馬尼拉駛往南部港口的客輪，裝有冷氣，而且還有小型客艙，若是新婚夫婦或情侶出海渡假，欣賞那藍天碧海風景，那才是人生最大的享受哩。

搭乘這種往來海島之間的客輪，有不少的推銷員，他們是商場上的重要角色。我和文蔭兄在艙內喝咖啡時，旁座有一位華僑，他每個月從馬尼拉出來，在中南部各城市旅行一圈，推銷一些皮帶、皮鞋、皮包之類的皮革品。由於他們的利潤很厚，因此工作起來非常愉快。

「咱們華僑在中南部當推銷員的有多少人？」我問他。

「大約有五百人左右。因為大家跑熟了，時常見面，所以面孔都熟。有時住在旅社，還在一起打麻將哩。」

談起麻將，我們逐漸拉近了感情。這位曾經到過臺灣旅行的中年推銷員說：作推銷商品工作，旅途辛苦，生活也呆板，如果不打麻將，那怎麼排遣寂寞？目前菲律賓中南部的城市，都有華人開的旅社，設備簡陋，只是裝有冷氣，最重要的是有打麻將的房間。只要客人進去，湊夠一桌，便開始了雀戰。麻將以十六張最普遍，賭資當場議定，一般而言，打上八圈麻將，大抵輸贏在菲幣五百元（折合新臺幣一千元）左右。只要客人上了牌桌，店家供應汽水、茶水、炒米粉、香菸、花生、薄荷糖，把你伺候得像女婿一樣；反正「羊毛出在羊身上」，打上一宵麻將，贏的只是店家，其他的都是輸家。

「有不賭錢的推銷員麼？」我竟然提出這麼幼稚的問題。

「當然有啦。」他吸了一口香菸，仰頭笑起來：「人上一百，形形色色。有的愛看脫衣舞，有的愛看電影，有的愛喝啤酒，還有不少蹲在旅社看報紙、數鈔票，哈哈！」

兩個小時的海上航行，不覺寂寞。海輪沿着濱靠班乃島的高瑪拉斯島 Guimaras IS. 駛過，眼前便是著名的怡朗市。這怡朗港非常雄偉，呈Z形，在遠海是難以發現的。據說在第二次大戰期間，怡朗曾成爲美軍的重要海港。海輪沿着彎曲的海港靠岸，但見烈日當空，碼頭上汽車壅塞，搬運工人擠得水洩不通，好容易下了船，覓得一輛計程車，前往當地中山中學副董事長柯于傳先生的家。

冲了涼水澡，喝了一杯冰汽水，于傳先生開車帶我們去遊覽市區。這座班乃島共有四個省，怡朗市是島上最大的都市，目前約三十萬人，它雖然僅次於馬尼拉、宿務居第三大城市，但是怡朗的開發却比宿務要早。遠在我國宋朝時，就有不少商人來怡朗等地，帶了絲綢、布疋、陶瓷和金屬品，換回了珍珠、香料、貝殼和黃蔴。明朝永樂十五年（公元一四一七年），蘇祿王率領隨員三百四十人訪華，受到我朝野的熱烈歡迎；後來蘇祿王不幸病逝途中，如今他的陵墓仍在山東德州。到了明朝，大批的閩粵沿海的移民，來到這一片珍珠般的海島……我在怡朗市博物館，看見了出土的宋明時代的陶器，感觸甚多，這證明中菲兩國的文化實在是源遠流長。

怡朗市的中山中學，創立於一九二五年，也即是中山先生逝世的次年，當時許多愛國華僑以Koumentang Sun Yat Sen School（國民黨孫逸仙學校）向菲律賓政府立案的。創校六十年來，這兒培養出不少傑出的人材，散佈在菲律賓的每一個角落。現任校長郭慶元，年逾八旬，他感慨地說：「我雖然要退休了，但是我還是憂慮華文教育問題。你想一想，菲律賓只有四百年文化，我們中國却有五千年文化，學習中國文化才是『根』啊。」

我在中山中學停留時，看見球場上有幾個菲律賓孩子打籃球。原來這所中學有一千三百位同學，菲人和華僑約佔一半，他們和睦相處，非常融洽。

沿着怡朗市的美麗的海濱，建立了不少別墅式的旅社，那是招徠觀光客的休憩場所。不少人前往游泳、納涼、聚餐或郊遊。中午，于傳先生邀我和文蔭小酌，迎着習習的海風，欣賞那碧波萬頃的大海。菲律賓服務生送來一個精緻的小筐，筐內攞了一片綠色的香蕉葉，我把米飯舀在上面，再挾了一些菜肴，喝着啤酒，一面用右手抓飯吃，別具風味。菲人煮的菜湯比較鹹，大約是氣候炎熱的緣故。我不敢喝湯，鹹得實在咽不進去。飯後洗淨了手，我漫步走到海邊，看見一位漁民在打撈一種極小的魚。原來這是魚苗，專門賣給人家飼養，菲律賓政府嚴禁魚苗出口。當我們驅車返回市區，沿途發現不少池塘，只要把這種魚苗撒進塘內，只需半年光景便會養成鮮美肥大的魚。它的利潤是十分優厚的。

途中，我順便看望了當地僑領柯天扶先生，他的庭園寬敞幽靜，種植了不少熱帶樹木。走進西式的樓房，明窗淨几，非常雅緻。柯天扶目前經營文具業，他過去曾數次回國參加雙十國慶，出錢出力，對團結愛國作出貢獻。天扶先生是中山中學的校友，他提起目前這所學校修建校舍，因爲經費不足，如今正發動僑界支持援助。他這種熱心公益的精神，使我非常感動。

回到怡朗市區，渾身汗水淋漓，沖了冷水浴，換了汗衫，我去拜望老詩人王芳檀。王老年屆八旬，依然健步如飛，身體硬朗。談起國際形勢，他如數家珍，顯然他每日看數種報紙，對自由祖國更具有濃厚的感情。離開王老的商店不遠，便是「華商中學」，它建校已近六十年。原是「華僑乙種商業學校」和「華僑尚實學校」合併而成的，時在一九二七年。

走進校門，但見走廊上貼滿了簡體字的大字報，一幅用紅毛筆字寫的標語，讓人觸目驚心：

「立下愚公移山志，

敢教華商換新裝。」

這句標語遠在十多年前，曾經貼遍了中國大陸，從風雪嚴寒的黑龍江到猿鳴山嘯的海南島，從水鄉如畫的珠江三角洲到波浪千頃的松花江；成千成萬的知識青年，在所謂「四人幫」的指引下，上山下鄉，到處串連，結果浪費了多少的寶貴青春！現在，我又怎能忍心看到海外的純潔青年，再受這種精神汚染呢？

當我從怡朗飛返馬尼拉的航途上，看到王芳檀先生贈給我的一首詩：「海外傳經有至情，春風吹拂到南瀛。要知桃李成陰日，盡是先生散化行。」放下報紙，我感到慚愧而激動。是啊，王老寫錯了一個字，我是懷抱着眞摯的感情，來這兒「取經」的。早在二十多年前，我便踏上了這珍珠般的群島。這兒不僅留下我的脚印，同時也留下我難以忘懷的感情；這種感情是廣闊的、無涯的，像海洋一樣的同胞愛……

濟州島采風

山之子

濟州島的中央，聳立着海拔一千九百五十米的漢拏山。數千年來，漢拏山受到島民的膜拜，有關它的神話，宛如海潮似地一直在人們的心底激盪着。

如今在那濛茫的崇山峻嶺之間，尚有「五百羅漢」的遺跡。傳說遙遠的年代前，島上有位慈祥的母親，住在漢拏山的南麓，她的丈夫早已過世，她養着五百個年輕力壯的兒子。白天，兒子們上山種田，下海捕魚，這位母親便在一只非常大的鐵鍋內，淘米、煮稀飯，準備兒子們黃昏時回家吃飯。誰知有一天，這個母親煮飯時，不愼跌進鐵鍋裡，不知情的兒子們，回家以後，爭先恐後搶着吃稀飯，等到鍋底快光的時候，才發現了母親的屍體。於是，五百個兒子抱頭痛哭，最後都變成了岩石，永遠矗立在這座變幻無常的高山上。

這個神話，包含了東方人的孝的傳統美德。

也許由於濟州島孤懸在朝鮮半島的南端，也許濟州島的人民世世代代在寂寞的歲月中生活，因此有關漢拏山的神話，即使花上三天三夜也講不完。傳說古代有一位叫作善聞臺的女神，她用鏟子鏟了七次土，堆成了漢拏山。這個女神洗衣服時，右脚踩着漢拏山，左脚踩着濟州島南面的巨文島，她洗衣服，濟州海峽的波濤發出澎湃的巨響。有一天，善聞臺女神想穿一件美麗的新衣，於是和島民約定，如果他們能在十天之內，趕出一件合適的新衣給她，她願意架起一座天橋，把朝鮮半島和濟州島連接起來。那些島民懷着極其興奮的心情，找來了一百丈絹布，夜以繼日趕製衣服。可是到了約定的日子，島民却只做了九十九丈。所以一直到現在，濟州島還孤懸在朝鮮半島的南方。

從濟州島的古蹟「三姓穴」來看，最早移民來島上的，是姓高、梁、夫，如今尚有碑文記載。這三個姓，除了姓夫的有些奇怪以外，高、梁二姓，似乎與我國的姓氏有點關聯。

我在濟州島發現一座宏偉的拱形鐵橋，橋畔上鐫刻着七位仙女乘風飛上青天的浮雕圖。橋名天地橋。呆望着七位仙女的倩影，我十分納悶，便請教當地華僑有關七仙女的神話。

傳說古時候濟州島有一個健壯的青年，白天在橘林中工作，朦朧中聽到溪流旁傳來一陣女人的笑聲，伸頭一看，竟見七位美麗的仙女，正脫去衫裙，走進小溪去游泳。這個年輕小伙子看呆了，以爲自己在做夢。次日，他又發現七仙女在溪中沐浴。於是，他躡手躡脚走出橘林，悄悄走近溪岸，抱着一件衣衫便回了家。

晚上，青年農民聽到有女人在外面喊他。他走出來，月光朦朧，隱約地有一個裸體少女，躲在樹幹後向他要衣衫。

「妳嫁給我吧。我雖然窮，可是我勤勞，也會愛妳。」青年楞頭楞腦地說。

「不行。」她爲難地指了一指夜空：「我父親不會同意的。」

這對男女青年的情話，宛如蠶吐的絲，你纏繞我，我纏繞你，當他倆度過了一個甜蜜而幸福的夜，最後兩人竟然像蠶繭一樣縛在一起了。

數年過去，這位仙女給他生了一對活潑可愛的兒女。仙女雖然愛他，但卻時常暗自流淚，而且央求他：「請你把我的那件衣服還給我吧！」青年農民不給她，因爲她穿上仙衣會飛回天庭的。經不住仙女的懇求，他在苦悶中，去求神問卜，一位算命的指示他：「忍耐些。等她生了第三個孩子，你再還她衣服，那時候她已經飛不走了。」

但是，這個農民却忘記了這句話。在一個月明星稀的晚上，他懷着濃重的感情，從衣櫃中取出仙女的衣服，仙女穿上以後，左臂挾着男孩，右臂挾起女孩，向他揮手告別，飛上了濛茫幽邃的夜空……農民至此才恍悟算命者的話，若是再生一個孩子，她便帶不走了……留下來的是永恒的相思與浩嘆。

後來，上蒼爲了同情他的痛苦，每年七夕，讓這一對人間與天上的情侶相會。你想，這個神話豈不是我國「牛郎織女」神話的翻版嗎？如果這個神話是從中國傳過來的，那麼韓國文化受到中國文化的影響，這將是無可諱言的事實吧！

果然，我在正房瀑布前豎立的木牌上，竟然發現這樣的介紹文字：中國的秦始皇，曾派徐福帶了五百童男、童女，渡海到了濟州島的正房瀑布，搭屋居住。後來，聽說這些少年男女順着瀑布的流水，去了日本。我不相信這種野史，但從此可以看出中國的文化，早在幾千多年前便已影響了韓國、日本，這是不容辯駁的事實。

濟州島山明水秀，瀑布甚多，最宜旅遊。每年有成千上萬的韓國新婚夫婦來此歡渡蜜月。我對島上的天地淵瀑布最為激賞。走過一段山路，但聞兩旁濃鬱樹叢裡，傳出一片蟬聲，一陣陣涼沁沁的泉水氣息，迎面撲鼻，啊，我已四十年沒嗅到這種氣息了！幼時遊濟南趵突泉、黑虎泉，不也就是這種涼沁沁的氣息麼？這個瀑布高二十二米，瀑布前面是一座池，池深二十一米，面積有一千九百八十平方米。這座池中養着大鰻，因它是「天然寶物」，不准遊客捕釣，池旁豎立石碑公布此一戒令。聽其他遊客說，白天，大鰻躲在池旁的岩洞中棲息，夜間它才出來嬉水。這附近出產的一種植物松葉蘭，是目前韓國列為保護的珍貴植物。

沿着濟州島的海岸，到處怪石嶙峋，蔚為奇觀。一個叫作龍頭岩的名勝地，海灘上矗立一堆亂石，放眼望去，宛如一個龍頭，它的尾巴翹起，煞是壯觀。一陣陣的白色浪朵，沖擊着岸邊的亂石，發出唰唰的震耳的巨響。看了這個景象，不由地吟出蘇東坡的詩句：「亂石穿空，驚濤拍岸，捲起千堆雪」，所不同的，蘇東坡描寫的不是海島景緻，而是中國長江的一角而已。

八月的陽光照射在龍頭岩，遊客很多，大半是來自朝鮮半島的韓國人，還有臺灣來的同胞，以及亞洲其他地區的遊客，有的拍照，有的喝汽水，非常熱鬧。我發現岩石後面，有兩位婦女在兜售海鮮食物，走過一片亂石，才知道她們出售鮑魚、九孔、海蝦，還有一些海生物，都是活蹦亂跳的。有些旅客抓起來生吃，佐以米酒、醬油，看起來非常恐怖。聽說這種吃法極為營養，對於男性賀爾蒙有滋補作用。不過，我既不會飲酒，又不敢生食海鮮，大概這一輩子我是沒有這個口福了。

環繞濟州島的四周海面上，散布着不少的無人島。據說島南有一個小島，是一位日籍韓人的私人財產，這種情況和菲律賓相似。資本家不僅能夠擁有工廠、礦山，同時也可以擁有山脈與海島。如果這消息被漢拏山山神知道的話，它一定氣破肚皮的。

「他買了那個無人島，準備作什麼用？」我問嚮導。

「聽說是要蓋觀光飯店，開賭場，賺觀光客的鈔票。」

海之女

濟州島山高水深，林木葱蘢，那些純樸而勤勞的島民，終年生活在這塊寂寞的海島上，面對着花開花落、漲潮退潮的自然景象，感觸到宇宙的神秘與渺茫，便編織出許多充滿詩意的神話，這樣一代一代傳留下來，直到今天……

有人認爲，如果走到任何地方，你若不採擷當地的民間留傳的神話，你便不能眞正瞭解當地的眞正歷史。當我尚未踏上這塊具有一千八百二十五平方公里面積的火山島以前，便聽說島上有三多：石塊多、風多、女人多。通過實地的瞭解，我才明白這只是半世紀前的現象。如今只有那褐色的帶有斑剝痲點的岩石，成爲濟州島最大的特色，凡是外來觀光的旅客，甚至包括韓國人民在內，任何人也不能帶走一塊岩石，只有用岩石雕製的工藝品可以公開出售。你在濟州島旅行，常見商店、住家、碼頭、機場，古蹟名勝地的門口，豎立着兩座岩石雕製的石像，那便是濟州島人民供奉的「守護神」，這是用當地出產的岩石雕製的。

傳說遙遠的年代前，濟州島有一對老夫婦，他們經年累月忙着捕魚、耕種，直到白髮蒼蒼的暮年，才生了一個肥胖健壯的兒子。這對老夫婦喜出望外，一天到晚，照顧這個寶貝兒子。可是，他們畢竟是風燭殘年，在一個凄冷的夜晚，老太婆不幸病逝，她的老伴由於傷心過度，不到半年光景，也撒手西去。從此這座寂寞的茅屋裡，便傳出了孩子的悲泣聲音。

一個牙牙學語的男孩兒，驟然失去父母，他怎麼能不哭泣呢？在他幼稚的小心靈中，也許以爲年老的父母到田裡去勞動，可是他們爲什麼老是不回家呢？

孩子的哭聲，感動了濟州島上漢拏山的山神。這座南朝鮮的第一高峯，海拔一千九百五十米，終年被茫茫的雲海籠罩着。它是島上岩石取之不盡、用之不竭的礦源。再說那個小孩正在茅屋哭泣，瞪着兩隻小眼向門外張望時，忽然發現從山上滾下來一對石人，不偏不倚，石人恰巧停立在孩子的家門口。孩子用手擦去了眼淚，定睛一看，阿爸站在門左邊，母親站在門右邊，一副慈祥而愉快的表情。於是，孩子笑了。這個可憐的孩子便是在這一對「守護神」的呵護下，度過萬卉昭蘇的春天，度過漢拏山飄雪的冬天，最後長成爲一個膂力過人的濟州島農民。想一想，這是多麼充滿詩意的神話！

韓國觀光局爲了吸引外國遊客，特別製作了濟州島的宣傳標語，有一條是「濟州島的三麗」，那即是美麗的心靈、美麗的自然、美麗的果實。我想，這三項對於觀光勝地的濟州島而言，它是當之無愧的。

我搭乘的遊艇沿着濟州島的南端的海面駛行，風平浪靜，陽光普照在寧靜的島上。倚靠欄杆，我默默咀嚼着昨晚聽來的一段神話。傳說在遠古時代，濟州島上的女人，她們一年到頭，忘我的勞動着。爲了一家溫飽，她們上山下海，捕魚耕種。炙熱的陽光，帶有鹹腥氣息的海風，經年累月侵蝕她們的面孔與手臂，因此女人的臉上長滿了難看的雀斑。當時既沒有女性化妝品，甚至連一面鏡子也難尋到，島上的婦女一天到晚忙碌操作，怎有工夫注意自己臉上的雀斑？但是，問題來了！當濟州島的男人駕着漁船停泊在其他港口，却發現異鄉女人竟是細皮白肉，臉上連個芝蔴粒似的斑點也沒有；「不怕不識貨，就怕貨比貨」，從此濟州島上的男人的心，發生了翻天覆地的變化：「家花那有野花香」，他們開始對於妻子產生了厭倦淡漠的心理。

島上的女人，逐漸瞭解了丈夫的愛情變化，便暗自流淚悲哀起來。她們的純潔質樸的感情，驚動了島上漢拏山的山神，山神便召開緊急會議，研商對策，如何治癒女人臉上的斑點，然後才能把那些貪嘴的野猫似的男人的心，收回寧靜而美麗的濟州島來。

最後，濟州島的所有岩石，發揮了犧牲自己，成全他人的偉大精神，諸山神將島上女人臉上的雀斑，轉移到岩石上，讓濟州島上的婦女，世世代代青春長駐，臉上再也不長雀斑；而濟州島上結滿斑剝痲點的岩石，已成爲當地的土產紀念物了。

濟州島有「三寶」，那是珍貴的天然植物，豐富的海產，以及島民獨特的方言。談到海產，濟州島特別著名，走到任何地方，隨時都可以嚐到新鮮的海參、鮑魚、九孔、螃蟹，以及許多不知名字的海產物。島上目前有三萬多專業捕撈海產物的女人，她們每月工作十五天，穿着黑色的貼身塑料游泳衣，頭戴蛙鏡，脚穿蛙鞋，在萬里晴空的海面上，不時潛進十七公尺左右的海底，撈捕海產物。這些專業員，當地人民稱她們「海女」。

我在西歸浦市的碼頭附近，碰到了幾位出海作業回來的海女，她們身材健美，皮膚呈紫銅色，非常性感。大概看出我是外國人，便咧開嘴發出爽朗的笑聲。

「嗨！」我打了招呼。

「嗨！」一個比我高的，約莫四十歲左右的女人，也朝我「嗨」了一聲。

可惜我不懂韓國話，而且也沒有翻譯，不然我一定請她們喝酒聊天的。濟州島上的海女們，大多在三四十歲之間，無論是體力、肺活量、甚至眼睛的視力，都是人生的巔峯時期。濟州島沿岸的海底，一年四季均有暖流湧泛，因此海產物非常豐富。這些海女撈捕的海產物，通過商人集中採購，然後再運往韓國各城市或日本。雖然海女受到商人的剝削，但是她用勞力換來的收入還是可觀的。大抵一個海女可以養活一家人，換言之，她的丈夫只需要在家煮飯、看孩子、睡大覺、下象棋，根本不必工作了。

「先生，留在濟州島，娶個海女，當駙馬吧！」嚮導是山東老鄉，他在跟我調侃。

我笑着說：「心有餘而力不足，還是等下一輩子再談吧。」

這些海女常年沐浴在海水中，身心都非常健壯美麗，她們時常吃到新鮮的海產物，因此她們的Sex比一般婦女強烈。據一個三十年代的作家在作品中說：海女如果死去了丈夫，她夜間難以睡眠，便常一個人跑到海邊，跳到汪洋大海中游泳，直到游到精疲力竭時，再返回家去睡覺。年輕時看到這篇文章，心裡對海女產生同情心；如今我已滿鬢霜白，想起了這段話，我更感觸到人生在世，爲了混一口飯吃，實在是不容易啊。

啊，偉大的海女！偉大的女性！

詩之島

濟州島的東北角，有一個寧靜的小鎮叫城山。沿着石階向東走，便是一座綠草如茵的山坡。半山腰間，有人在騎馬消遣。原來濟州島上的馬匹矮小、健壯，由於島上草原面積廣，適宜放牧，驅車在島上觀光，常見陽光普照的草地上，有馬、牛、羊在低頭吃草，形成一幅動人的畫卷。

城山日出峯矗立在山頂。我走了一段高坡石路，便氣喘不止，準備折轉回去。同行的簡漢洲兄，鼓勵我說：「既然爬到半山腰，何必再轉回頭，這不是功虧一簣嗎？」他的這番話固然是老生常談，但却給予我無限的啓發，回顧走了半輩子的道路，無論是寫作、事業，豈不都是功虧一簣嗎？

我硬着頭皮爬山路，實在精疲力竭，眼看後面趕上來的韓國青年男女，有的哼着輕快歌曲，有的邊走邊拍攝景緻，有的情侶手牽手向着高處跑……看到這些風華正茂的青年，我眞有說不盡的羨慕啊！天若憐我，讓我年輕十歲，我即使再累，我也要一口氣爬上日出峯的。

我正坐在山腰一間小店前喝橘汁、休息。發現身旁一位約莫五十開外的漢子，朝我打量，我禮貌地向他微笑。驀地，他用日本話問我：「您從東京來的？」我也以日本話回答他：「不，我是中國人，從臺灣來的。」

這位熱情的韓國人，咧開了嘴，向我介紹起他的身世。他叫施炳高，住在大邱市東區新川一洞，做生意，他來濟州島也是觀光。這位韓國人操着生澀的日語，一面用原子筆在紙上寫漢字，向我解說遠在四百年前，他的祖先從中國浙江省，遠涉重洋播遷到朝鮮，後來便在大邱定居下來，如今已經過了十二代了。

施炳高見到我，好似見到老鄉一樣，天眞地問我：「先生，您在臺灣，聽說有姓施的沒有？」

「很多呀。」我誠懇地告訴他：「不僅是臺灣，我記得菲律賓的華僑，也有不少姓施的，他們大半是從福建搬過去的。」

「我們大邱市，有三百戶姓施的。」他伸出三個指頭，臉上浮映出無限驕傲的神采。他的樸素的飲水思源的話語，給予我無比的信心與希望。我把橘汁罐丟進垃圾桶，哼着胡適的「上山」歌曲，一鼓作氣爬上了日出峯。

「努力，努力，

努力往上爬。

我頭也不回呀，

汗也不擦……」

爬到山頂上，放眼向濟州島望去，那脚下的村莊、草原、海洋、田地，猶如一幅美妙的水墨畫。如果我不鼓起勇氣爬上日出峯，怎會欣賞到這般美麗的景緻！

唉呀！年輕時不愛運動，如今過了中年，體力已呈衰退現象，這次爬上濟州島的日出峯，但願不是今生最後一次吧！

當我乘汽車返回飯店的途中，有一個高坡馬路，如果汽車熄滅油門，車子竟然自動向高處行駛。我下了車，看到這種怪事，感到十分訝異。聽說這是三年前發現的，一個司機路過此地，車子發生故障，司機跳下車來修理，不料車子却跑遠了。消息傳出，濟州島人戲稱這段路爲「魔鬼道路」。後來，從漢城來了一組科技人員，研究結果斷定此地爲地球最低的地方，所以才發生這種現象。

濟州島風光秀麗，如詩如畫，它是一個尚待開發的觀光勝地。

平心而論，韓國人民的精神面貌，雖然比我國人民進步、昂揚，但是韓國內部的不安，工業勞資的糾紛，學生到處掀動風潮，却導致了他們的經濟衰退，這是很遺憾的事。

太陽西下的時候，濟州島沿岸的海灘、長堤上，坐滿了悠閒的人們，有的釣魚，有的下棋，有的喝廉價的米酒，佐以花生米、煮螺絲或是烤魷魚；他們樸素的臉上，流露出淡淡的哀愁，他們心中到底有什麼心事，我却無法去探索了……

我在人群中，走近一個小攤，買了一包花生米。旁邊，一個約莫三十歲的青年漁民，喝得面孔很紅，抓住一個年輕姑娘的手，似乎在央求對方答應和他約會，那姑娘低垂着頭，無奈地向那一輪即將被大海呑去的紅日凝望，却一直不講一句話。

啊！詩一樣的質樸的愛情！詩一樣的美麗的濟州島！

劍橋新語

今年春季，劍橋非常溫暖，三月下旬，哈佛校園的樹木已呈現萬紫千紅的景象，我剛卸下行囊，晶兒便告我次日晚間七時，「劍橋新語社」邀我與會，並作一小時的專題講話，然後進行答辯，我聽到這件事，既覺得新鮮有趣，也感到惶恐不安。

「劍橋新語社」於十一年前成立，發起人是趙元任的女公子趙如蘭和陳惠風先生，他倆都是哈佛大學退休教授，每逢月底的星期五晚上七時，交替在趙、陸家舉行座談。社員有哈佛大學、麻省理工學院教授、哈佛燕京學社的訪問學者及研究院生，邀請作專題報告的皆從社員產生，也有少數像我這樣路過劍橋市的客人，臨時邀來作文史哲方面的講話。那晚因爲到會的以來自中國大陸的學人最多，所以我講的題目是〈評論新時期小說作品〉，大抵知識分子多半對文學具有興趣，因此那晚討論異常熱烈，對於我這個來自臺北的文學工作者，卻湧出久別重逢般的喜悅之情。一位四川成都的博士候選人提出問題，俄國文學從十九世紀起，產生許多偉大的小說家、詩人、文學評論家；中國的領土、人口和文化傳統並不次於俄國，何以文學作品趕不上人家豐碩而蓬勃。

這是一個難以啓齒的話題，這也是值得海峽兩岸人民反思的話題。

平心而論，我國從科舉制度以來，知識分子沿著「學而優則仕」的道路走，上自皇帝，下至庶民，對於從事文學寫作的人，根本不屑一顧，認爲是旁門左道，不登大雅之堂，不僅是中國，俄國人也有這種觀念，貴族出身的屠格涅甫年輕時熱愛文學，想當「作家」，他的母親氣憤地說：「作家，什麼叫作家！我看，作家和謄寫員一樣，這兩種人都是爲了錢在蹧蹋紙張……貴族應該進衙門辦事，替自己掙功名，要有官職，而不是憑蹧蹋多少紙張來替自己揚名。」

但是俄國的統治者對於文學家重視，這對於繁榮文學極有影響，彼得大帝對文學家、藝術家十分尊重，而且認爲他們是俄羅斯的精神財富，尼古拉二世看了屠格涅甫的《獵人日記》，感慨地給作者寫信說：「朕看過這本書後，覺得俄國的封建農奴制度實在可怖，如這制度一日不解除，朕一日不得安寧。」皇帝重視文學作家及作品，上行下效，那麼一般官吏和人民也對作家刮目相待了。

果戈里的《欽差大臣》，於一八三六年四月十九日在彼得堡亞歷山大戲院上演，造成轟動，因爲這劇本諷刺官僚主義，很多大臣、顯要感到不安。認爲是捏造的。據當時莫斯科一家刊物寫道：

這本望眼欲穿的《欽差大臣》，我們這個城市裡終於也到了二十五本，於是人們馬上搶購、轉買，一遍一遍地誦讀它，記熟它，從它裡面吸取教訓，結果，台詞就變成了諺語，在人們口中廣泛流傳，又變成了諷刺詩，對諷刺的對象進行鞭撻。

俄國民衆搶購文學作品的現象，在我國人民看起來是一樁奇事。俄國所以產生列夫・托爾斯泰、屠格涅甫、岡察洛夫、杜斯陀也夫斯基、別林斯基、普希金、涅克拉索夫等十九世紀照耀千古的作家，就是基於俄國領導階層重視文藝的緣故。甚至進入二十世紀，蘇聯也產生蕭洛霍夫、索茲尼辛那樣偉大的小說家，這是令人矚目的事實。

現在總結這個問題：中國的歷史文化不次於俄國，何以從十九世紀以來，作家從質與量上，總比不上俄國呢？

一是俄國氣候寒冷，寒冷中鍛鍊出來的民族，健壯而有膂力，所以像托爾斯泰到了老年，照樣寫長篇小說。中國則不然。作家體力比不下列強。天災兵禍頻仍，而且創作上也有一些阻礙，難以發揮淋漓盡致。

其次，也是最重要的關鍵問題，從十九世紀俄國帝王將相，都將優美文學藝術作品視作國家的精神財富，尊重作家，愛護作家。

二十一世紀是中國人的世紀，這是我們的奮鬥目標，設若經濟上一日千里，文化藝術卻是沙漠，那也是最大的遺憾吧！普希金說的好：「任何財富也收買不了作家深入人心的思想影響，任何統治也抵不住印刷的砲彈摧燬的力量。」

春風鼓浪

臺北正籠罩在濃烈的鞭炮氣息裡，我卻在菲律賓南端的三寶顏港，打著赤膊，身穿游泳褲頭，頂著火球似的清晨熾烈陽光，搭乘機器舢板到聖坷路茲島海灘游泳，以迎接羊年的降臨。從徐夕便約了四個小青年，準備了木炭、豬肉、雞腿和汽水、啤酒，準備明晨出發。

遠眺十二浬外的聖珂路茲島，猶如一個隸書「一」字，在蒼茫的波浪之間載浮載沉。小舢板只能容納六人，我同伴中有兩個胖哥，壓得舢板東倒西歪，船輕水急，我暗自捏了一把冷汗，心想：「若是翻了船，大年初一餵鯊魚，這不是出洋相嘛！」偏是坐在身旁的胖哥，一直嘰哩哇拉跟後面船夫聊天，好像一點也不在乎的神情。

我問胖哥：「這小子嘟囔啥？」

胖哥用生硬的閩南話，混雜著英語告訴我，船夫是穆斯林教徒，他說這海裡有鯊魚，不過不要緊，它們聽到馬達聲會躲避的。這些話聽了之後，更讓我渾身起雞皮疙瘩。低頭看那墨綠色的海水，深不見底。若是碰上一條鯊魚，只要它用嘴輕輕向舢板一拱，我們這六個中菲人民便一起落海。……正聯想著恐怖鏡頭，卻聽得胖哥捧腹大笑，笑聲將舢板搖得直晃悠。

「他說你過去在中國一定作過和尚。」

「笑啥？」我想開罵。

這種奇異的觀察，實在令人發笑。我轉回頭，朝那個臉色黝黑的青年船夫笑道：「你眞是好眼力，俺年輕時候進過少林寺，後來因爲犯了錯誤，被老和尚趕出來了！」通過胖哥的翻譯，只見船夫的臉一忽兒紅、一忽兒白，而小舢板馬達突然熄了火，那個質樸而純潔的穆斯林青年船夫搖動兩下，馬達又慢慢地轉動起來，舢板上也恢復了輕鬆的空氣。船夫嘰里哇拉講話，不時發出暢快的笑聲。他說李小龍的腿上功夫高，成龍的拳頭非常厲害，但是他兩人跟少林寺的和尚比武，一定被揍得屎尿直流。這小伙子從來沒唸過書，從九歲起便往來大海之間搖舢板維生。他在戲院看電影，看到一群身著袈裟，一身是膽的江湖俠客，他崇拜李小龍，他夢想有一天中了彩券，或是在聖珂路茲島的海灘無意之間拾到二千披索，他決心搭乘輪船離開窮困的聖珂路茲島，先到岷尼拉，再坐船去那遙遠的少林寺，向老和尚學「中國功夫」……聽著這位穆斯林青年的夢想，我起初微笑，繼而覺得傷悲，我年輕時候何嘗不也是充滿了迷茫空幻的夢想？

眼前的島上的椰樹、沙灘和叢林，蒙上一層模糊的朦朧的影子，猶如剛下過一場雨一樣。我聯想起四十多年前，一個外國作家在他〈菲律賓紀行〉中，有這樣的描述：

這裡的一切都是巨大、宏偉、奇異而夢幻似的。這裡說下雨，就下傾盆般的大雨。這裡講椰子樹，就是巨人般的椰子樹。這裡的蝴蝶像巴掌一樣大。這裡的椰子會自己滾到你的腳邊，飛魚會自己投到你的甲板上。這裡爲幸福準備了一切，但這裡卻沒有幸福。

聖珂路茲島的沙灘柔軟而沁涼。投身在清澈見底的碧波之間，眞是涼爽痛快。那椰樹蔭下的涼亭內，同來的小青年喝著啤酒，正在指導一個工人烘烤豬肉串和雞腿。眼前沙灘上游泳曬太陽的遊客，盡是坦胸露背、挺著兩隻白花花肉彈的碧眼金髮外國佬，我卻始終找不著一位島上的穆斯林教徒，難道他們躲在濃鬱的叢林間苦練「中國功夫」？

海裡的魚眞多。即使沿著海灘潛游，不時遇到黑色的魚群從眼前泅游而過，若不是手太滑溜，想抓到一兩條魚並非難事。剛才我在三寶顏碼頭發現魚販，一堆約莫七條巴掌大的魚，活蹦亂跳，剛從海中捕撈上來的鮮魚，問他多少錢？他說二十披索，我搖頭跳上舢板，那魚販還向我伸指頭，叫價十五披索，折合新臺幣才十四元。若在臺北的話，連一條魚也買不到。爲什麼物價如此低廉的地方，卻還有這麼多貧窮的人民，難道果眞像那個外國作家所說的，「這裡爲幸福準備了一切，但這裡卻沒有幸福」麼？

我在海裡慢慢游泳，呼吸著夾雜腥鹹氣息的海風。不提防有人從遠方游來，他那標準自由式猶如春風鼓浪，眨眼間泅近我的面前，定睛看時，眼前這個黑唬唬的傢伙不是船夫麼？

「師—父！」小黑灰朝我吼叫。

我睜開佈滿皺紋的眼睛，向他端望，他也一面踩水，一面審視我，俺爺倆「張飛看刺蝟——大眼瞪小眼」，不料岸上卻揚起一陣熱烈的掌聲。

「您收下這個徒弟吧。他窮的連一雙鞋也買不起，哪有路費去少林寺學武功？他誠心拜您爲師，剛才在船上，他嘀咕了半天，他眞想學中國功夫……」岸上，胖哥用閩南話、英語和甲卡巴腦方言，向我傳達了小黑炭的願望。仰望萬里無雲的晴空，陽光正照射著浩瀚的大海。面對著如此明亮的、金子般地心境的穆斯林青年，我實在左右如難。若是收下這個徒弟吧，我手無搏雞之力，太極拳只打到「白鶴亮翅」，外丹功練過半年，因爲兩手難以「發動」，便又半途而廢，你說我拿什麼教導人家？但若是拒絕收下這個徒弟，那豈不傷害了他的心靈、斷絕了他美妙的夢想麼？

「師—父！」小黑炭又朝我吼叫起來。

我猛地一個鷂子翻身，潛下海去，用手抓住小黑炭猴腿，泅游上岸。趁著剛烤熟的雞腿、豬肉串還熱糊，大家圍坐喝啤酒，爲這位新收的徒弟而慶賀。小黑炭因爲是穆斯林教徒，不能吃豬肉串，甚至連雞腿也搖手拒絕。他只是拘謹的喝啤酒，兩隻含著淚珠的眼不停地向我瞅望。也許我「作賊心虛」，心裡暗自發毛，莫非這個小黑炭懷疑我是「萬金油」——唬（虎）牌的？

爲了露兩招，我索性喝盡半瓶可口可樂，拍淨屁股上黏附的沙粒，用著誇張的大動作，打了一段荒廢多年的太極拳。但見身旁那五個小青年，瞠目結舌，面露驚異神色，尤其那個拜我爲師的穆斯林船夫，嘴角輕微蠕動，兩隻黑手不停地比劃，大概正努力默記太極拳的動作吧。好容易打到「白鶴亮翅」，俺雙手抱拳，朝向浩瀚無垠的蘇洛海納頭一拜，只聽得樹蔭下傳來一片掌聲，原來那幾個大腩乳胖洋婆子爲我捧場哩。

一陣陣清涼的海風迎面吹來，吹得蕉葉婆娑作響。轉頭向那椰林掩遮下的內陸眺望，靜寂無聲，偶而從濃鬱的林叢深處傳來一聲雞啼。聖珂路茲島是荒涼的、寂靜的，猶如一塊尚未開拓的處女地。

小青年耐不住寂寞，早已拾起蛙鏡，抱著救生圈投向了藍天碧海之間。只有我和這個不知名的菲國徒弟，坐在椰樹蔭下，喝汽水、玩沙子，偶而抬頭瞅一眼陽光照射下的海水。我倆都沉默無言，因爲誰也聽不懂對方的話。

嘩拉嘩拉的海潮聲響，催人昏然欲睡。我在朦朧間，聽得有人向我建議：到了那邊，出門少帶錢，不戴錶，見到回教徒離開遠一些。若是讓他們發現你是臺灣客，是條肥羊，他不光天化日之下把你宰掉才怪哩。我向朋友講笑話，假使萬一碰上的話，我告訴搶犯：「要錢沒有，要命一條。爺們，你看著辦吧！」雖然嘴上說得瀟洒，幽默，但等親身走在三寶顏街頭，心裡卻不停低聲禱告：活了大半輩子，狂風暴雨，牛鬼蛇神，俺都安然無恙，難道俺會被這外國番佬剝了皮吃涮羊肉？那實在是太冤枉了吧！……驀地，聽得有人喚我：「師父！」睜開沉重的眼皮，我發現生在旁邊的穆斯林徒弟，向我指了一下空手腕，接著伸出三個指頭。我這才明白，我們預定返回三寶顏的時間是三點鐘，大概剛才他看過我手上戴的浪琴牌自動手錶。看起來師徒之間還是有感情的吧？

在返航途上，風浪較大，每人身上都被海水濺濕了。坐在身旁的胖哥，不住地和小黑炭嘰里哇拉，而且聲音稍微激動，我偶而聽懂TAIWAN這個親切而熟悉的詞彙，莫非這兩個菲國小青年也關心海峽兩岸的問題，我實在茫漠不解。

「他發什麼牢騷？」我忍不住問胖哥。

經過胖哥的解釋，才知道他的兩個哥哥，現在失業在家，窮途潦倒。自從海灣戰爭爆發，在中東做工的菲律賓人，陸續撤離戰火地區，他的胞兄是其中的一名，另外一個哥哥原在臺灣新竹一家工廠做工，最近也被遣返回了聖珂路茲島。這個船夫批評臺灣「不夠朋友」，既然如此，俺這個從臺灣來的「師父」，當然也讓他討厭，我還收這種人當徒弟作甚！

也許小黑炭聽出我的口氣厲害，便再也不吭聲了。遠方的三寶顏馬路、花樹掩映的菲律賓傳統樓房，逐漸清晰起來。小黑炭熄掉馬達，用力划槳靠了岸，他先跳進水中，將我攙扶著走過踏板登岸。臨走，我從褲袋掏出十個披索，送給了他。他低垂著頭，紅著臉說聲「三客油」，兩顆烏亮的眼珠閃出感激的光芒，我的心頓時融化了……

耳畔，揚起一首菲律賓遠古的民歌：

巨人帶著一塊土地，

可是掉在海裡了，

於是土地就碎裂成七千個小塊……

其實，這七千多個大小島嶼組成的菲律賓，豈不正是整個世界的縮影嗎？早在二千多年以前，中國的哲人便指出世界大同的路。若是果眞實現的話，剛才那個家境窮困的穆斯林船夫，不就是中國人的兄弟麼？眺望眼前波浪起伏的蘇洛海，我不禁想起魯迅的語句：「希望是無所謂有，無所謂無的，這正如地上的路，其實地上並沒有路，走的人多了，也便成了路。」

鬥雞

爲了看鬥雞，午覺沒去睡。菲律賓鬥雞是星期天，從下午一時開始進行，正是驕陽如火時刻。門票分五十比索、二十五比索兩種。這筆錢足夠窮人一周的生活費。

鬥雞場用木材建築而成，四面是看台，中間爲鬥雞台。台前掛有兩盞燈，表示賭注數目及勝負結果。兩個雞主手抱著雄雞上台，先讓兩雞互相啄撲一下，製造仇恨印象，然後再聽哨音決鬥。決鬥前，場內喊聲四起，有的摸頭、伸拳、捶胸、摸臂，那皆爲賭錢暗號。哨音一響，吼聲即止。但見兩只雄雞雞冠高聳，尾巴上揚，撲殺起來。

坐在我左邊的一位老頭兒，從面貌、膚色看出是華裔同胞。他靜坐觀雞戰，押賭注時，也僅是伸一伸手指頭，從不吭聲講話。每次鬥雞，他總是從衣袋內掏出兩張百元比索，揉成一團，擲向前面穿紅坎肩的職員。不到一小時，他的比索大概掏出去一百多張，呈現出「肉包子打狗，有去沒回」的狀態。

可是我右首的中年菲人，活潑好動，每次比賽前，他總是大吼大叫。但等兩只雄雞相撲相鬥時，只見他的左手一直顫抖不停，直到鬥雞結束，他的左手才恢復平靜。我同情他，他大概缺少維他命B1。我年輕時犯過此症，打麻將時，每次聽了牌，我的右手便開始發抖。聽的牌愈大，抖得愈厲害。有一回我聽清一色的雙龍抱柱，右手顫抖猶如觸電一般。我的牌友同情地說：「看你的手抖得這麼凶，一定是大牌，乾脆打給你和罷。瞧你怪可憐的。」我聽了不覺熱淚奪眶而出，暗自下了決心：「海枯石爛，再也不打麻將了。我不需要別人同情。」

「先生，你輸了多少？」我抑制不住同情心，鼓起勇氣問他。

「我贏了兩千多。」他朝我作了個鬼臉，哈哈笑起來了。一派樂觀而爽朗的性格。

正在這時，我發現小販提著可口可樂，抬著面包盒走進鬥雞場。我低頭看腕錶，已是下午三時。菲律賓人不管窮富，每天上午十時，下午三時，他們一定吃點心，甚至連學生、戰士、公務員都是如此。這是菲律賓人民的生活習慣。

中國有句俗諺：人不可貌相，海水不可斗量。有的雄雞看起來羽毛豐滿，雞尾高揚，走起路來昂首挺拔，看起來啄傷十隻、八隻雞毫無倦態；但是它上場之後，和貌似乾瘦的雞相撲兩回合，便像土撥鼠似地癱死在地，一命嗚呼了！

有一種雞非常厲害，它外貌並不美觀，鬥起來陰陽怪氣，毫無招式，而且相撲數回合，便倒在地上喘氣；但等裁判員將它捉起來，強迫它再和敵雞拼鬥時，它依然擺著一副無力招架的樣子，讓賭客對它喪失了信心。可是，這種鬥雞具有一種中華民族獨具的韌性，等到兩隻雞鬥得奄奄一息時，它卻堅持地站立起來，用尖銳的嘴啄食那只垂死的敵雞，而它卻獲得最後的勝利。據說走運的人時常在這種鬥雞上下賭注。

我在鬥雞場望了足有兩個半小時，曾經遇到這種其貌不揚的雞，當時眞想掏出僅有的錢，大幹一場，贏了扭頭就走。但是躊躇良久，始終不敢爲它下注。結果眼看它打敗敵雞，成了英雄。這不能怪我，這只怪那只雄雞長得平庸。世上的人，有幾位慧眼選才的，還不是跟我一樣，只憑片面的主觀印象，再問一下對方的學經歷，便判定了人家的本領。其實我還比不上那只其貌不揚的雞，不然咋會跑到海外的荒村野店來鬥雞走狗、消磨光陰？

海角望椰林

過去住在臺北，由於不喜水果蔬菜，常患牙齦出血或嘴角發炎症，這在北方人稱作「火氣」，醫學上則爲缺乏維他命C。我總是到水果攤選一粒椰果，當場劈開它來喝，只需一天時間，牙齒恢復健康，嘴角乾燥結痂，火氣霍然而愈。不過，臺北的椰果實在昂貴，大概每粒八十元，這些錢若在棉蘭佬島能夠買三十粒椰果，足夠吃上一個月。

棉蘭佬島的椰果產量，舉世聞名。我們學校的司機莫爾，時常從外面帶回幾粒排球大的椰果，他拿起刀子，先在堅硬的椰果殼上鑿一小孔，將那晶瑩的椰汁倒進杯中；接著，莫爾舉起刀子，嚓地一聲，把椰果劈成兩半，露出雪白的椰肉，那就是胚乳，他將椰殼內的椰肉挖進一隻碗中，遞給我吃。喝椰汁，吃椰肉，清涼敗火，暑氣頓消，而且是最富於營養的食品。

我吃過椰糖做的糯米糕，甜而不膩，眞是過癮。若是用椰糖作粽子餡兒，那比豆沙、棗泥粽子好吃得多。椰果可以做成肥皀、食用油、香料和化妝水。葉片可做掃帚，果殼樹皮還能製作麻線、纖維和蓋屋的材料。

在菲律賓，每年椰果的收成數量，不僅對經濟有影響，而且攸關一千五百萬人的生活。椰樹最怕颱風，每次颱風掃過群島，總會吹燬千萬株的椰樹。最嚴重的一九五九年連續三次超強颱風過境，造成廣大椰農望風哭泣的悲劇。

如果你在棉蘭佬島沿海驅車旅行，可以看到莽莽蒼蒼的椰林，煞是壯觀。它不但點綴了熱帶風情畫面，也給農民帶來納涼的樂趣。過去一世紀來，菲律賓的椰果一直居於世界領導地位，它是僅次於稻米、玉米的重要農作物。

每當我驅車沿海岸公路經過，常見濃鬱的椰林小屋旁，農民悠閑地吸菸納涼，哼唱民謠打發時光。

常聽人說，熱帶的人懶惰，這是實在話。坐在海灘椰樹蔭下，一陣陣海風迎面吹來，吹得我昏然欲睡。即使勉強睜開眼睛向那烈日下的海面眺望，兩三個漁夫正在划動小船在起伏激蕩的海上捕魚，那單調、寂寞的畫面，不一會工夫便打起盹兒來。

人懶，樹也懶。種植這種椰樹，既不需灌溉，也不要除蟲、施肥。栽種之後，等上六、七年即可長出纍纍的果實。一顆椰樹能活六十年，它每年平均結出四十粒椰果。這種被稱爲「懶人作物」的椰樹，它養活了將近一千五百萬菲律賓人民啊。

有一種椰芽釀造成的酒叫杜吧，市面上售價每公斤七個披索，是最低廉的酒。有個晚上，我無意間看見莫爾在廚房喝杜吧酒，酒汁呈橙黃色，甘冽可口。莫爾酒量好，那晚他喝了有四公斤。醉意朦朧中，他竟然改以閩南話和我聊起愛情問題。

「你怎麼會講福建話？」我打斷他的話，吃驚地問。

「年輕時候，我跟一個中國女孩子學的。」莫爾端起酒杯，乾盡了杯中酒，兩只漆黑的眼珠迸射出喜悅的光芒。「三十年前，海邊多美！尤其到了晚上，一對對的青年坐在海岸談戀愛，看星星。那時候三寶顏市才十來萬人，還能聽到馬蹄踏在地上的聲音，踏、踏、踏……哪像現在這麼亂？有錢人怕綁票，沒錢人怕挨餓，唉！」莫爾搖了搖頭，又爲自己斟酒。

「莫爾，你那個中國女朋友呢？」

「她三年前搬到古達描島去了，帶著七個兒女。她丈夫經營椰果生意，比我小三歲，愛賭錢，也喜歡喝酒。」莫爾低下頭，撫摩著酒杯，燈光下顯得面色愈加羞紅。「他是有錢人，喝啤酒、威士忌。哈，只有我們窮人喝杜吧酒。哈！」莫爾笑得蒼涼，也很率直。

沿著蠶形半島的濱海地帶的椰林，有廣闊的數千公頃的大園丘，爲地主雇了工人所經營；也有數十公頃或數公頃的小園丘，那是農家的副業。莫爾從青年時代便作椰林雇工，他身高一米八，攀登三十米高的椰樹，只需短暫的兩分種便爬上樹梢，砍下成熟的椰果。當年的莫爾，住在椰林之間簡陋的木屋內，木屋四周種滿了花草，彩色的巴掌大的蝴蝶不時飛進木窗，被莫爾抓住，然後他又放它飛走。莫爾最愛養雄雞，夢想有一天能夠參加比賽，但是他家貧如洗，這個願望從未實現。他在鄉間一次籃球比賽中，因爲投籃勇猛直前，命中率高，贏得了一群男女青年的喝采。他和那個華裔的姑娘阿凌就是在球場內認識的，後來兩人相戀多年，直到有一年過中秋節，阿凌跟著父母兄妹趕到椰林渡假，她才知道莫爾是椰園雇工的兒子。

遠在三十年前，三寶顏沿海椰園便蓋了地主別墅。那時建築材料非常簡樸，木材搭建的木屋，樓上平台有一座酒吧台，作爲招待親友宴會之用。走出別墅十多米遠，便是月牙形沙灘，阿凌每次來別墅渡假，總是抱著救生圈跑進海水中游泳。遠方，那個黑唬唬的青年正以自由式劈浪前進，刹那間游近了她的面前，這兩個返歸人間的青蛙，默默地在浪花泡沫中擁抱起來……

「嫁給我好不好？」莫爾用閩南話向她求婚。

「我父母不同意。」那個誠實的中國少女，終於吐露出她的隱衷。

莫爾笑了笑，笑得非常瀟洒，好像毫不在意的樣子，接著，一個鷂子翻身，消失了身影……那個熱情的中國姑娘站在浪花中尋找他，直到莫爾從五十米外的海面露出了頭，向她揮手喊「再見」，阿凌的心才像石頭落地。但是，從此莫爾跑出了椰林，阿凌不僅看不到莫爾的身影，聽不到他那充滿磁性的男中音歌聲，甚至再也聽不著有關莫爾的消息。阿凌非常焦急，到處打聽，卻始終不知道他下落。

阿凌的第五個男孩是在亞謹諾總統就職那天降生的。她離開三寶顏市立醫院，意想不到的遇見了莫爾。

「莫爾！」阿凌搶上前去想抓住莫爾的胳臂。但是，那個滿鬢霜白的三輪車夫，卻裝作不認識她的樣子，把頭一擺，騎著三輪車回了家。那天，莫爾像生了一場病，低頭無語，他的妻子以爲他喝醉了酒，還不停地埋怨他。莫爾啥話也不說，只是默聲流淚……從此，莫爾再也沒見到她……

過去，我並不喜歡莫爾這種冷漠性格。每次央求他帶我去沿海參觀椰林，他總是藉詞推諉，敷衍過去。通過這次喝杜吧酒，用閩南話交談，我和莫爾的感情頓時拉近了些。每逢假日，只要我有興致出外兜風，莫爾便駕車載我沿著椰林海岸奔馳。看到那椰園小屋中的農民，有的吸菸聊天，有的哼著情歌，有的坐在木梯口洗衣服，他們的無憂無愁的歡樂笑容，渾圓悅耳的歌聲，仿佛感染了我，使我也煥發了青春。

自從你棄我而去，

我心倍受煎熬。

……

凝聽著莫爾的蒼涼的歌聲，我頓時感到了孤獨與寂寞。過去我曾想在此買一塊海灘，搭建一座木屋，四周種滿花草樹木。到了暑假搬來木屋看書、寫作、養雄雞、欣賞海景。後來考慮一下，覺得這種浪漫主義的情調，似乎不屬於苦難的黃河兒女。思前想後，我已意興索然。驀地，聽到莫爾對我說：「先生，你知道麼？一棵椰子樹最多只能活六十年。」

我轉頭朝向窗外眺望，高大而濃鬱的椰葉之間，結滿了纍纍的椰果，有的橙黃，有的碧綠，讓我眼花撩亂；金燦燦的夕陽正普照著椰林和大海。

山居草木深

即使多麼酷熱的天氣，若在山村小道上驅車旅行，那車窗外不時吹進清涼的山風，兩旁綠蔭夾道，眞是舒服極了！偶而從椰林綠叢間閃現出一間木屋，兩三個濃眉大眼的菲律賓婦女坐在窗前閑話，她們聽到汽車行駛聲，便轉頭向外眺望，那美麗而恬靜的畫面，正是藝術家尋找的作畫素材啊。

在這片淳樸而翠綠的山野間，熱情的具有渾圓歌喉的女郎，只要尋到如意的男人，即使終日洗衣、拾柴、煮飯種田，她也永遠生活在歡樂和笑聲中。熱帶女人生育力強，四十出頭便作了祖母。男人在外拈花惹草，但總有回到老屋的時候。在菲律賓，我從來未聽過離婚這個詞彙。據說幾百年來從未出現過這種奇聞。我和同行的老D感慨地說：「假如我能年輕二十歲，我寧願在這山村做個農民，喝椰子水、嚼蕃薯。可惜俺渾身上下的零件破舊不堪，像被人丟棄的馬達，只有當廢銅爛鐵處理。」這位遠離祖國的華裔第三代、而且是在家庭呵護下成長的老D，怎能聽懂我內心的感傷的話？他握著方向盤，朝那雲山霧沼的高山瞅了一眼：「你餓了吧？前面有小店。爬上這個山坡就到了。」

果然上了山坡，在綠叢中展現出一家小店。剝開椰子，先喝汁、再吃瓤。我嘗到一種叫做蕃薯油香的東西，這是從福建泉州流傳而來的回族傳統食品。先將熟蕃薯剝皮，切成荸薺大的顆粒，拌以麵粉放到油鍋中炸熟，撈出後洒下一層白糖即成。這一串蕃薯油香下肚，已經脹飽肚皮，我倆再上車繼續前行，預定半小時後攀上那個叫做巴洛煙的山村。

過去每逢想念故鄉，總愛嘮叨：「哪怕一天喝兩頓地瓜粘粥，俺也樂意住在山東老家！」在華北的農村，地瓜是農民的普通食物。小時候，我總認爲地瓜是中國的產物，後來聽說地瓜原名蕃薯，才知道它是從海外移植而來的。據世元〈金薯傳習錄〉記載，明萬曆二十一年，旅菲福建長樂華僑陳振龍，從呂宋帶蕃薯種回來，經過試種之後推廣至浙江、山東等省。到了清朝初年傳至北方各地。這種高產而耐旱的農產品，它養活了千千萬萬中國的農民啊！我的祖父、祖母以及四千年來的鄉親父老，都是靠著蕃薯拌以雜糧維生的。摸著蕃薯脹飽的腹部，我不禁湧起了淡淡的哀愁。

汽車駛進了海拔七百米的巴洛煙村，便碰上一場籃球賽。一群鄉間青少年圍坐在水泥鋪砌的看台上，熱烈地叫喊和鼓掌，兩隊球員正在激烈比賽著。老D剛停下車子，一個長著絡腮鬍的中年人走來，和老D搭訕。我愣在一旁聽著嘰里哇拉的話，從絡腮鬍聲音表情中，我猜想他是介紹巴洛煙村的近況，而且很歡迎外來的客人。果然，從椰林中走出另一個村民，滿面春風跟我們握手。大概他看出我不像本地人，便用英語向我講近來的旱情，山村的趣事，最後還扯到海灣戰爭。我哼哼哈哈在敷衍他，他依舊談笑風生，臉上堆滿了質樸而善良的表情。

這兩位巴洛煙村民領我倆去參觀游泳池。那是靠山上的澗水蓄成的。最近民答那峨島旱情嚴重，池水乾涸。游泳池呈橢圓形，用水泥鋪成，上層有階梯，可以供給游泳者休息。池旁有一座木棚，棚外釘一木牌，上寫「游泳前請先淋浴」英文告示。

走出游泳池，我們四人便在涼亭中喝水、吸煙。他們熱情地講著巴洛煙村的滄桑，談到興高采烈的地方，哈哈大笑。他們彷彿是傳教士，竟不關心對方的聽信力，只是抱著肝膽相照的感情，把心底的話毫無保留地傾吐出來。這種熱帶民族獨具的性格，讓我跌進了火山口，整個的心都已溶化了。

從芭蕉葉中飛起一只黑色的蝴蝶，像巴掌那麼大！眞美啊。那位洛腮鬍的農民發現我的驚異表情，轉換了話題。「你喜歡它嗎？回來我幫你捕幾隻帶回家去。這只蝴蝶并不算美。」他燃上一支香煙，繼續談那些讓我聽不懂的巴洛煙村史。

這位菲律賓農民，是個自來熟，熱情得可以對任何人都把五臟六腑掏給人家看。我一直堅守一個信念：熱情是人類的高貴品質，若是社會的人群抱著「保持距離，以策安全」的原則，人和人之間冷漠、疏遠，這和生活在北極圈有什麼分別？這跟住在地獄裡又有啥兩樣呢？

離開了冷漠的城市，來到山村，想不到菲律賓的農民比陽光還熱。每一個人，不管男女老少，都是「自來熟」，好像我的老朋友，我確有「夢裡不知身是客」的感受。老D好容易擺脫那兩個農民，走近車子，正想跨進駕駛座，絡腮鬍匆匆追上前來，手上握著一束粉紅色的花，嘰哩哇拉了一陣，遞給了老D。接著，他送給了我一個信封，我很納悶，我是一個小老頭，又不是娘兒們，他送給我情書幹啥？

「邊報尼豆，馬立保薩！」①絡腮鬍指著信封，向我大聲說。

我拆開信封，從裡面拿出一隻巴掌大的蝴蝶標本，綠色的翅翼，閃耀著翠綠欲滴的光彩。多美啊，我感激地握住他的肥厚的大手：「毛加斯葛拉夏斯！」②

陽光從濃密的山林叢裡穿瀉出來，把綠葉塗抹上一層亮麗色彩。老D駕著車子沿著崎嶇山路蜿蜒下行，嘴中連連念叨著那兩個「自來熟」的談話。汽車走近一個山坡前。迎面是丁字路口，老D踟躕不前，不知去向。他剎住車子，搖起玻璃窗，向站在山坡上的兩個女孩問路，她倆像機器人似地一同伸出左胳臂，而且一同扯起喉嚨喊叫起來：「埃代旮米惱」③

那輕脆的聲音，如同黃鶯一般悅耳動聽，多麼淳樸而美麗的山村女郎！低頭一望，我才發覺那兩個濃眉大眼、而且早熟的農家女孩，雙腳赤裸裸的，沒有穿鞋。

汽車繼續繞著彎曲道路下去，沿途遇見的女人，多半赤腳，有的穿塑料拖鞋，幾乎找不到一個穿皮鞋的婦女，我不禁打了一個寒噤。我坐在車上，朦朧間想起鄰居的菲律賓女人，她從十五歲結婚，勤勤懇懇、做牛做馬，一共生了十六個兒女。她一輩子沒穿過皮鞋，永遠無怨無悔的臉上卻掛著笑容，嘴中哼著情歌。我驀地想起前總統馬科斯夫人卻擁有三千多雙意大利進口高級皮鞋，我的心中升起絲絲寒意！

①菲語：「好漂亮的蝴蝶啊！」

②三寶彩附近加巴卡腦方言：「謝謝啦！」

③加巴卡腦話：「走那一條路。」

踏遍青山

汽車駛抵山麓，天已大亮。下車，我隨同五位朋友沿崎嶇蜿蜒的羊腸山徑，開始爬山。由於同行的年齡皆在六旬左右，走得緩慢自由，毫無精神壓力。山徑兩旁野草叢生，荊棘阻路，也有青翠的熱帶林木，我只熟悉有鋸齒綠葉的鳳凰木，因爲臺灣這種樹甚多。山風吹在身上，頗有涼意。鳥雀唧唧喳喳，如歌如誦，一派歡騰氣息。走了將近四十分鐘，眼前豁然開朗，一團朦朧剔透的雲霞，像蠶蛹一樣，恍悟太陽早已升起，被雲塊遮掩而已。彎過山腰，眼前呈現一座寧靜的西式別墅，同行C君告訴我，屋主人黃某在十年前經營海草生意發跡，蓋了這所別墅。

所謂海草，麒麟菜Eucheuma也。它呈藻體圓柱或扁平，具刺狀或圓錐形突起，有分枝，基部有盤狀固著器。自三寶顏向南，盡是星羅棋佈的蕞爾小島，這種麒麟菜便是生長在有珊瑚礁的岩石上，因富含膠質，可輾軋提取瓊膠，作工業原料或製寵物罐頭食品。黃某以低廉價格收購了麒麟菜，經過加工製成原料品，再行銷歐美、日本等地。僅在短短三年時間，他已成爲億萬富翁。

他生活幸福麼？我問C。

他既不敢自由地爬山，甚至也不敢在這座別墅待一晚。治安不靖，綁架事件不斷發生。富翁，怎會生活幸福？

走過一段約莫五百米的碎石子公路，繼續攀登那彎曲的山路。況途，我發現椰林之間或懸崖旁矗立一座木屋，隔窗隱約見一婦女抱著小兒餵乳。小兒在這大自然中，飲山水、椰汁、食玉米雜糧和山野瓜果，他們將成為矯健而強壯的山之子。靠著勞動和質樸的愛情，無憂無慮度過一生。若是他們跟黃某相比，誰過著幸福生活，這早已獲得正確答案了吧！

爬上另一座山腰，我已腰痠背疼；汗流浹背。迎面見一青年農夫，挑著剛摘的椰果回家，他身後跟著兩個濃眉大眼的孩子。同行的K走向前買椰果為大伙解渴。那農夫從腰間掏出一把鐮刀劈開椰果，先讓我們喝椰汁，再劈作兩半，讓大家挖食椰肉。兩個小孩大的約八歲，小的約六歲。穿著破舊T恤、短褲、赤腳。大抵見我是外國人，瞪起好奇的眼珠看我。我用英語問最小的一個：「你跟我下山好不好？」小孩不懂話，茫然搖頭。C用加巴卡諾話向小孩翻譯，又轉問農夫，農夫點頭。那小孩嚇得朝山下躲，小灰臉變蒼白，眼睛噙著淚花。引得大伙兒哄然大笑。

K掏出錢夾問農夫，多少披索？農夫眨巴一下眼睛，低聲說：二十個披索吧。K給了他四十披索，回頭望那兩個小孩，早已隱沒於蒼翠的竹林中了。

小孩為啥嚇跑了？我一面走，一面問C。

我剛才跟他們父子說，你想把那個小傢伙帶回臺灣，管他吃、管他住，供養他上學唸書，長大了還給他娶老婆；唯一的條件是不准再回菲律賓。小傢伙嚇慘了，他以爲你是一個可怕的壞人，上山來買小孩子。C說著哈哈大笑，我也陪著笑。

不知是淚花抑是汗水，眼前頓時模糊起來。我六歲的時候，寄居濟南，父親出外抗日，家窮常揭不開鍋。那晚放學回來餓得直哭，我媽剛從工廠下班，正在煙火燎辣的廚房熬稀飯、餾窩頭。聽見我的哭聲，趕緊跑出來哄我：給，五塊錢，買一個包子，剩下的買醬菜，就窩頭吃。我不理她，聽見窩頭我就討厭。我媽氣得掉眼淚，卻和風細雨跟我商量：你受不了苦，跟房東當兒子行唄？他帶你去青島上學，吃香的、喝辣的，暑假還帶你去煙台吃蘋果……我聽得一頭紮進母親懷裡，再也不敢吭聲了……

繞過蕉林，前面碎石公路上，吉普尼正等待我們返城。我走近溪畔，蹲下，雙手捧起甘冽可口的溪水，先洗滌眼眶熱淚，再啜上幾口潤喉。仰望連綿起伏的山巒，林木翠竹間現出蚯蚓似的小徑。天若有情，讓我踏遍青山人未老，親眼看到菲律賓眞正的復興。

蘇祿過客

離開三寶顏，陸續聽到惡耗，首先是我校一位董事的兒媳被綁架，綁匪勒索二百萬披索贖回；接著六月五日晚間八時發生地雷爆炸，傷亡市民二十多人。當晚因爆炸聲音特大，地動山搖，許多民衆以爲發生強烈地震。通過軍警初步調查，判定暗置地雷者是來自蘇祿群島的異議分子。一位朋友來信對我說：「如果你不走的話，可能會將你綁走。因爲他們都清楚臺灣人有錢。一笑。」

三寶顏和蘇祿群島僅一水之隔，近三百年來，因爲宗教信仰、生活習俗不同，再加上菲律賓的民族政策錯誤，地方官吏貪污無能，一直採取優柔寡斷的拖延戰術。我曾在三寶顏生活三年，應認對當地情況有些瞭解，若是菲國產生一位像孫中山那樣的政治家，以「天下爲公」的理想，團結千島之國的各族人民，它決不會有今日這般相互仇嫉的現象。

凡是到過菲律賓的人，都對蘇祿群島人民留下深刻的印象：包括強悍、兇狠、窮苦而野蠻，每一個旅客對於南部棉蘭佬島回教徒聚居之地，視若畏途，至於蘇祿群島更不敢問津了。許多外國人甚至華僑對回教徒畏懼。這種現象使我感到奇怪好笑。有一次我翻閱書刊，發現一位美國記者在半世紀以前寫過一句話：「天底下只有死了的莫洛人才是好人。」莫洛，西班牙殖民主義者對蘇祿人民的稱呼，含有歧視之意。這種傲慢與偏見的觀念，給予外國人產生了誤會。事實上蘇祿群島的人民是溫和、質樸而善良的，由於窮山惡水的自然環境影響，再加上謀生艱難，受到不合理的剝削，因此島民爲了對抗強敵與混口飯吃，所以養成強悍好戰的習性。

清乾隆十七年九月初五日，閩海關事新柱向朝廷奏摺，曾談起呂宋國和蘇祿國的矛盾情況。那時的蘇祿國包括描絲蘭島、和洛，以及最南端的達維達維列島。這些地方除達維達維列島外，我都曾親身遊歷多次。新柱在奏摺中寫道：緣蘇祿國王兄弟三人，長立爲王，素與呂宋所屬之三寶岩（按即三寶顏的異譯）王意氣投合。三寶岩原係蘇祿地方，向年借與呂宋，蘇祿王許其在三寶岩建造吧黎寺院。（按即天主教堂）蘇祿王次弟惟恐地土被其侵奪，人民煽惑入教，並疑伊兄有不軌之意，遣人行刺，致傷伊兄之足。於是，蘇祿王懼而攜眷屬丁口八十餘人逃往三寶岩，按家口安頓，僅隨三十餘人前往呂宋。呂宋王接見，禮貌有加，勸入其教，許以發兵討弟，復回本國。呂宋即撥呷板牙犁戰艦二十餘隻，一起前進。蘇祿王請隨協討，呂宋另撥小船，使人監押赴三寶岩安置。上年閏五月初六日直抵蘇祿港，適見內地劉合興及郭元美商船二隻在港灣泊，令番斷碇牽往三寶岩，然後打銃攻城，不克，至十四日始罷。蘇祿國王三弟率同番目往三寶岩看視伊兄，不容相見，轉將蘇祿王並伊三弟羈留囚禁。聞伊三弟已經斃命。本年四月初間，仍將蘇祿王同家屬押解呂宋。四月十九日，呂宋再遣呷板牙犁船二十餘隻來攻蘇祿，又將內地方長興被風吹入蘇祿港商船牽去。至五月十七日夜，忽用火炮，其大如碗，內藏鐵釘、火藥，初放高至十餘丈，墮地始發，沿燒最烈，如是三夜。蘇祿次弟主國，計用三艇連綜，安置大砲，伏於城下，反攻呂宋牙犁戰艦。二十日，呂宋敗回，報知呂宋。呂宋王怒，將蘇祿王攜帶子女發配該國番目爲僕婢，於七月十七日將蘇祿王絞死，至今搆兵不已。

從新杜的奏摺可以看出西班牙殖民主義者的狡猾，對待蘇祿群島的回教徒，採取高壓手段，因此才會造成蘇祿人民的反抗。甚至新杜也在奏摺中說：「蘇祿人秉性強悍，善用竹槍，百發百中，呂宋人奸而弱，貪慾無饜，若使對敵，呂宋不及蘇祿。」新杜的評論是正確的。不過，新杜所稱「呂宋人」，並非呂宋島及米薩亞群島的人民，而是西班牙統治集團。

蘇祿群島的人民，以山馬族、道索族、巴猺族最多。換言之，菲律賓南方的回教徒有十一個民族，約兩百多萬人，散布在六百多大小島嶼中。他們除了信奉可蘭經，其他血統、語言、風俗、習慣、生活方式、歷史背景等，十一個民族也截然不同。

我在賀洛旅行時，一位年長的道索族回教徒對我說：過去數百年間，炎黃子孫和蘇祿人如兄如弟，蘇祿人叫華僑「咱人」。他們的衣著、風俗和華人相似。蘇祿的省會賀洛，華僑有一千多人，大多經商。早在明朝時期，我國從福建沿海將火藥、鐵料、瓷器、米糧、油、回教儀式用具和日常用品，運到賀洛港，然後在當地採購珍珠、珠殼、蜂蜜、燕窩、魚鰭、胡椒、檳榔等物回國。回教徒和我國商人公平交易，從未發生過排華或歧視華人事件。相反地，不少國人在賀洛和回教徒女子成婚，世代相傳至今，可惜如今已有不少混血兒不會講華語了。

據《皇明象胥錄》記載：

永樂十五年，東王巴都葛叭答剌、西王麻哈剌吒葛剌麻丁、峒王叭都葛巴剌卜並率其屬三百餘人，奉金縷表來朝，貢珍珠、玳瑁諸物。賜王冠、服蟒、玉金帶、鈔幣，各給印誥，即所部封為王。東王歸次德州，卒。命葬以王禮，謚曰恭定，賜祭。御製碑文樹暮道，留其妃妾、僕從十人守墓。

這些留守在山東德州的蘇祿人的後代，到了清朝，有的姓安，有的姓溫。清雍正九年，也就是西元一七三一年，蘇祿國王蘇老丹上書雍正皇帝，准許這些守墓兒孫入中國籍。當即批准。從此他們住在山東德州北營村。一九八六年十一月初，北京和菲律賓合作拍攝〈國王與皇帝〉影片，演員曾赴德州蘇祿東王墓地拍片，而且還拜訪了蘇祿東王第十七代孫子、八十七歲的安慶山。那時安慶山已不懂菲語，全靠翻譯。他卻講得一口濃重的山東話。

蘇祿群島共有二十九個島嶼，賀洛島的最高峰是屠瑪唐吉山，海拔八百五十三米，甚為雄偉。這座山就是我國古書上所稱的「石崎山」。賀洛島西面，有十九個小島，居民皆山馬族，從事海上走私活動為主。我在三寶顏常見印尼肥皂、新加坡牙膏、中國大陸粉絲、肉罐頭，還有韓國的桔汁罐頭，這都是蘇祿西方山馬群島運來的走私物品。蘇祿群島西南方尙有十四個小島，以椰子爲主，當地居民靠捕魚、採珠爲主。食水困難，雨季時水呈黑色，居民要到賀洛去取水。蘇祿群島南方有三十八個島，居民二萬多人，住在海岸。其中達布島、沙西島比較平坦，有華僑數百人經營商業。

達維達維是在達布島西南方，共有八十八個島嶼，人口近三萬人，多屬山馬族。達維達維島出產木材，可造船，因森林茂盛，一九〇三年，島上發現一條三十呎長的蟒蛇，傳爲新聞。最南端的石波多島的菲國最南的疆域，它和婆羅洲僅有十五哩。

菲律賓政府獨立後，一直無法爭取蘇祿群島人民的向心力。武裝反抗，從未間斷。一九五五年，以甘侖爲首的反抗武裝力量，使菲政府調動陸、海、空三軍到蘇祿進行剿匪活動，費了九牛二虎之力，才平息下來。當時一位回教徒記者說：「雖然甘侖倒下去了，另一個甘侖會再出來。」到了一九七二年左右，蘇祿群島的人民舉行全面反叛，政府軍出面鎭壓，死傷人數極多，那次叛亂，燒燬了無數華僑商店，不少華僑和有錢的回教徒拋棄了家園，搬到三寶顏住。

我初到三寶顏時，首先華僑便告訴我回教徒強悍好鬥，最好抱「敬鬼神而遠之」的態度，對於招考新生，最高明的手段是盡量不接納回教徒兒女，否則惹出意外的麻煩。我不經過考慮，當即否決了對方的建議。我認爲開展華文教育爲了推行中華文化。既然孔子「有教無類」，何以對菲國少數民族歧視，這是違背中華文化的。其次，從中菲關係史上，回教徒和華人的友誼源遠流長，我校不能拒絕收容回教徒子弟。至於施以手段拒收，更是不光明正大的行爲。

起初，我的觀點受到牴觸。可是作爲一千七百名學生、一百十五位教職員和二十七位工友的領導人，我寧肯辭職，也不採納他人的建議。莎士比亞說：「聽信別人的意見，保留自己的判斷。」這是主觀與客觀的辯證統一。我在三寶顏中華中學，住在「光華樓」的頂樓。白天上班，夜晚看書、寫作，平安無事。

去年六月二十八日，我校發生「升旗事件」。翌晨，菲律賓的《詢訪者日報》（英文報）刊出新聞，譯述如下：

此間一名駕駛公車司機，回教徒。由於對國旗態度不敬而遭一名學校門警射殺。週一當三寶顏市中華中學學生正在舉行升旗典禮之際，這名守警亞辛紐・依杜拉地在該校門前截停來往車輛時，公車司機亞敏沙・埃泰一再不停按喇叭。當這名守警走近他，埃泰企圖拔出身邊藏匿的手槍，但被依杜拉地先下手槍殺。槍擊事件後，這名守警已躲藏起來。

這所中學隨即停課，當地警察加強保護校園，以防備死者親屬向學校進行報復。

這條新聞顯然有點袒護我校門警亞辛紐・依杜拉地，因爲他和那位司機爭吵時，我校剛升上國旗，開始朗誦效忠政府誓詞。我當時站在講台前，聽見門外響起四聲槍聲，時爲七點七分。槍聲過後，亞辛紐・依杜拉地逃逸無蹤。臨行，留下手槍。九時，只有兩位校董在保鏢保護下，來校參加應變會議。會中決議停課二日。爲了防止意外，勸張校長搬到濱海旅館居住。此事我拒不接受。因爲身爲校長，臨危退縮，將引起學生不安。再者，「躲了初一，躲不了十五。」我進而表明，在戰火紛飛的年代，我是流亡學生，睡過亂葬崗，我連鬼也不怕，怎怕菲律賓人？一位董事說：蘇祿的回教徒報仇，見人就殺，您是學校的領導人，正是目標。我笑道：「若是他們找我尋仇，我搬進旅館又有啥用？」

平心而論，亞辛紐・依杜拉地是我校門警，兩年來，每值深夜，撥開百葉窗向外看，他總是坐在昏暗的燈下抄寫筆記。他年輕，窮苦，半工半讀，有時我晚間出外應酬，總忘不了給他帶回熱狗、炒米粉或水果。每到月底，我總也買給他幾包香菸吸。我是同情他的。可是，亞辛紐・依杜拉地槍殺了一位回教徒司機，造成亞敏沙・埃泰全家九口人的嚎啕痛哭，我是不能諒解他的。

當日，我瞞著校董、教師和武裝警察，帶了一份奠儀和花束，搭三輪摩托車到了殯儀館。迎接我的一片啜泣聲，我不禁熱淚盈眶。行了禮，送了奠儀，一群來自蘇祿群島的回教徒包圍了我，握手、撫肩，他們講了許多熱情地、充滿感激的話，可惜我一句也聽不懂。終於從人群中走出一位青年，他用英語傳達出回教朋友對我的愛；他說：「我們希望你永遠留在這裡。眞主保祐你健康長壽。」

離開三寶顏兩月，祇要闔上眼睛，那連綿起伏的叢山，波濤滾蕩的蘇祿海，以及那些在海邊勞動的棕黑色皮膚、古銅色的肩膀，含著笑意的黑眼睛的默斯林教徒，栩栩如生展現我的眼前。三寶顏距離蘇祿群島「水程十二更」，搭螺旋槳飛機僅需二十五分鐘航程。

從一九七二年賀洛變亂以後，大批的回教徒和華僑湧進三寶顏。目前三寶顏市有四十五萬人口，但流動人口連亞顏市長也搞不清楚。

每當朋友向我問起三寶顏的綁票、投擲炸彈或暗埋地雷所釀成的災禍根源，我總感慨萬端，無言以對。因爲這不是是非題，或是問答題，而是一個有來龍去脈與歷史淵源的申論題。

我想起四十年前一位西方記者寫過兩句話，概括了菲律賓人民的命運：「這裡爲人類幸福準備了一切，但是住在這裡的人並不幸福。」南望蒼茫的巴士海峽的對岸南島，尚有不少人民哀嚎、吶喊。「泰山不讓土壤，故能成其大；河海不擇細流，故能就其深。」雖然西班牙殖民主義者在四百年前給千島之國帶去了基督教義，卻一直彌補不了各民族的隔閡與創傷。天若有情，讓菲律賓產生像孫中山、華盛頓那樣「天下爲公」的偉大人物，我想那才是菲國人民眞正和平幸福的來臨。

春到花滿枝

我來菲律賓南島三寶顏三年，走遍各地佛殿廟宇，多見弘一法師手跡墨寶，至爲驚喜。三寶顏福泉寺內，有一座弘一法師紀念亭。亭台供奉豐子愷爲他老師弘一法師作的畫像，旁刻弘一法師傳略。亭前石柱楹聯爲「願盡未來普代法界一切衆生備受大苦，誓捨身命弘護南山四分律教久住神州。」這弘公當年自撰發願的長聯，想是影印鐫刻上去的。不久前病逝的福泉寺住持傳貫法師，曾追侍弘公七年。他從一九五八年來福泉寺，弘揚佛法，嚴守律宗規則，和弘一法師生前生活習慣完全相同。

福建著名的性願法師，當年主持漳州泉州廈門諸刹，創辦僧學，聞名國內。弘公從一九二八年到福建，和性願法師相處甚爲融洽。性願法師於一九二七年九月來馬尼拉主持大乘信願寺，對於菲律賓佛教發展有一定的影響。原來弘公計畫將動身前來菲律賓，後因戰亂與染病關係，不能離開，誠爲一大憾事。

和性願法師同時來馬尼拉弘揚佛教的性常法師，是弘公學律門生中最精進的一位。弘一法師在一九四〇年曾寫信給他，內云：「仁者往菲島後，仍可爲鄙人護法，雖遠隔重洋，實與晤言一室無以異也。乞仁者須痛念法門衰落，發宏願誓負此重責，萬勿推卻，至要至要。」可惜弘公於一九四二年十月十三日圓寂後不久，性常法師也病逝馬尼拉，這實在是佛教界的損失。

弘一法師於三十年代曾在福建創辦佛教養正院，親自草擬章程和書寫院額。聘瑞今法師爲主任，廣洽法師爲監學，高文顯等爲講師，招僧上課。瑞今法師於抗日戰爭勝利後來菲，住持大乘信願寺。去年他來三寶顏福泉寺曾見過面，雖已八十有八。精神昂揚，步履穩健。今年六月瑞今法師因心臟病入馬尼拉崇仁醫院治療，已癒。瑞今法師文學修養不錯，他是弘公得意弟子。

弘一法師弟子，曾在福建佛教養正院任講師的高文顯，廈門大學畢業。一九四八年來馬尼拉，創辦慈恩小學。並於五十代在三寶顏中華中學擔任國文、博物教師，一方面進修海洋生物學。三年前我接長中華中學，不少同仁談及高文顯趣事。他不拘小節也不注重形式，對學生非常疼愛，常帶學生在椰樹下講文學，或渡海去聖克魯茲島教博物課程。每次考試，學生所得皆八十五分以上，皆大歡喜。高文顯原籍南安，妻泉州人，他是佛教徒，不食葷，唯常食雞湯，倒是一件鮮事。他在我校任教，自己煮飯，暇時常到福泉寺和住持談律，頗不寂寞。後來赴英國留學，獲博士學位，轉赴新加坡南洋大學教書。高文顯也即是勝進居士，他因高血壓症於兩年前逝世。

一九三三年十月，弘一法師偕僧侶路過泉州西門外潘山，意外發現唐末詩人韓偓的墓。弘公坐在墓前痛哭流淚。當時跟隨弘公的高文顯問起韓偓，才知道弘一法師非常景仰此人，他否認《香奩集》爲韓偓的詩稿，頌揚韓偓是一位憂國憂民的傑出詩人。高文顯不久在惠安松洋洞尋到了韓偓的眞跡，當即把韓偓的一首詩，抄呈弘公。詩曰：

微茫煙水碧雲間，
掛杖南來度遠山。
冠履莫教親紫閣，
衲衣且上傍禪關。
青邱有路蓁苓茂，
故園無階麥黍繁。
午夜鐘聲聞北闕，
六龍繞殿幾時攀。

弘一法師看了這首詩，大爲讚賞，錄爲中堂，作爲精神上的紀念。雖然弘公否定韓偓是《香奩集》的作者，尚待考證，但是他的憂國憂民的情感確是眞摯感人的。

弘一法師在晚年一直和高文顯保持書信往來，皆談有關韓偓及文史問題，可見弘公身爲僧人，依然對文學具有濃厚興趣。

弘一法師的晚年，自一九二八年起十四年間，皆在閩南。最初數年雖常到上海、溫州、紹興、杭州、慈谿、鎭海等地雲遊，但從一九三七年以後，除了一度到青島湛山寺講律小住數月，弘公一直往來泉廈之間，隨緣居住。在廈門他先後住過南菩陀、太平岩、妙釋寺、萬壽岩、日光岩、萬石岩和中岩。抗戰初一度到漳州住過南山寺、瑞竹岩和七寶寺。他在泉州則住過承天寺、開光寺、百原庵、草庵、福林寺。南安小雪峰、慧泉、靈應寺。惠安淨峰寺、靈瑞山，以及安海澄渟院、永春蓬壺普濟寺等處。先後跟他學律的有性常、義俊、瑞今、廣洽、廣究、曇昕、傳貫、圓拙、仁開、克定、善契、妙蓮等十餘人。

傳貫法師原名龔育恩，福建惠安東嶺龍村人。二十歲出家。他從一九三三年起追隨弘公學律，並隨侍弘公達七年之久，因此傳貫法師的生活修養受到弘公影響很深。弘一法師於一九三五年農曆四月十一日傍晚，由傳貫、廣洽侍行，自泉州坐船到惠安淨峰寺，共停留半年時間。弘公的生活起居皆由傳貫法師料理。

弘公在惠安時期，凡有訪客，首先通過傳貫法師問清來者情況，再向弘公說明才同意接見。當時錢山小學校長、基督教徒莊連福因仰慕弘公，偕同傳教士陳連枝到淨峰寺拜會弘公，卻被傳貫法師阻住，以爲異教不相容，不肯引見。事後傳貫將此事告訴弘公，受到批評。次日上午，傳貫法師意然走到錢山小學長跪謝罪，說是奉師父指示而來，同時贈送弘公親筆單條四幅及《華嚴經》一部。從這件小事看弘一法師的偉大風範。

弘公對惠安有濃厚的感情，曾先後去了四次。惠安縣長石有紀是他的學生、信徒。同時傳貫法師也是惠安人。淨峰寺在濱海淨峰山上，風景絕佳。弘公曾在淨峰寺菊花含苞待放時口占一絕紀念。詩曰：「我到爲植種，我行花未開：豈無佳色在，留待後人來。」這種謙卑的意識是值得我們學習的。

弘一法師在一九三六年曾手鈔《功德經》，爲使傳貫法師的亡母龔許柳女居士消除業障、早成佛道。這本《功德經》我曾看過。傳貫法師複印了一百餘冊，分別贈送菲律賓和南洋各地寺院。

傳貫法師曾於一九三七年二月追隨弘一法師和仁開、圓拙法師到山東青島湛山寺參學。結識妙蓮法師，九月返回福建。到了一九四六年十一月十七日，傳貫和妙蓮在晉江檀林鄉福林寺閉關三年，迄一九四九年底出關。一九五六年，傳貫法師應菲律賓三寶顏福泉寺董事會聘請來菲。初抵香港，寄單九龍大佛寺，直到一九五八年才來三寶顏，住持福泉寺。

傳貫法師生活極爲儉樸，日食二餐，清粥、米飯、青菜豆腐。偶而爲他做點香菇、麵筋食物，他總斥爲浪費。三寶顏近海，氣候雖比馬尼拉好，但氣溫常在三十二攝氏度。三十餘年來，傳貫法師從未用過電風扇。三年前我初抵此，他兼觀音學校校長。當然知我到此。雖我多次想看望他，怎奈傳貫法師過午不食，過了上午十一時三十分，既不進食，也不會客。這樣歲月蹉跎，直到今年八月底傳貫法師過世，竟無緣會面，這是我引以爲憾的事。

近代的佛教傳入菲律賓，我國福建省沿海一帶人民是播種者。最初只是家人禮供佛像，日久天長，由家奉變爲公奉，終於籌款建立寺廟。早期馬尼拉的觀音堂、圓通寺，以及三寶顏的福泉寺，都是這樣創始的。一九三一年，華僑佛教徒組織「旅菲中華佛學研究會」，出版《海國伽音》刊物，並提議興選廟宇。後適逢戴季陶先生來菲，請戴氏主持奠基典禮。此即是大乘信願寺。一九三七年性願法師應邀來馬尼拉主持，宣揚佛法。到了四九年，性老告退，聘請瑞今法師繼任，他倆皆爲弘一法師的知己。馬尼拉的普陀寺、宿燕寺住持都從福建來的。寶藏寺、華藏寺先後落成，皆和福建佛界有關。後來，宿務修建定慧寺，三寶顏建立三寶寺，菲律賓佛教呈現一派欣欣向榮的氣象。

弘一法師生前重視佛教教育，他對中國佛教的貢獻是不朽的。當年弘公因感近代律學式微，若不急起提倡，終必歸於淹沒。在律學中，因南山律宗一派的行持，比較適宜我國的環境與機宜，所以他將此宗作爲研究的目標。南山宗的作品有《四分律刪繁補闕行事鈔》、《四分律含注戒本疏》、《四分律隨機羯磨疏》三大部。弘公將它整理製成因緣及其戒法、戒相、戒行與微細之持犯輕重一一列出，並親自寫成《四分律比丘戒相表記》一冊，這是研究律學不可不讀的經典作品。

近半世紀以來，弘一法師弟子散居菲律賓各地，弘揚律學，宣傳佛教，建立了普賢小學、文殊中學、慈恩小學、觀音學校，作出了不可磨滅的貢獻。弘公地下有知，當含笑九泉。我常想，若是弘一法師不患肺病，日本軍國主義不侵略中國，弘公一定達成來菲弘揚佛法願望，而今日菲律賓的佛教將是另一番蓬勃景象。

李叔同出家前後

我國早期話劇活動家、藝術教育家李叔同削髮爲僧，是一件震驚亞洲文化藝術界的事，他在出家前爲一瀟洒美少年，章台走馬，一擲百金，出入歌場，依紅偎翠，沉浸人間溫柔鄉裡，何以看破紅塵，像賈寶玉似的遁入僧門，這是七十多年來文化藝術人士感到困惑不解的問題。

抗日戰爭前夕，杭州〈越風〉主編黃萍蓀通過夏丏尊、姜丹書、馬一浮介紹，請求正在廈門講經的弘一法師撰文，講述他出家的經過，該文由弘一法師口述，廈門大學學生高文顯〔註一〕筆錄，不料刊登弘一法師專文的〈越風〉雜誌增刊〈西湖〉剛印出來，正待寄出時，適巧「八一三」戰爭爆發，杭州遭受空襲，郵局停收外地印刷品，接著杭州淪陷，數千冊雜誌散失一空，五十年後，年逾八旬的黃萍蓀先生爲輯述〈從貴公子到苦行僧〉，終獲浙江圖書館館員余子安的協助，從蛛網封塵的舊書堆中找出一冊〈越風〉增刊〈西湖〉，才使弘一法師原文復見天日。

弘一法師在〈我在西湖出家的經過〉中說，杭州有兩千多座寺廟，實堪稱爲佛地。他初次來杭州是在清光緒二十八年，在此住了一個月光景，卻沒有到寺廟中去過，再度來杭州，時在民國元年七月，住於錢塘門內，離西湖很近，他常到西湖邊的「景春園」茶館樓上吃茶，茶館附近是昭慶寺，當時有一千多僧人，爲西湖四大叢林之一，附近尚有靈隱寺、淨慈寺、海潮寺，那時他只是偶而進廟遊逛一下而已。

弘一法師說：

曾有一次學校裡有位名人來演講，那時我和夏丏尊居士兩人，卻出門躲避而到湖心亭去吃茶了，當時夏丏尊對我說：「像我們這種人，出家做和尙倒是很好的」，那時我聽到這句話，就覺得很有意思，這可以說是我後來出家的一個遠因。

民國五年夏，李叔同從日本雜誌看到有關斷食治病法，引起他的興趣，那時他患神經衰弱症。爲了斷食，他通過朋友的協助，於是年十一月底投進虎跑寺，住在方丈樓下的一間清幽的房內。住了半個多月，吃素、看佛經，實施斷食法，這段寧靜生活促成他出家的意願。到了民國六年下半年，發心吃素，是年冬，李叔同讀了許多佛經，如〈普賢行願品〉、〈楞嚴經〉、〈大乘起信論〉，他在房裡供起佛像，而且也每日燒香。寒假，他沒有返家，卻躲在虎跑寺過年，同時也在「民國七年正月十五受三皈依了」。

弘一法師說：

我打算於此年的暑假出家的。……在二月初那天，是我母親的忌日，於是我先兩天前到虎跑寺，在那邊誦了三天的〈地藏經〉，爲我的母親迴向（即轉世爲人）。……

…及至七月初的時候，夏丏尊居士來，他看到我穿出家人的衣裳，但還未出家，他對我說：「既住在寺裡面，並且穿了出家人的衣裳而不即出家，那是沒有什麼意思的，所以還是趕緊剃度的好。」

我本來是想轉年出家的，但是承他的勸，於是就趕緊出家了，便於七月十三日那一天，相傳是大勢菩薩的聖誕，所以就在那天落實。

從此可以看出李叔同出家，帶著幾分浪漫主義氣息。他既未在情場失意，亦未在官場失意，更沒有在商場破產失敗；卻在因斷食療病住進寺院，而對佛門產生興趣和感情，終於剃度爲僧，這不是藝術家的浪漫氣質是什麼？他在出家前夕，那位和他相戀而同居的日籍名姝幸子抱著嬰兒，從上海虹口區多倫路趕來西湖畔想見他一面，竟遭他斷然拒絕，這件事做得非常突兀可笑，若非帶有神經質的藝術家，實難做出這樣絕情的事。果然，到了抗戰爆發，李叔同——弘一法師已經做了將近十年和尙，他對時局依然關心，對日軍侵略者恨入骨髓，他曾以出家人身份在廈門向僧侶宣告：「吾人吃的是中華之粟，所飲的是溫陵之水，身爲佛子，於此時不能共行國難於萬一，自揣不如一隻狗子！」身爲和尙，弘一法師自題居室「殉教堂」，並日書楹聯數十幅：「念佛不忘救國；救國必須念佛」，任人取去，當廈門未淪陷時，日本一位艦隊司令登陸，拜訪弘一法師，並堅持以日語對話，弘一法師以「在華言華」，予以婉拒，司令說：「吾國爲君之婿鄉，又有血緣之親，何意忘之？」弘一法師用華語說：「貴國爲吾負笈之邦，師友均在，倘有日風煙俱淨，祥和之氣重視，貧僧舊地重遊，謁師訪友，以日語傾積久之愫，固所願也。」司令又說：「論弘揚佛法，敝國之環境較貧窮落後的貴國爲優，法師若願命駕，吾當奏明天皇，以國師禮專機迎往。」弘一法師沉下臉來，用華語通過翻譯向侵略者說：「出家人寵辱俱忘，敝國雖窮，愛之彌篤！尤不願在板蕩時離去，縱以身殉，在所不惜。」那位日本艦隊司令只得悻悻離去。

若是李叔同沒患肺結核，可能會從福建前往菲律賓、星馬一帶弘揚佛教，號召華僑抗日，他於民國三十一年病逝。〔註二〕

〔註一〕筆錄弘一法師這篇文章的高文顯，廈門大學生物系畢業，因爲他愛好文藝，又信奉佛教，所以大學時期常與弘一法師往來。抗日戰爭勝利後，高文顯在廈門作中學教師，後來赴菲律賓馬尼拉，繼續作華文教師，一度接任一所佛教主辦的華文學校任校長。六十年代末期，轉任菲國棉蘭佬島的三寶顏中華中學教授博物、語文，據該校資深教師杜秀玲告訴我：「高老師文學修養不錯，常去佛教寺廟講授佛經，他吃素，不過每隔十天半月他會炖母雞湯吃，他常帶同學去海對面小島作博物實驗，所謂實驗，撿貝殼、抓螃蟹、潛水摸小魚，每次考試一律八十五分以上，同學都喜歡他，家長批評他是不負責的老師。」高文顯離開三寶顏，前往英國倫敦牛津深造，攻海洋生物學，獲博士學位後轉新加坡大學任教。黃萍蓀先生說他「數年前也作了和尙」，想是筆誤，因爲從七十年代末期，我曾在新加坡、馬尼拉和高文顯居士見過面，並談起弘一法師生前軼事，高氏比我年長十歲，患高血壓病，後住香港，我曾邀請他來臺灣旅行，一九八五年在馬尼拉會面，才知他有意返回廈門。不久聽到他病逝消息。他是一位佛教徒，從未出家作和尚，高文顯對三寶顏極爲眷戀，後來我也在三寶顏中華中學作了三年校長，眞是巧合、緣份。

〔註二〕弘一法師晚年隨侍身邊的是妙蓮法師。弘一圓寂前，曾親筆手書「悲欣交集」四字，交與妙蓮法師，我在菲律賓三寶顏時曾和妙蓮法師通信，他還贈送我一冊弘一法師生前的演說小冊子。目前妙蓮法師住持福建泉州大開元寺，身體尙稱硬朗。

返臺手記

春節前夕，自菲律賓返家過年，老伴見我面色枯萎，貌似甘地，心有不忍，偕我到菜市場買一隻母雞，四百一，嚇我一跳。我嫌太貴，因爲菲律賓的正下蛋的土雞，兩斤重最多九十元。老伴罵我囉嗦，趕緊買了些青菜、瓜果回家。途中，遇到鄰家的洪姓女孩，正駕車出外開會，寒暄幾句，才知道她做了農業部司長，又嚇了我一跳！

這女孩從小活潑可愛，我家小犬每逢談起這個女孩，總是「傻小子放炮仗」——又怕又愛，因他癩蛤蟆吃不到天鵝肉，既羨且妒也。這女孩長到十八，從未進過菜市場，更沒有到農村，她對菠菜、莧菜、白菜、芹菜、韭菜、皆不認識，一律稱爲「青菜」，甚至她連黃瓜、茄子、辣椒、黃豆芽也喊不出名字；套句古代對知識分子的諷刺話，這姑娘「四體不勤，五穀不分」，眞是一個典型的資產階級新女性。那年大學職考放榜，小犬躲在房間以紫微斗數算命，不敢出來見人；洪家女孩以第一志願考取某大學植物學系，怪哉！

其實一點不怪。「書中自有黃金屋」、「讀書志在聖賢」，不認識菠菜、莧菜、白菜、芹菜有啥關係？那是普通婦女所知的常識。作爲臺灣時代青年，只要通過考試的窄門，走出臺北、留學海外，再通過理應外合的形式主義的考試，便做了官。易如反掌耳。

晚間，老伴帶我去看《無言的山丘》。進門買票，一百六，又嚇了一跳。我扭頭想回家，不少人圍近看笑話。我說馬尼拉的第一流電影院，票價三十元，還包括二元火山災民救濟金；三寶顏的電影院樓上十二元，樓下十元，進門還贈送一粒薄荷糖。臺北物價漲得眞快，像芝麻開花——節節高。老伴的眼睛，擠出了渾濁的淚花；「越老越糊塗，可憐啊。這片子獲得五項金馬獎。多好！」低頭進電影院，心裡不是滋味。

晚間閑翻《子弟書》，有趣。這是清乾隆年間滿族子弟流傳的曲藝，類似京韻大鼓。作家有羅松窗、韓小窗等人。清亡，這種《子弟書》也絕傳了。它的精華大半爲大鼓、單弦所吸收。

有一段《廚子嘆》的文章，很妙：

這如今連年旱澇飛蝗起，物價兒說來把人笑煞！斗粟千錢斤面半百，羊長行市豬價扎啦。一個大錢買乾葱一段青椒一個，八九十文買生薑二兩買韭菜一掐……

我獨坐燈前，愁眉不解，臺灣既無旱澇災情，更看不到蝗蟲在哪兒飛，爲啥物價比美國還高幾倍呢？我曾看到過不少清代文學作品，都是一片風調雨順、國泰民安的頌歌；只有在《子弟書》這種達官貴人不屑一顧的閑書中，才聽見乾隆年間人民發出的牢騷與嘆息。詩人劉半農《一個小農家的暮》，寫農民喝酒作樂，劉雪庵作詞、黃自作曲《農家樂》，一直是「笑呵呵」；試問千百年來，咱們中國農民什麼時候「笑呵呵」過？

香港速寫

吃在香港

我到香港旅行，投宿在九龍油蔴地一家小旅館。清晨出門吃早餐，一杯奶茶，一盤煎蛋，只花港幣六元。香港是廣東人的地盤，我聽不甚懂粵語，更不會講粵語，因此進飯館非常彆扭。廣東的魚腩粥非常有名，叫一碗粥，再要一碟牛肉河粉，是一頓豐富的早餐。我不會講，只是指著牆上貼的樣品，朝堂倌伸出一根手指頭，他大概明白了我的意思。怎知等了半晌，他端上來的卻是一碗皮蛋粥，我只得捏著鼻子喝下去，你說不懂粵語是多麼痛苦！

油蔴地附近的茶樓，每天上午前往飲茶的人川流不息，非常擁擠。香港人最愛飲茶，尤其是星期假日，每家茶樓都擠得要命，若是缺乏耐心的人最好躲在旅館吃麵包、喝白開水，因爲排隊等候座位的滋味實在難受。我單身去飲茶，也效法香港人的習慣，「一盅兩件」，就是一壺茶，兩碟點心——蝦餃和叉燒包。別看才花港幣二十元，我卻可以喝到中午，把兩份報紙從社論看到分類廣告，那些服務生依舊笑容可掬，不敢怠慢，這比起臺北的餐廳侍者的嫌貧愛富的勢力眼，眞有天淵之別！

只有常在香港吃小館的人，才體會出臺北的小館，貴得離譜，貴得不合理。就以進速食店而言，在香港喝一杯咖啡，一個漢堡、一包薯條，也僅合新台幣二十八元。但在臺北吃一個漢堡就得三十元，這讓香港人聽了直伸舌頭。一位青年工人進餐時對我說：「等我將來積存很多的錢，再去臺灣旅行。這兩年，我去泰國、菲律賓觀光，這兩個國家比臺灣落後，物價比較低一些，你們臺灣生活太高了，玩不起呀！」我聽了這些話，並不感到光榮，只覺得臉紅。

其實臺灣的物價並非過高，而且大多數同胞都過著樸素的生活。只是被少數充滿市儈氣息的暴發戶，給外面造成了奢侈浪費假象，同時也間接提高了物價。

香港的大牌檔是中下層社會民衆的飯店。我初次聽到大牌檔的名稱，在十年前的新加坡旅行中，當地朋友帶我去大牌檔吃「排骨茶」。新加坡比起香港的大牌檔，小巫見大巫，實在不能相比。我在油蔴地住了一週，每到晚上，附近的大牌檔高朋滿座，甚至連幾條馬路也被火鍋攤佈滿，眞如同婚喪宴席一樣的熱鬧。大牌檔賣的是普通的粥、粉、麵、飯。粥有牛肉粥、魚片粥、及第粥、皮蛋瘦肉粥、豬血粥；粉有炒粉、湯粉、牛腩粉、牛雜粉；麵有湯麵、炒麵、雲吞麵；飯有臘味飯、燒鵝飯、叉燒飯、牛肉飯等，如果要一客飯，一碗例湯（骨頭肉湯），配上一碟「菜膽」（就是將菜心在沸水中燙熟，抹上一點蠔油來吃），只需港幣十五元，折合新臺幣也不過五十元，吃得你滿嘴冒油，擦淨嘴巴回旅館睡覺去。

所謂「飲茶粵海最難忘」的諺語，指的是廣州。香港的飲茶風氣從廣州引來，卻勝於廣州。不過，對於住久臺灣的我而言，對香港的茶葉的色香味卻極不習慣。我喝文山包種茶已經成癮，這種茶非常芳香可口，色澤淡紅，維他命C最多。香港茶樓的茶，鐵觀音味苦，普洱茶淡而無味，在我的味覺裡，那只是解渴而已。但是我們不可忽略一個關鍵性問題：飲茶是最合乎衛生的一種習慣，因此我們應當推崇廣東人最懂得生活享受。

香港的咖啡比臺灣便宜，而且可口。最高級的半島、希爾頓、文華、新世界、香格里拉等酒店咖啡座，叫一杯熱咖啡，你可以繼續喝上三杯、五杯，卻只付一杯的錢。目前價格港幣二十元，也不過新臺幣七十元。若在臺北的大飯店喝咖啡，一杯（只限一杯）不敲你一百二十元，罰我請客。

附帶一句：香港的茶樓、咖啡座沒啥付「小費」的陋俗，給或不給，同樣鞠躬送別；不像咱們首善之區的臺北，即使你撒一泡尿，也得繳納小費，這眞是讓人搖頭的事。

女人街購物

凡是在香港停留稍久的人，都知道香港的旅遊辦得最爲出色，若和臺灣相比，至少要相差五年。旅遊業者親切、耐煩，而且價格絕對公道，決不會發生「放鴿子」的事件。

爲什麼香港旅遊業比較出色？原來香港所以繁榮，它是靠著製造業、建築業、金融業和旅遊業四大項目培育而成的。最豪華的澳門二日遊，也只是四百三十元港幣，折合新臺幣一千四百四十元。這個數目在臺灣旅行花蓮、太魯閣還不夠呢。至於到歐美及亞洲等地旅行，價目比臺灣便宜三分之一以上。看了報紙上刊出的旅遊廣告，我發誓不再出國了，因爲咱們的旅遊業的竹槓敲得過份厲害，也敲得讓人傷心難過。

所謂商業道德，這是王二麻子話。如果商人不賺錢，便會關門大吉，商場則呈現蕭條景象。香港的物價低廉，旅遊便宜，最大的原因則是商業競爭的結果。這是馬克思在一世紀前看不出的資本主義社會現象。

近幾年來，香港出現了著名的「女人街」，港島有，九龍也有。所謂女人街，決不是風化區，而是專門露天陳設攤販的一條小街，我住在油蔴地附近，每當華燈初上，「女人街」便開始忙碌起來。在街的兩旁商店，照樣營業，馬路中央排列了四層攤位。出售的貨品眞是五花八門，男女衣服、皮包、鞋、錄音帶、化妝品、大陸的成藥及酒、麻將牌、文具、年畫圖片、絲襪、運動器材、黃色畫報等，什麼都有。在晚上十時左右，遊人最多，擠得摩肩接踵，水洩不通。據說旺角「女人街」最爲著名，白天也擠得要命，可是我沒去過。

在「女人街」購物，你必須講價錢，否則便當了冤大頭。那晚我在彌敦道一帶「女人街」散步，走近一家出售牛仔褲的攤前，選了一條準備給星兒穿，問他價錢，他說一百二港幣，我心想才合新臺幣四百元，簡直太便宜了。我紅著臉笑道：「一百一吧？」那青年小販把褲子裝進塑料袋，低聲說：「好吧。」我感到歉疚不安，平日花錢應酬，千兒八百，我並不在乎，爲啥來到香港少給攤販十元港幣？這筆數目也只能買一包長壽煙。我豈不有欠厚道麼？回到旅館，我將此事講給一位臺灣青年聽，對方聽了大笑，爽朗地說：「張先生，你是凱子。這條牛仔褲，最多也不過值八十塊港幣，你當了冤大頭了！」

逛「女人街」，我獲得一個啓發：天下的物品是買不盡的。菲律賓前總統夫人伊美黛有三千多雙進口皮鞋，她每天最多穿三雙鞋，而腳上也不過只有一雙而已。菲律賓有數百萬婦女一輩子沒穿過皮鞋，她們享受的愛情、親情及友情，和伊美黛一樣，也許更眞摯而濃厚些。三十多年前，我談戀愛的時期，若是送女友一小瓶「旁氏面膏」，女友感激涕零，摟住我的長頸「打寇斯」；但是，如今有人送女友的「生日禮物」是一枚五克拉鑽戒，聽說那位小姐只是「淡淡的一笑」而已。

逛香港「女人街」，我悟出天下的女人，畢竟比男人的心明亮、聰明而細緻，因爲她可以給丈夫、兒女買到合身的衣服或鞋襪，買到適合家用的物品。男人，大多半是粗心大意，而且缺乏耐心去購物，寧願去「麻雀館」，或是在咖啡館談天下的飛彈、地下的塡海工程，或是一九九七香港面臨的問題；可是，他們只是胡吹海唠，對於現實亳無幫助，借一句上海話，這只是「殺時間」而已。

聽說從大陸來香港旅行的人，最愛到「女人街」購物。因爲「女人街」的物品種類多，而且相當低廉。在大陸的廣大農村，紅旗招展下，八億農民過著「地瓜乾子是主糧，雞腚眼子是銀行」的窮苦生活，如今經濟改革開放，有點餘錢，男人買雙鞋，買件厚夾克，婦女買瓶雪花膏，順便給小孩買一頂皮帽，香港「女人街」到處可見。

無名英雄

如果拿香港和遼闊的中國版圖相比，香港眞是滄海一粟，彈丸之地。香港的版圖，包括七五．六平方公里的香港島、十一．一平方公里的九龍，和接近廣東省的九七一平方公里的新界，在這狹小的殖民地，卻擁有六百萬人民，如果加上外來的遊客，香港的人口應平均總有七百萬左右。

據我手邊的一項統計：一九八四年，有三百一十五萬外來遊客到了香港，使香港增加了一百四十三億港幣。你想，香港的人口何其多？香港的治安問題何等嚴重！還是用一九八四年的統計資料，全年共發生罪案八萬三千五百三十二件，總平均每六分鐘發生一件罪案。那年一月三十一日，在港島最繁華的中環德輔道中寶生銀行門前，發生搶劫運鈔車案，通過香港警察不眠不休的努力，終於在短暫的十二日內，勝利破案。追回一千五百萬港幣，搶匪完全被捕。難怪近十年來香港拍攝了那麼多歌頌警察的影片，他們更是偉大的英雄人物。

從我提著旅行包走出九龍啓德機場，看到摩肩接踵的人群，我便泛起了愁腸來。幾千名旅客一波又一波湧向計程車（香港稱的士），我得等到何年何月才坐上計程車？但是，只有兩位警察，站在行人的兩端，指揮旅客搭乘計程車，既有秩序而且寧靜，我不禁暗自吃驚：「爲啥香港的警察有如此能幹，他們能把不守公共秩序的中國人，管理得如此井井有序，咱們臺灣的警察應當向香港警察學習。」坐上計程車，我又有些迷惘懊悔，剛從臺北來，我就立刻忘掉臺灣警察風裡雨裡奔跑，夜以繼日勞動，難道他們的心血比香港警察低廉麼？

我投宿在新塡地街的中誼賓館，經理王天寵、管理員姜韜都是山東同鄉，他們是退休的高級警員。早在一百年前，英國爲了治理香港，從山東威海衛市招募了許多身材魁偉、一身是膽的青年，從威海衛搭海輪到了香港，進行警察專業訓練，作了警察。因此，老一輩的香港警察多爲山東威海衛、煙台、青島一帶人，如今他們都已退休。王天寵、姜韜二位鄉兄身材高、相貌好，講話爽快憨直。王經理對我說：「老鄉，臺灣有兩句話是誰說出來的？警察對待滋事的群衆，打不還手、罵不還口，這是啥意思？」我向他解釋，警察和軍隊一樣，都是保衛民衆的公僕，所以應當禮讓些。王天寵有些激動地說：「你這話不合情理。警察和人民是平等的，既然平等，爲啥打不還手、罵不還口，這不是明擺著欺侮警察麼？我幹了三十六年警察，參觀過二十多個國家的警察訓練設施，俺頭一次聽到這種不合情理的話。老鄉，打個比方，俺打你，你不還手，這像話麼！」

這些曾把智慧與精力貢獻給香港的山東人，他們是理智的，也是富於愛國意識的。過去八年來，王天寵曾爲數十位臺灣退休老兵，代向大陸寄信、匯款，他默默地做了很多善事。講到感人的地方，我禁不住熱淚盈眶，握住他的大手，感激地說：「你做的好事，老天爺會明白的。這是一場血淚的悲劇。將來，絕對不會再發生了。」那晚，我竟然神經質地偷偷哭了一場。

目前香港有三萬二千多名警察，裝備素質不錯。過去，俺們山東老鄉稱雄警界的年代，警察只有小學程度，如今文化程度水漲船高，投考普通警員須具備中五的教育水平（相當臺灣五專畢業），而且投考困難。一九八六年投考警員有九千三百零三名，最終錄取九百九十四人。可見香港警察的地位，深受人民的尊重。

早在十年前，我便知道住在英國倫敦的皇家大律師高俊，山東青島人，早年便在香港作警察。他勤奮好學，手不釋卷，即使蹲在廁所大便，仍然猛啃英文法律，天下的成功絕不是偶然的，也不是靠人情關說得到的。山東出了高俊大律師，什麼時候再產生這樣的一位？

血汗寫的奇蹟

從油蔴地搭地下鐵路電車渡海去對岸灣仔，只需付五元五角港幣，不到十分鐘便可到站。地鐵車站的設施、管理，以及高度自動化，眞是世界罕見的。我建議臺北的地鐵管理人員，不必前往歐美或日本觀摩，只要學習到香港的地鐵管理技術，那已是世界第一流的水平了。

只要你走進地鐵車站月台，眨眼間便有電車飛馳進站。目前每列車有七至八節車廂，坐在車廂內，空氣調節非常舒適，配套設備也很齊全。每天的上下班旅客尖峰期，兩分鐘開一班車，可運載旅客二千五百人，每天平均載客約一百六十萬人次。稱得上是世界載客最高的地下運輸工具。

即使在颱風過境時，它也影響不了地鐵的正常運作。現在，從九龍的尖沙咀到港島金鐘站，地下電車風馳電掣駛過海底隧道，到達海的對岸，也只需三分鐘。這實在是最迅速而便捷的交通工具。我常想，若是香港發生停電的現象，地鐵系統中斷，島上一片黑暗，那將是多麼可怕的事！

每當電車剛開出車站，列車播音員便以粵語、英語播報下一站站名，有時還介紹讓旅客如何換車，服務非常遇到。但對那些從外地來的不懂粵語、英語的觀光客而言，仍是苦惱的事。

我在灣仔街頭散步，想打聽一家書店，問了數位攤販，他們都聽不懂我的「山東國語」，後來去問巡邏警察，那個青年警察帶著歉意笑容說：「奧唔識聽。」直到我用英語問他，才得到滿意的回答，唉唉，同是炎黃子孫，卻用外國語來進行溝通，我總覺得是一樁不光彩的事。這使我聯想起臺灣的同胞，任你走到任何角落，他們都聽懂我的話，這又是多麼值得興奮的事！不過，等一九九七年後，香港人應該學習普通話了吧。

從一八四二年鴉片戰爭失敗締結了「南京條約」割讓香港，香港當時是一座荒涼的漁港。這是遠古的話。一九四九年五月，當北方的戰火正在燃燒，一群純潔的山東流亡同學住在廣州碼頭，便有年齡稍長的同學到過香港，聽說那時香港只有小工業，不少還是家庭式的作場，當地人稱爲「山寨工廠」。如果年輕人到香港，除了當警察以外，便是作漂泊四海的水手。因此，八千多山東青少年都不肯去香港，並非害怕患「香港腳症」，而是眼前還有一片絢爛而充滿希望的遠景。

咱們中華民族的命運坎坷，國事蒼涼，同時外貌也顯得乾癟醜陋，如同一顆顆褐色的富於韌性的松籽。但是，別過份輕視松籽，它隨波逐流，隨遇而安，只要它抓住一撮土壤，它便會在那兒紥根生長最後茂盛起來。今日全世界矚目的香港，也不過是近四十年來繁榮起來的，和臺灣差不多。我們必須指出：香港決不是帝國主義建設成溫柔鄉、安樂園，讓炎黃子孫進來享受現代化生活。香港的一草一木、一磚一石，從地下到天空，從新界、九龍到港島，每一座高樓大廈都是中國人的血汗凝結而成的。我指的血與汗，不是作文描寫的詞彙；近二十年來，五六十層的新的大廈如雨後春筍，應運而生，著名建築師貝聿銘設計的七十層的中國銀行新大廈，矗立雲霄，僅是近十年來從建築中的鷹架跌落而死亡的技術員、工人，就有七八百人以上，這不是流血是什麼！

詩人臧克家的〈英雄〉詩稿，開頭這樣吟道：

用別人的血
寫出來的名字，
沒有光彩。

香港是炎黃子孫用血汗寫出的奇蹟。

消遣文藝

說句不客氣的話，香港沒有文藝，優秀的作家在這兒難以餬口。因爲這兒的讀者極少。若是曹雪芹住在香港，他恐怕連每日兩頓米飯也混不上。香港目前有四十五家華文報，五家英文報，發行約一百八十萬份，平均每三人有一份報紙。只是讀者熱愛的是「馬經」、「股票」、「狗經」，和一些算命卜卦，男女苟合的專欄小品。最讓不懂粵語、英文的氣惱的，有些報紙副刊的作品，中文、粵語、英文像插花一樣間雜使用，形成一種獨特的「三合一」文體，讓你看得撲朔迷離，不知所云。

儘管香港的報刊養不活眞正的作家，但是近半世紀來，在我國戰火紛飛、政治掛帥的局勢下，不少著名的文學作家、藝術家都將香港作爲政治避風港，暫時住下來，等到風平浪靜時，再轉移到內地。這種行爲是消極的，但卻值得同情。

早在滿清統治時期，一群革命黨人在香港成立興中會。爲了喚起民衆，救亡圖存，一九〇〇年創建〈中國日報〉，陳少白任總編輯；接著，〈世界公益報〉、〈廣東日報〉、〈有所謂報〉、〈東方報〉、〈少年報〉陸續出現，這些報紙對於推翻滿清、建立中華具有一定的影響力量。

在對日抗戰期間，香港是文化藝術家的轉接站。許多不願作奴隸的知識份子，爲了切身安全，從上海、武漢先逃到香港，然後再輾轉去大後方重慶，或是南洋星馬等地。著名的愛國文學家郁達夫便是從香港去南洋的，最後仍慘死在日本軍閥的槍口下。戰時，不少著名的文化人士在香港辦報，范長江、夏衍、廖沫沙、薩空了、饒彰鳳等人，那時他們熱血沸騰、風華正茂，但到了六十年代中期，大陸發生文化大革命的風暴時，他們有的打成反革命，有的自殺，有的關進牛棚，這是讓我們感到訝異的事。

我在香港逗留期間，每天早晨要看八種報紙，確實累得頭暈眼花，必須小睡片刻方能上街辦事。華文報紙副刊比較充實的應推〈星島日報〉、〈香港時報〉、〈明報〉，這些報紙副刊常有名家執筆作品，這在資本主義社會的香港，確是大漠之間的水草，難能可貴。

文藝是現實社會的具體反映。在爭分搶秒，每一個人從早到晚投入緊張而忙碌的工作中，他在喝咖啡、午睡的短暫時間，拿起報紙來看，等他看完了重大新聞、「馬經」、「狗經」、「股票經」以後，哪有精神細讀長篇累牘的大塊文章？即使有〈紅樓夢〉、〈約翰・克里斯多夫〉這般宏偉巨著，他也不屑一顧的，這是工商業社會帶來的影響，決不是以作家的願望而轉移的。

因此，香港報紙副刊作品，從二千字、一千字逐漸下降到五百字，如今最受讀者歡迎的則是二、三百字的小品。這種極短篇作品，編排而成條條框框的版面，日久天長，作者的作品也如同香港的住屋，四、五坪一間，人猶如蝸牛一樣蟄伏而居。這就是文化人的悲哀。

從四十年代到七十年代，在漫長的三十年之間，香港的經濟結構發生翻天覆地的變化，物價也翻了好幾番，但是香港的稿費卻一直是千字十元，毫無改變。所謂煮字療饑，實在是非常痛苦的事。近十年來，香港稿費最低五十元，最高一百元，折合新臺幣也不過三百五十元。比起台灣目前稿費數目，依然比較低些。

對於住在香港的作家、文化人，我是非常敬重他們的。因爲生活在資本主義的繁華社會，仍能堅守文化立場，爲喚醒人性良知而創作，這是偉大的腦力勞動。香港和南宋末年的歷史息息相關。宋帝昺到過九龍，如今尚有宋王台遺蹟。文天祥的〈過零丁洋〉詩稿：「辛苦遭逢起一經，干戈寥落四週星。山河破碎風拋絮，身世飄搖雨打萍。惶恐灘頭說惶恐，零丁洋裡嘆零丁。人生自古誰無死，留取丹心照汗青。」零丁洋，就是香港近海的名稱。

賭場內外

在香港街頭散步，偶爾發現「麻雀館」，走進去一看，但見十幾桌麻將，噼哩啪拉，震人耳膜。每桌都有一盞吊燈，煙霧瀰漫，空氣實在烏煙瘴氣，若是八圈麻將打完，賭客的肺若不燻黑那才怪哩。

香港的法律是禁止賭博，但是公開的「麻雀館」、「牌九館」到處都是，而且晝夜不停，警察根本置之不理。據說打麻將是「耍樂」，而非賭博，妙哉！

香港的華人請客，無論喜筵或壽筵，你千萬別按時間到場，否則你會氣得半死，喜劇變成悲劇。請帖印的是七時入席，若準時到達酒店，但見 哩啪拉，幾桌麻將打得正酣，旁邊還有觀戰的親屬。眞正開席吃飯，那最快也得等到晚上十點以後。若是血醣低的人，一定餓得癱臥在酒店的飯桌旁。

香港賭馬是最大衆化的賭博。從十一年前沙田跑馬場啓用以後，賭馬已進入現代化。現在香港電話戶口投注已達三十萬以上，投注的形置有位置、連贏、獨贏、孖孖Q、孖寶、三寶、三重彩、四重彩、六環彩等。據統計香港的「馬迷」（其實就是賭客）有一百五十萬人以上。每當沙田跑馬場跑馬時，平均有四萬人前往觀戰，每到此時，香港的交通呈現嚴重阻塞現象。

香港賭馬是非常誘人的賭博，如果你一擲千金，賭贏的話頓時成爲億萬富翁，否則傾家蕩產，蹈海自殺！自從香港政府舉辦賽馬九十多年來，不知贏了多少人民的賭資，這恐怕無人過問這件事吧。

打開香港的華文報紙，幾乎都有「馬經」。如「馬場心得」、「馬主日記」、「馬人茶座」、「賭馬之道」、「馬匹縱橫」、「馬房消息」、「馬圈搜秘」等，令人嘆爲觀止。

若是搭乘水翼向西航行，僅需一小時便駛抵澳門，那是一個公開賭博的「東方蒙地卡羅」。走在澳門街頭，空氣新鮮，人口也不甚擁擠，但是那麼多的觀光客上哪兒去了呢？去遊山玩水麼？不是；去看電影嗎？更不是；原來這些賭客都去賭場了。澳門有多處賭場，最著名的是「葡京娛樂場」，它位於那條長達三公里的澳 大橋的橋端，交通非常便利。這家賭場一天二十四小時，甚至一年到頭賭個不停。五層樓的賭博大廳，每層都擺滿了各類的賭具，周圍裝設了數百具「吃角子老虎」，人山人海，水洩不通。你走進賭場，才發現人類眞是喜愛賭博的動物。

據說經營這家「葡京娛樂場」的「賭王」何鴻燊，過去曾對外透露，最大的一次贏家是一次贏了六百萬港幣，折合新臺幣兩千萬。但是一兩百年來，賭輸的人有多少，因賭博而傾家蕩產、身敗名裂，最後導致蹈海、服毒自殺者又有多少？何鴻燊先生大概沒法統計吧？

澳門有一個特色，頭街巷尾，「押店」林立。年輕時候，我時常進當舖，因爲賺錢甚少。有時當西服、戒指，但多半是當手錶。三十年前因買一套文學叢書，把一只精工錶當掉買書，結果沒錢贖當，那只手錶被當舖沒收，至今想起來臉紅心跳。我在澳門參觀了數家「押店」，店門內玻璃櫥櫃陳列著名牌手錶、金鍊、戒指、照像機、打火機等，每種流當貨品都有標價。有一副極漂亮的太陽鏡，只售港幣五百元，我躊躇良久，最後還是空手而歸。因爲我的手錶被沒收過，我不忍去戴人家心愛的眼鏡。

澳門的賭場給澳門政府帶來了繁榮，但也給千百萬賭客帶來了痛苦。近年來，有人建議在宜蘭龜山島、澎湖的離島建立賭場，以增加稅收，杜絕民衆暗自賭博。不過，這個建議恐怕難以實現。我們認爲這個建議永遠別實現的好！咱們臺灣的經濟起飛，成爲亞洲四小龍之一，這不是僥倖得來，而是咱們民生主義制度好，工商企業人才輩出，人民群衆奮發上進，所以才創造出空前的經濟奇蹟。如果臺灣公開設賭場，不出三年，準會搞得天下大亂！

印尼風情

美妙的堡壘

飛機快要在雅加達降落，我倚窗發現混濁的爪哇海面，數不清的各種船隻在航行。從遠處丹絨不碌碼頭，發出忽明忽滅的燈號。四百多年來，千千萬萬的船隻，從丹絨不碌港裝貨，運到世界各地去，那時碼頭附近的巴剎魚乾，終日擠得水洩不通，小販、妓女及各色人種的海員商賈，都抱著冒險的心情來此淘金。將近半世紀的歲月，爪哇島上的天然資源，先後被那碧眼黃髮的外國人運走，但是溫順的、熱愛藝術的爪哇人民，卻依舊世世代代繁衍綿延下來，這怎不歸功於造物者的偉大力量呢？

雅加達Jakarta是荷蘭人取的名字，這個字翻譯出來就是「美妙的堡壘」。它分作東區、南區、西區、北區和中央區，每區都設有區政府處理公衆事務；目前的印尼總統府，過去是荷蘭總督官邸，對面是寬闊的獨立廣場，那兒有一座民族紀念碑。那一幅紅白兩色的印尼國旗，在燦爛的陽光下迎風招展。紅色的象徵勇敢，白色象徵純潔，不過我的感覺是印尼人民溫順、純潔，但是卻看不出勇敢的表現，這也許是氣候的影響。

雖然蘇卡諾執政期間，有不少錯誤觀點，但是他領導印尼人民走向獨立建國之路，確曾贏得人們的崇敬。他是畫家、工程師、政治家，他生前曾被荷蘭人放逐多次，就在日軍統治期間，蘇卡諾發表了所謂「五項建國原則」（註），這五項建國原則仍舊是印尼的政治目標。

也許是雅加達每年有一半的雨季，走到任何地區，常見綠樹成蔭。過去一百年來，雅加達的氣溫從不高於攝氏三十五・五度，也不低於攝氏十九度。不過中午的陽光是強烈的，早晚都很涼爽。我覺得雅加達的氣候比馬尼拉好，這可能和樹木多有關係吧！

在寬闊現代化的加渣馬達路散步，兩旁盡是摩天大樓，銀行、百貨公司、酒店、貿易商號，這其中有不少是華人所經營的。每天上班，下班時間，雅加達市區的堵車問題，比臺北市還要嚴重，時常發生大排長龍、動彈不得的現象，不過，印尼人比咱們的同胞有耐心，絕不亂按喇叭，這件事讓我覺得慚愧，也使我臉紅。

雅加達是一座非常廣闊的都市，人口號稱七百萬，恐怕實際上遠超過這個數字。據說新年期間，雅加達市民去市郊一所大衆化的遊樂場所「尋夢園」的數目，竟達一百萬人以上。但是我在雅加達時，卻看不出摩肩接踵的景象，可能是這座都市的幅員遼闊的緣故。

我到達雅加達的那夜，下了一場大雨，翌晨在馬路上發現運河的水，淹沒了馬路，甚至有些商店也淹了水。據嚮導說，這是一個難以解決的難題，因爲市內的運河，流向爪哇海，每當市區下大雨，或是海水漲潮時，運河的水總會淹沒馬路。幸而只是一小段地區淹水，否則眞是不堪設想。

這條運河已有四百多年的歷史。過去，雅加達的水源困難，許多沿河住家的人們，在運河旁沖涼、洗衣、刷牙和大便。而且人們在運河中行駛小船，成爲運輸的重要工具。當年開鑿這條運河的是一位華僑甲必丹，時在西元一六四八年。現在，這條運河只能點綴都市的風景。有一次我看見一個半裸的男人，在運河中用網捕魚蝦，如果他碰上警察的話，可能還會受到申誡哩。

雅加達目前尙在建設。市區早已修建了高架公路，我曾發現公路橋下，一群工人有的納涼、有的午睡，有的正在吃飯，我見工人捧著飯盒，白飯、一塊豆腐、一點青辣椒，非常簡單。這群工人築路、蓋屋，每日工資比起臺灣，簡直少得可憐！

我在雅加達參觀了甘拔貧民區，許多人家傍依運河，搭建克難木板屋，吃飯、拉屎、睡眠，都在那搖搖欲墜的破舊木屋裡。甘拔貧民區比馬尼拉洞鑼區的貧民少，他們像螢火蟲似的，在那五光十色的霓虹燈前追逐、飛舞，活得卑微、死得寂然。那些在都市中爭逐聲色犬馬的紳士老爺，誰會照顧到這一群人呢？

雖然印尼人民百分之八十信奉回教，一般而言，他們並不排斥其他宗教。過去有人建議將回教列爲印尼「國教」，卻立即遭受否決，因爲印尼人民恐怕引起宗教衝突而導致分裂。雅加達的回教堂，爲亞洲著名的建築物。走進教堂，都是高貴的大理石砌成，旁邊堆著地毯，那是準備盛典時用的。這些大理石都是從中爪哇、蘇門答臘運來的。教堂的正前方，鐫刻著圓形的阿拉伯文字，翻譯出來則是「沒有人能越過神」。

這座偉大的回教堂，樓上分作四層，可容納五萬信徒，下面也可容納五萬人，換言之，它可以同時容納十萬人在此祈禱聚會。樓下有十二支圓柱，每一塊長方形大理石，可容納一個人匐地祈禱。從外貌到結構，都稱得是偉大建築物。

嚮導告訴我，這座國家回教堂建造了十七年，建造期間因經費困難曾一度停頓，於一九七八年開放。而這座偉大的建築物還是蘇卡諾總統計畫建造的，如今終於實現了。

每逢提到逝世的蘇卡諾總統，這位嚮導總是以誇張的聲音表情，向我介紹他的英雄事蹟、風流韻事。蘇卡諾是一個精力最旺的男人，他是伊斯蘭教徒，按照教規可娶四個妻子，他的第二個妻子是部屬之妻，因年輕貌美，蘇卡諾只得「橫刀奪愛」；他最鍾愛的是第四個妻子，也就是衆所週知的日本女人了。

「不過，」嚮導補充著說：「他生前養了不少鹿，用鹿茸滋補身體。他的私生子的數目，誰也弄不清楚。他每天晚上若是沒有女人伴睡，他是不能閉眼的……」

我只是淡淡的笑。說實在話，對於這種內幕性的軼事，我一直抱著「姑妄聽之」的態度，付之一笑。我進而發現雅加達的市區內，如今尚保留著三百年前荷蘭人建築的倉庫。那是他們搜括來的物資，暫時儲存倉庫，再裝上輪船運回荷蘭去。是啊，當年蘇卡若領導印尼人民，將這個群島之國，擺脫掉殖民者的統治，建立「印度尼西亞共和國」，這是多麼激奮人心的事業！

一九四五年八月十五日，蘇卡諾宣佈印尼獨立。荷蘭不承認這個決定，出兵干預，經過四年多的武裝鬥爭，終於在一九四九年十二月二十七日，荷蘭宣佈撤軍，翌年八月十五日，印度尼西亞共和國的國旗，在世界飄揚起來了。但是，荷蘭仍舊霸佔著西伊里安，不肯放手。西伊里安的面積有三十九萬七千平方公里，那兒到如今還是蠻荒地區，尙有少數刀耕火種的原始住民。試問荷蘭人盤據該地，到底是何居心，明眼人一看就會明白的。

蘇卡諾在一九六〇年底，以無比豪壯的口吻，向荷蘭當局發出警言：「當一九六一年元旦，太陽尙未從東方海面升起時，如果荷蘭軍隊不交出西伊里安，我一定發兵把它踏平！」

果然，就在一九六〇年年底，那些碧眼黃髮的荷蘭兵士，灰溜溜地撤出了西伊里安。如今，西伊里安的一種奇異而美麗的鳥，終日在花叢中啁啾、追逐。這種鳥非常珍貴，名叫天堂鳥。西伊里安人民的生活，也比三十多年前改善了些。因爲它畢竟是回到印尼的懷抱了。

雅加達的夜晚，雖然燈光比較微弱，但依然一派紙醉金迷的景象。有一條長達兩公里的街，盡是按摩院、妓女館，是色情娛樂場所，一般遊客是不敢問津的。那晚，我在一家華人經營的「熱海夜總會」吃晚飯、看魔術、菲律賓歌星唱歌，來自臺灣的雷曼娜最受歡迎，我的手掌拍得通紅，因爲我分享了光彩。坐在身旁一位華僑悄悄說：「白嘉莉當年就是在這裡被人家追走的。」

（註）蘇卡諾「五項建國原則」是民族主義、人道主義、民主、社會公平、信仰上帝。

「三保大人」軼事

西元一四〇七年，也就是明朝永樂五年，鄭和下西洋時，曾在印尼的三寶壠Semarang登陸。這種說法可能符合史實。我國早在漢晉時代，便開始和印尼往來，到了唐宋兩代已經往來頻繁，因此印尼在文化上自然深受中國的影響。

直到今天，三寶壠的大覺寺，每年舊曆六月三十日，遠近的華人紛紛前往進香，相傳這是鄭和抵達爪哇的紀念日。距離三寶壠五公里的望安山麓，依山面海，風景絕佳，此地名爲「三寶洞」。洞內供奉著鄭和神像。洞的右側有一座小涼亭，亭內放著一支鐵錨，傳說這是當年三保太監鄭和船上的鐵錨，如今也受到廣大華人的膜拜。

和印尼的華人朋友聊起天來，他們都以親切的口吻，向我講述有關「三保大人」的傳說與笑話。

凡是到過南洋旅行的人，都吃過榴槤。這種熱帶水果顆粒很大，外皮淡綠色，長滿了粗刺，把它切開之後，果肉之間尙有核。如果用鼻子嗅一下，簡直其臭無比，然而吃起來非常過癮。捫心而論，我對這種水果非常懼怕，即使勉強嚐一口，我也會作嘔的。

「你知道榴槤是怎麼來的？」一位祖籍廣東的鄉親，瞪圓了眼珠對我說：「榴槤不是很臭嗎？它是三保大人拉的大便，當然臭了，哈哈！」

這一則滑稽的傳說，從遙遠的年代起，便一直在這塊狹長而富饒的海島上傳誦著。傳說鄭和登陸以後，由於島上氣候炎熱，他時常獨自躲在濃鬱的樹林中看書、散步或是午睡。這位來自大明王朝的英雄，他的一舉一動，都受到土民的濃厚興趣。有一天，一群土人發現「三保大人」蹲在樹底下，解開褲子拉屎。那些隱藏在綠叢中的土人，頭腦簡單，他們實在猜不出鄭和到底在作什麼？過了不久，鄭和站了起來，咳嗽了兩聲，默默走出了叢林。於是，那些好奇的土人一窩蜂跑到原處，恰巧從樹上掉下一只榴槤，他們研商良久，斷定這就是「三保大人」肚中排出的東西。他們吃過榴槤之後，大呼過癮，只是感到「臭一點兒」。從此以後，爪哇島上的人民，便把榴槤稱作「三保大人的大便」。

這些荒謬可笑的傳說，閃耀著中華兒女的光榮與驕傲。我在印尼旅行時候，服務生問我喝什麼飲料，我毫不考慮用印尼話說：「Dei」。其實這是閩南話，由於咱們的同胞長住印尼，才使印尼人民學習了福建語言，文化的影響力，實在源遠流長啊！

我們中華民族，散播到南洋每一個地區和島嶼。他們沒有武力，也沒有刀槍，只是靠了兩雙勤勞的結繭的手，忍受著烈日與飢渴，在那陌生的國土上默默經營。早在七、八百年前，華人便在印尼的重要城市，掌握了經濟上的命脈。華人和印尼人民在血統上雖然不同，但由於唇齒相依、共同生活，所以產生血濃於水的感情。一七四〇年，憤怒的中華兒女連合了反奴役的爪哇人民，與荷蘭殖民主義者發生了衝突，華人被殘殺了一萬多人，這就是雅加達著名的「紅溪之役」。

在日軍侵略印尼的時期，不少英雄的中華兒女和印尼青年在一起，並肩作戰。蘇門答臘的武吉丁宜 Bukittinggi的郊外山坡上，豎有一座高約一公尺的石碑，上書「蘇東華僑反法西斯十一烈士紀念碑」。據說這些華僑青年，爲了保衛蘇島，犧牲了自己的幸福生活，一九四二年九月二十日，不幸被日冠圍捕，他們忍受著殘酷的吊打刑罰，卻從不向侵略者屈服，最後終於慷慨就義。

我懷著沉重的心情，想追思作家郁達夫流亡的蹤跡。從少年時代，他的浪漫主義的詩稿和小說，「風雨茅廬」的柔情與怨恨事蹟，曾一直在腦際迴盪。這次印尼之旅，雖然沒有訪問蘇門答臘，但是我一踏上爪哇島的土地，我就思念這位才華橫溢的新文學作家。這兒沒有冬天，也沒有春天和秋天，只有乾季和濕季之分，現在正是雨季，每天的夜晚，我坐在酒店的昏弱的燈下，凝聽那充滿熱帶情調的印尼歌曲，轉臉向窗外一望，在濛茫的街燈下，正下著毛毛細雨。雨澆起我的茫然愁緒，驀然憶起郁達夫的兩句詩：「燈前愁聽兒笑語，阿娘眞箇幾時歸」。我聽說那位風韻猶存的「阿娘」王映霞，如今尚在上海，但是那個燬家紓難的天才詩人，他卻長眠在印尼的蘇門答臘了！唉唉，燈影閃爍，雨意濛濛，在這孤獨的旅途中，怎不教我對他懷念！

這次在印尼旅遊中，聽到有關郁達夫比較新的軼事。太平洋戰爭爆發前，郁達夫除了在「星洲日報」工作，還尋到一個兼差，爲新加坡政府〈華僑週報〉作編輯。這時王映霞已公開和他仳離，郁達夫在寂寞的異域，認識了離婚的、二十七歲的漂亮小姐李筱英。她是福州人，從小在上海求學，滬語、英語、國語都極流暢，才子佳人，一見傾心，傳說還是李筱英追求郁達夫的，旋即同居。

他們過了半年「只羨鴛鴦不羨仙」的生活，日軍便攻陷新加坡。李筱英是新加坡電臺播音員，隨政府撤到印尼雅加達；郁達夫則在日軍登陸的前夕，乘船去了蘇門答臘，日本強盜拆散了他們的家庭，最後還用屠刀殺害了郁達夫，眞是令人憤慨！

據說在戰火紛飛的年代，這兩位情侶雖無緣謀面，郁達夫卻從收音機中聽到她的熟悉聲音。如今，還留下一首郁達夫的千古絕唱：

且喜長空播玉音，
靈犀一點此傳心，
鳳凰浪跡成凡鳥，
精衛臨淵是怨禽。
滿地月明思故國，
窮途裘敝感黃金，
茫茫大難愁來日，
剩把微情付苦吟。

詩人的願望隨著他的軀體，早在一九四五年七月十五日印尼獨立的前夜，便長眠在蘇島的椰子林中，他沒有親眼看到中華民國的復興，印度尼西亞的獨立，也沒有親眼看見四十年後的印尼華人生活：吃的是大米，穿的是西服紗籠，住的是鋼筋水泥現代化住宅、出門是賓士牌轎車，雅加達、萬隆、泗水、巴東、坤甸，每一個都市的公司、餐館、酒店及銀行，都是華人作主人翁。詩人地下有知，當會發出會心的微笑吧！

我經過的城市，常見華人穿著樸素講究，面色紅潤，聽他們的歡聲笑語，內心感到最大的快慰。路經雅加達時，正值歲暮年關，唐人街上行人如潮水一般，擠得水洩不通，原來許多華人忙著購辦年貨，香燭紙箔、糖果糕餅、鮮花水果，雞鴨魚肉，一派興旺景象；我還在路旁小攤上看見賣紅包的、賣年畫的、賣春聯的，我禁不住吟起「獨在異鄉爲異客，每逢佳節倍思親」的詩句，其實，這怎是異鄉呢？——如果不看那藍底白字的印尼文街牌，我怎會感到此處是異鄉？這兒和臺北的迪化街、濟南的估衣市街、北平的大柵欄有什麼不同？想著想著，我禁不住流下了激動的淚水……

百花園漫遊

在這座濱靠赤道的島上旅行，公路兩旁盡是濃鬱的花草樹叢，五花八門的水果，擺滿了路旁的小攤，那些身材苗條皮膚黝黑的印尼婦女，頭頂農作物，在那紅花綠葉的百花園中赤腳行走。這一幅熱帶海島的圖畫，使你感到生活在陽光與雨水中的人們是多麼幸福啊！

從雅加達沿著高速公路向南駛行，大約四十五分鐘，便到達依山傍水的雨城茂物Bogor。茂物，在古爪哇文字典中，它是「棕櫚樹」，所以推斷在遙遠的年代，此地一定有一片棕櫚樹林。這座小城建築於海拔兩百六十五米的高坡上。它在芝沙丹尼河與芝利翁兩條河流之間，而第三條河芝昂河則從茂物的城北流出去，這三條河的滾滾的河水，混合著一年兩百多天的雨水，向北流進了爪哇海。茂物的南面與東南，便是綿延起伏的沙拉山和邦蘭夫及額勒山，其中前兩座還是活火山。這三座海拔三千公尺以上的山，給予茂物增添了詩意的景致。

茂物植物園名聞世界，它是在一八一七年五月十八日創設的。創設人是荷蘭植物學專家連瓦特博士。剛下汽車，我被一群兜售紀念品的小販包圍，非常頭痛。沿著門外的道路兩旁，盡是水果攤販，每年十二月，是爪哇島水果的收獲季節，葡萄、香蕉、芭樂、紅毛丹、榴槤、椰子，以及說不出名字來的水果。園外排列著不少馬車，馬兒身材小，車內可供三四人合坐，這是當地民衆交通工具。

這座佔地兩百七十五英畝的植物園，園內兩旁種的是巨大的橄欖樹。前面不遠，有一座湖，湖面浮起不少巨大的荷葉。隔湖相望，有一座現代化的兩層樓別墅，它是一七五六年建的「荷蘭總督別墅」，後來在一八三二年被地震摧燬，以後再於一八五六年重建。目前是印尼蘇哈托總統的行宮。

這座植物園擁有一萬多種樹木，五十萬種植物標本，以及藏書六萬多卷的圖書館，和三百多萬種野獸、昆蟲、爬蟲標本的動物博物館，在我們外行人來說，眞是「走馬觀花」，毫無心得印象。看那矗立的高大樹木，有的已百年以上，如今依舊綠意盎然，可是那植樹的人兒卻早已離開人世，這怎不使人興起滄海桑田的感概呢？

我在茂物植物園看到一株世間罕見的植物，當地華人稱它屍體花，學名是Amorphallus。這種花每年僅開一次花，慢慢地開花，慢慢地凋謝，前後經過數十分鐘。這一株看起來並不顯眼的綠葉植物，莖葉不高。我見四周也沒設籬笆維護，看起來印尼人確是很守法的。

在茂物植物園散步，空氣新鮮，鳥聲啁啾，有時還聽到潺潺的流水聲，原來芝里翁河流過園中，所以園內架起不少鐵索橋，供給行人往來。由於植物園面積廣闊，到處可見涼亭供人歇息。偶一抬頭，看見一二隻蒼鷹在樹梢飛翔。人家告訴我：那不是老鷹，而是蝙蝠。仔細望去，才知那眞的是蝙蝠，翅翼呈棕色，正自由地在樹叢之間飛舞。原來此地的蝙蝠甚大，它以水果爲食，所以人可以捕殺而食，可治氣喘病。

從西元十二世紀到十六世紀，茂物曾是巽他王國的首都。在距茂物三公里的巴圖圖利，如今還留有石刻古蹟，上面記敘巴巽丹王國創始人布拉波．拉查．布蘭的業績。直到現在茂物附近一帶的人民，依然使用巽他語交談。在荷蘭統治時期，茂物稱作畢坦塞克Buitenzorg，意指「無憂之鄉」，這兒山川秀麗，物產富饒，廣大的印尼人民生活在百花園中，這怎麼不是「無憂之鄉」呢？

果然，我離開茂物，繼續向東南行駛，但見蒼翠的山巒之間，蓋有不少現代化的別墅。蜿蜒的山路上，常見花團錦簇的景色，使人猶如走進大觀園，眞是無憂之鄉啊！那綠色的茶田，依山傍坡，整齊而遼闊，燦燦陽光下，宛如一片波浪起伏的綠色的海。常見身體健美的印尼婦女，戴斗笠、披雨衣，正在茶田忙著採茶。可惜汽車越往高處環行，霧氣濃重，視線不清，否則可以欣賞沿途的醉人景致。

當日中午，我停留在一個寧靜的山鎮午餐。山鎮叫芝巴那斯Cipanas，約有百戶人家。鎮上道路高低不平，村民都坐馬車代步。有一所小學正當下課，一群濃眉、大眼、皮膚稍黑的小孩，圍著我逗笑。我給孩子拍了照片，便向前走。迎面看見一對男女相偎而過，男的年約二十，女的也不過十二三歲，看起來好似新婚一般纏綿熱情。聽嚮導說：鄉間的女孩，十三四歲，男孩十六歲即可結婚。有的鄉村女孩到了十八歲如果還沒結婚，則被鄰居稱作「老處女」，便無人問津了。這位「老處女」只得含著悲痛的眼淚，離開她的故鄉和親人，到大城市去謀生、找對象，也許會尋到人生的春天。

由於印尼青少年成熟早，結實早，所以死亡也早。由於醫生大多集中都市，鄉村的人病倒幾乎坐以待斃。天災、水災、火災或霍亂流行，造成印尼人民平均壽命僅四十歲的紀錄。蘇哈托總統提倡節育，不久以前，萬隆縣萬香蘭尙落成一座陰莖套工廠，同時印尼還大力推行使用「避孕針」，但是由於印尼人民信奉回教，他們對於生死問題，處之泰然，所以節育是難以徹底解決的問題。

我聽過一則讓人啼笑皆非的笑話：一個十六歲的婦女，揹著一個小孩、領著一個小孩，還帶著一隻公雞等火車進城。不久，火車來了，這個年輕的女孩子（一個年僅十六歲的母親，不是孩子是什麼？）心中一慌，揹著一個孩子，提著一隻公雞上了車廂，等她快下車時，才想起丟掉了一個小孩，拋棄在上車的地方。她雙手掩面，哇哇地哭了起來。旁邊有一個熱心的旅客安慰她說：「妳別難過，丟了小孩有什麼關係，明年可以再生一個，用不著花一個錢哪。可是妳若丟了這一隻大公雞，那得花錢去買呀！」

近代所謂「新馬爾薩斯主義」，它的主張即是節制生育，才能防止工資低落。像目前的印尼人口膨脹，確實使印尼人民難以走向現代化生活。從芝巴那斯向東走，沿途盡是金黃色的稻田，此地出產的稻米，非常有名，色白味香，一般華人家庭，都食用這種米。過去荷蘭統治印尼時期，每年大批的把稻米運到雅加達，再裝上貨船運回荷蘭。這種殖民主義的現象，已經一去不復返了！然而，目前的印尼農民，卻把收穫的稻米賣出去，然後買進廉價的米或其他雜糧食用。這怎不是人口膨脹帶來的貧窮呢！

在通往萬隆的路上，風光如畫，綠叢蔽天，有時看到河流呈醬紅色，有時呈混黃色，這可能由於土質的緣故吧。沿途停歇時，我常在路旁水果攤買椰子水喝，嚮導說，當地人不喝椰子汁，賣給工廠，只吃椰肉。我不解原故，他說椰子汁過涼，對男性賀爾蒙有不良影響。我覺得這種話不合科學道理，只是付之一笑。

那位原籍廣東潮州的嚮導，在寂寞的旅途上，講起八十年前，一個年僅十八歲的農民青年，懷著求生的夢想，搭乘帆船從廣東渡海來到雅加達。過了幾年，他耐不住異鄉的寂寞，便回國把妻子接來印尼同住。當時，這個樸素的青年農民抱著「年輕出外，老時回鄉」的決心，在這塊炎熱的爪哇島上謀生。但是他吃了椰子之後，卻不想回去了。

「後來呢？」我像孩子似的，天真地問他。

「後來，這個農民埋在椰子樹下，一年到頭看椰子啦。」

轉過頭去，我發現他的泛黑的臉孔上，掛著苦笑，眼角充盈著晶瑩的淚花。

蝙蝠追逐的月夜

萬隆Bandung是印尼最美的城市，也是氣候最涼爽的城市。在印尼反荷蘭殖民主義獨立鬥爭時期，駐防萬隆的第六軍區司令部，發揚了勇猛直前的精神，創造了光榮的英雄戰果。這首英雄部隊的軍歌「哈囉，哈囉，萬隆」，依舊在廣大的印尼青少年嘴邊哼唱。

萬隆的四周群山環抱，它海拔七百二十公尺，所以長年氣溫在攝氏二十四度以下，最適宜住家。在市北區一帶，我發現不少豪華的雙層樓房。入夜一片漆黑，只有佣人房間閃耀出微弱的燈光，這證明房屋的主人根本不在此住，這兒只是闊佬的渡假別墅而已。

印尼自一九四五年八月十七日宣布獨立，萬隆一直成爲政治活動中心地。聯合國亞洲遠東經濟會議，國際勞工組織會議，國際糧食會議，同時第一次亞非會議（一九五五年四月）也是在萬隆召開的。

萬隆所以被稱作「爪哇的巴黎」，並不僅是當地的女人講究化妝、服飾，而是住在此地的人們，具有一種浪漫主義的樂觀心情。即使在砲火紛飛的年代，不少人依然悠閒的坐在月明星稀的院子裡，聽古老的巴巽丹歌曲，看燕子和蝙蝠在房簷前追逐，飛舞。彷彿萬隆的人民從來不懂得發愁。

別說萬隆，即使驅車在市郊的山路上，如果司機發現年輕貌美的姑娘走過，有些年輕小伙子故意按一下喇叭，嚇唬走路的姑娘。但是那熱情的農村姑娘，臉不變色心不跳，有時也還會拋給司機一個飛吻呢！

環繞在萬隆四周的群山窪中，放眼望去，盡是青翠的茶園、玉米田、金雞納霜樹園。水果、花卉更是五花八門，把原野點綴得格外嬌艷、美麗。走過每一座山村，常見河水從寂靜的房前淌過去，河水流過村莊、田地，最後再流進滾盪的河裡。路旁的小販，常用長形的塑膠袋，裝著炒花生米、切片水果向旅客兜售。一支烤熟的玉米，僅售一百盾，才合新臺幣兩塊二。印尼的玉米比日本、臺灣顆粒肥大，而且清爽可口。

萬隆北面群山中，有一座活火山名叫「當古萬伯拉務山」Tangkuban Prabu，俗稱覆舟山。汽車爬上那海拔一千八百三十米的高山，下了車，但見雲山霧沼，茫然不清。一陣陣的涼風，夾著寒冷的雨絲，迎面撲來，使我感到十分懊惱。心想今生今世，也不過僅遊一次而已，偏巧遇到濃霧，豈不大煞風景？我跑到休息亭買了四張蠟染畫，剛想登車回萬隆，聽得嚮導喊道：「來看啊，霧散了！」我應聲走近參觀台旁，向下望去，但見眼前是一個牛頭形的火山口，四周盡是硫黃，以及黑色的石塊。三十多年前，覆舟山曾噴發過，在附近引起居民極大的震撼。它有兩座火山口，一個叫「王后洞」，另一個叫「毒氣洞」。由於時間倉促，視線不好，我也懶得去「鑽洞」了，便下了山。但是有關覆舟山流傳的一段神話，卻一直在我的心頭迴盪。

傳說古時候有一個被放逐多年的王子，他回國後，竟與親生母親相愛起來。母親後來知道他原來是自己的兒子，內心非常懊悔，但又不敢說出眞情，於是設法擺脫他。她向王子提出條件，要王子在萬隆盆地上，在一夜之間，造成一個供他們泛舟的湖，不料王子竟然實現了。母親只得求助於神，讓湖水傾瀉，把王子乘的船翻覆，結果王子溺斃了。那艘船變成了覆舟山，湖也就成爲目前萬隆盆地。母親經不起這悲劇的刺激，一頭撞死在覆舟山上，卻變成了王后洞。

據地質學家研究，在古老的年代，萬隆原是一個大湖，以後乾涸了才變成盆地。西元一八一〇年，萬隆只是一片荒草湖坡，後來經過印尼人民的辛勤開拓，才建立起一座花園城市。

走在萬隆街頭，常見「沙羅」（馬車）、三輪車行駛。三輪車修飾得非常漂亮，車伕在後面踩車前進，車內的座位有的對坐，亦可並坐，很有意思。目前印尼首都雅加達的三輪車，已面臨絕跡狀況，每位車伕一天最多可賺五千盾，因爲交通限制條例多，印尼政府採取沒收辦法，以勒令車伕轉業。

那晚，我從一家百貨公司出來，剛走下石階，一輛嶄新的賓士牌轎車停駛面前。正發怔時，從車廂內跨出兩個翩翩美少年，留龐克頭，上著雪白長袖薄襯衫，下身是淡灰色西褲，腳上是印尼最流行的皮質涼拖鞋。最令我矚目的則是這兩位黃帝後裔，好似闖蕩上海灘的「白相人」，每人手上拿著一支白象牙的煙嘴，煙嘴上香煙裊裊上升，看樣子他們是剛點燃的火。這兩位約莫二十出頭的少年，眼睛好像長在頭頂上，別說我這個外鄉人了，即使過往的碧眼金髮女郎，衣冠楚楚的闊佬，也沒放在他們二人的眼裡。只見他們昂首闊步上了石階，消失在燈火朦朧的人叢之間。

「他們是幹嘛的？」我成了劉姥姥，對於大觀園的一切，樣樣覺得新鮮有趣。

「不是去吃宵夜，就是到夜總會跳舞。」一位萬隆朋友說：「像這些有錢的大少爺，印尼到處都是啊。」

爪哇島是印尼的經濟中心，而華人財團在爪哇佔有絕對的優勢地位。從一九六五年以來，印尼的華人學校完全關閉，廣大的華僑青少年，只能從香港、臺灣的影片上，獲得祖國的文化，這是多麼令人寒心的事！人在世間不僅需要麵包與物質享受，更重要的還是文化生活，剛才那兩位美少年的驕傲派頭，就是從香港影片〈上海灘〉上學習的。你想，我怎麼忍心指摘他們？

萬隆的夜晚是寧靜的。馬路上的燈光，和菲律賓、馬來西亞相似，都比臺北黯淡得多，甚至豪華的酒店也是一樣。也許是由於節約電力的緣故吧。街頭的小吃店、零食攤及水果攤的燈火，依然在夜風中搖曳。我看見香煙攤非常別緻，用玻璃櫃存放各種香煙、糖果、萬金油、八卦丹，還售賣來自香港或廣州的成藥。

我在一家錄音帶店選購印尼歌曲，見店內兼售咖啡茶點。店主是廣東潮州人，普通話講的很好。聊起家常話，他概嘆地說：「我們華人生活沒問題，可是沒有政治保障啊。」

他談起距離萬隆不遠的澤巴義Cibatu，一九五九年印尼排華運動，就是從這個城市發動的。不少的華人商店遭受充公、搶劫。直到現在華人談起往事，依然心有餘悸。到了一九六五年，印尼的加里曼丹（即婆羅州）首府坤甸，在少數印尼軍人教唆下，發動了一場血腥的排華事件，不少華人被殺，婦女作了俘虜，那時許多同胞呼天不應、喊地無門，幸而臺灣送來了白米和生活物資，才拯救了那些嗷嗷待哺的骨肉同胞。那位名叫賴增輝的中年人，談起這段往事，禁不住熱淚盈眶了。

「中華民族是了不起的民族，它是經得起打擊的。」他沒有喊口號，他只是用柔和的、莊重地語氣，向我解釋一個鐵的事實。

現在，坤甸比二十年前更繁華了。稍具規模的商店、企業，甚至林業公司的主人，都是講潮州話的華人。老賴還告訴我：每年舊曆正月十四、十五、十六這三天，坤甸的華人舞龍舞獅，歡渡元宵佳節，那種熱鬧的情景和臺灣差不多呢！

臨分手時，賴增輝握住我的手，叮囑我轉達住在臺灣桃園、新竹一帶的坤甸同鄉，讓他們有空來印尼一趟，看一看這兒的變化。

「他們什麼時候去臺灣的？」我孤陋寡聞，不解此事。

「一九六五年排華運動，華人走投無路，他們是被祖國的親人接走的。」

奧巴克河的波影

如果你和日惹的人民聊天，常見他們面露微笑，和藹可親，即使雙方意見不合，也永遠不會爭辯起來。每逢思索這件事，我總想起了〈鏡花緣〉中有一個「君子國」，莫非它描寫的即是日惹？

平心而論，任何人初到一個陌生的地方，都存有戒懼之心。夜間在雅加達街頭散步，我心裡忐忑不安，總擔心從暗處伸出一隻黑手，掐住我的喉管。這是好萊塢影片帶給我的惡劣影響。但是我在這座印尼的古城夜間散步，卻像回到故鄉，感到恬靜快樂。那晚九點左右，街上商店都已打烊，我雇了一輛三輪車，沿著那古老的白色或灰色房屋的市街，漫無目標的前進。

「Batik？」後面踩車輪的孩子，問我是否願意購買印尼布料衣服。

「No！」

街上靜悄悄的。但是穿過一條街，卻見兩旁燈光閃爍，白色布幔圍起一堆堆的小吃攤，燈光映現出布幔上的紅字，我雖不認得印尼文字，但猜得出那是廣告文字。我發現有人在燈下吃東西。有個小攤，見五、六個青年打赤腳，倚牆而坐，一面飲酒吃菜，一面拍手合唱，他們還向我揮手含笑哩。

在荷蘭統治時期，日惹是「特別自治區」，因爲蘇丹的王宮在此。如今它是中爪哇省的省會。目前全市有六十萬人，學生佔了全市人口的三分之一。華人約有三、四萬人，多半經商。這個城市的商店營業時間很奇怪，上午九時起開始營業，到了中午一點休息，直到傍晚五時再開門營業，晚間九時打烊，因此中午的日惹街道，非常清靜，這眞是別具特色的地方。

那三輪車伕帶我在日惹街頭逛了一會兒，發現眼前路旁有一間咖啡店，昏弱燈影下，隱約有人吸煙談話。門口有一盞紙燈，上面寫著TEA。我下了車，給車伕一千盾。便走進店，店內朦朦朧朧，隱約似見一兩個男女在窺探我。我挑了一個幽靜座位。桌檯上放著一盞煤油燈，燈光極弱。這時一位男服務生走近來，問我要什麼飲食？我告訴他「喝茶」。等了很久，那服務生才慢呑呑端來一隻藍瓷茶壺，又遞給我一包冰糖，一隻茶杯。還給我留下一個小籐筐，筐內有黑瓜子、糖果、酸梅之類的零食。光線太暗，我摸索著拆開冰糖密封包，把冰糖放在茶碗中，再拿起茶壺，斟了一杯。抿嘴嚐了一口，不是我自我陶醉，那似甜不甜，說苦不苦的味道，比起咱臺灣的包種茶、烏龍茶相差十萬八千里！

喝苦澀茶、嗑癟瓜子，我抬頭悄悄向左前方打量，一個印尼小鬍子，正輕聲和身旁一個妙齡女郎談話，不溫不火，風度極佳。一杯茶喝完，剛斟上第二杯，不料一位青春美少年，含情脈脈走過來，竟然在我對面坐下，輕露薄唇，用英語向我問道：「先生，你從那兒來？」

「雅加達。」我禮貌地說。

這時，又有一位脂粉氣息濃重的小清年，挨近座位。我按捺不住緊張的心情，便站起來去櫃檯結賬，那服務生眞像「君子國」的人，並不去檢查我吃了什麼零食，只是輕聲告訴我，「四百五十盾。」（註）我付了五百盾，匆匆地走了。直到現在，我還對這個少年感到歉疚，我這樣不辭而別，不知道他會笑我？還是罵我呢？

日惹的街頭巷尾，留下戰爭年代的彈痕與殘壁。一九四五年八月印尼宣佈獨立，但是貪婪的荷蘭殖民者，卻不甘心退出印尼，派出軍隊捲土重來，蘇卡諾領導武裝力量，把日惹作爲臨時首都，向荷蘭侵略軍進行戰鬥。當年，蘇卡諾曾在這個古城發動掃除文盲運動；在尚未獲得國家獨立，便在日惹建設起一座規模極大的國立卡渣馬達大學，可見當年蘇卡諾是有魄力的領導人物。一九四九年十二月二十七日，荷蘭軍終於撤走了，蘇卡諾懷著依依不捨的心情，去了雅加達，他臨走還說他的心依然留在日惹。直到現在日惹人民還記得這句話。

目前日惹有二十多所大學，中小學更是不計其數。我坐汽車駛近學校，曾見兩個身穿白色制服的女孩，站在馬路中心，用右臂自上而下揮舞，姿態輕盈美麗，原來她們是中學生，在下下學顛峰時刻，幫助維持交通秩序。日惹的學校清晨六時上課，十時下課，下午放假，這實在是世界上最舒服的學生。爲了配合回教習慣，此間各學校星期五放假，週日照常上課。我在清晨常見中小學生騎自行車在馬路上飛馳，那正是上學的時間。

從遙遠的年代起，日惹的人民勤勞樸素，安份守己，所以地方秩序比較好。爪哇島在行政上劃分三省，爲東爪哇省、中爪哇省、西爪哇省，各省設有省長、軍區司令。各省的語言與法律也不一樣。但當地居民對外來的人，都習慣以通用語交談，以示尊敬。我在日惹的街道、公路旁，常見一個標示牌，上面畫著「兩個手指」，那是節育宣傳，表示「兩個孩子恰恰好」之意。不管有無效果，這在其他城鄉是看不到的。

一位日惹華僑告訴我：這個地區的公務員，過去六十歲退休，爲了革新工作精神，發揮吐故納新力量。「中爪哇省」從去年元月一日起，公務員強制四十八歲退休。退休的公務員可領取原來工資的二分之一，如果願意再服務，尚可作臨時聘雇工作人員。

從空中俯瞰日惹，它的形狀呈三角形，那波浪起伏的印度洋是它的基礎，麥拉比火山是它的高峰。這座海拔三千米的火山，伸向了沿海平原，地勢崎嶇不平，從山上流下的水都注入奧巴克河。另外還有一條普羅戈河，蜿蜒西流。可能受了麥拉比火山的影響，河水含有硫磺，每天薄暮時分，常有不少農民在河中淋浴，聽說可以治療皮膚病。

日惹的手工藝品非常著名，品質精良的手工銀器、蠟染布畫、皮質背包和提包、彩色油紙燈罩，還有磨光和雕刻的角製品，價格低廉，可能由於外來觀光客少，銷路不太好的緣故。

現在日惹的華人家中，雇用的印尼僕人，從早到晚不停地工作，而且吃主人的剩飯，每月工資最多五萬盾（約值新臺幣一千一百元）。若在前幾年，三百盾便能雇到傭人。

每到中午時分，日惹的氣溫達攝氏三十四、五度，陽光熾熱，商店都已關門休息。我乘此機會去瞻仰王宮。走進王宮，但見綠樹蔭中掩映著一座座的宮殿，那彩繪飛金的圓柱，十字形的樑和瓷磚的地面，看出當年的豪華盛況。走到左面大廳，陳列著三百年前樂器，右面則陳列著皇族結婚使用的花轎、桌椅，由於大廳年代久遠，我竟然嗅到一股蝙蝠的屎臭氣味。走過大殿，發現廣場旁的榕樹下，十幾位皇族侍衛，正在研究經典，還有幾位打著赤腳在打掃院子。

據歷史記載，馬迦巴葉帝國瓦解後，爪哇島上出現了一個強大的回教王國打藍。在十八世紀中葉，王國中有兩位繼承人，其中的一個就是日惹的蘇丹。當然，那昔日的權位，早已被荷蘭殖民者所代替，如今只是靠政府供養而已。現在的「國王」哈米古阿諾九世，有四妻，二十二個兒子，他今年七十六歲，據說有時他還在侍衛扶持下，走出皇宮內院聽音樂、會見皇族親眷；雖然那封建的制度早已被牆外的現代化轎車輾碎，但是它留給日惹人民的樸素而進取的高貴品質，卻永遠像奧巴克河的流水，浩浩蕩蕩，湧泛前進……

（註）目前一元新臺幣約換印尼幣四十五盾。四百五十盾，才合新臺幣十元。

瞻仰婆羅浮屠佛塔

日惹所以聞名，固然它是一個文化的古城，附近有著名的佛塔古蹟，更是吸引遊客的重要原因。

遠在西元五、六世紀前後，印度人便飄洋渡海，進入印尼，更以爪哇爲中心建立了「馬迦巴葉帝國」。這個帝國尊重印度宗教，先後修建了許多佛塔廟宇，建立了佛教學院。不少印度青年和印尼青年通婚，打破了民族界限，因此印尼成爲印度宗教聖地。

所謂「爪哇」之得名，是由印度送給它的。印度人把稻米叫做Djelai，爪哇因產稻，所以印度人稱爪哇爲「產稻之國」。我參觀了日惹附近的佛塔，恍然悟起在中世紀時，這兒的印度文化已呈現一派蓬勃的氣象。

日惹近郊有個地方叫普朗班南，夕陽斜照中，在荒野中矗立著幾座黑色岩石砌成的佛塔，和過去我在印度看到的差不多，走近一看，端的相似。有兩座早已倒塌，那是三百年前，麥拉比火山爆發引起強烈地震，把這兒的佛塔震垮。從一九七一年起，日惹有關機構著手整修，如今尚未修好，我去參觀時，還看見一座倒塌的佛塔旁，堆了一些石塊、沙包，有的佛塔還搭起了鷹架。這些佛塔是印度教（亦即婆羅門教）的，聽說尼赫魯來印尼訪問時，對於這些一千年前的古蹟，感到濃厚興趣，這已是三十六、七年的舊話了。直到現在，印尼尙有百分之五的人民，信奉印度教，百分之五信奉佛教。印度教徒最集中的地方，乃是峇里島。

那座被稱作世界七大古蹟之一的婆羅浮屠佛塔，是在馬吉朗市南部的文池蘭鎮，距離日惹三十九公里。這座屬於佛教的偉大建築物，大約在西元八五〇至九二五年之間建築的。因爲沒有史料留傳，所以詳細的情況一片茫然。

說起來非常有趣，當十七世紀初，一群農民在清除一片繁茂蒼翠的山林，竟然發現這座巍峨的佛塔。這座佛塔的精美雕刻藝術，閃耀著一千三百年前古爪哇的文化光芒。

在前往馬吉朗的公路上，經過一個小鎮，看見許多婦女揹著竹筐，筐內裝滿農作物，到市集上去。原來此地的村鎮，也有定期的市集活動，人群擁擠，如同我國北方人「趕集」一樣。

距離婆羅浮屠佛塔兩公里處，是謂「正門」，有一座Tjandi-Mendut（註）陵廟。廟內有三尊石雕佛像，距離婆羅浮屠佛塔下面還有一座陵廟，叫做Pawon，意即「後面」。換句話說，一千三百年前建築這座佛塔時，曾在佛塔前後蓋了「正門」與「後門」，這眞是通過藝術匠心的偉大傑作。

婆羅浮屠佛塔建築在海拔一千三百米的山坡上，原來「婆羅」Bodo者，「高地」也；「浮屠」Budur者，「僧院」之意，因此它的原名應是「高地僧院」。因爲一九八六年一月二十日的夜晚，恐佈分子用炸藥炸燬了第一個蓮花座，所以進門的時候，都要接受檢查，免得再發生意外事件。

我懷著思古之幽情，隨著人群走過一段山路，開始攀登這座五百米高的佛塔。正面是東方，可以直達塔尖，那是「極樂世界」，而最底層則爲「地獄」，地基面積大約五百平方米。佛塔共有九層，每層的環壁都雕刻著釋迦牟尼的生前事跡，七、八世紀的人民生活狀況，如家室、船舶、墳墓、寺院。下面五層爲四方形，上面三層爲圓形，最上一層是巍然矗立的傘形尖塔——「極樂世界」。如果把每層環壁上的雕刻排成一條直線，最少有十公里長，想一想，這在一千三百年前是多麼偉大艱鉅的工程！

在四方形的階層上。每隔不遠有一佛龕，佛龕中各有佛像端坐其中，總共有四百三十二座。由於印尼過去發生宗教衝突，歷代來破壞石佛的甚多，有的缺頭，有的斷臂，我參觀時見有工人正在整修。

在扁圓形的三層階層上，共有七十二座蓮花座，每一座內都有一尊石佛。如自上而下計算，第一層十六座，第二層二十四座，第三層三十二座，加起來則為七十二座，每一層的蓮花座數目，皆為八的倍數，因為佛家向有「八種學說」的緣由。聽當地人說，如果從這些蓮花座的洞孔伸手進去，觸摸到佛像的手掌的話，就會走好運，那是「得心應手」之意。

我沒有興趣去嘗試這件事，一方面我的手臂短，難以「得心應手」，再說眼前美麗的風景，如詩如畫，如夢如幻，那青翠的山巒包圍著這座巍峨的佛塔，腳下的椰林、田野、村落，一片恬靜安和的景象。據說西元八五〇年，當時的夏連特拉國王，動員了數十萬工人，費了四十年時光，才建築起這座佛塔。為什麼興建這麼偉大的工程呢？據說佛教主在印度升天後，遺體即被火葬，而東方信奉佛教的城市，都先後爭取佛主的骨灰收藏。因而興建了這座佛塔，把佛祖的骨灰埋在裡面。但是如今已經沒有人知道骨灰藏在何處了。

到了十五世紀，回教傳入印尼，佛教信仰受到挫折。據說許多佛教徒為了保護這個古蹟，所以把它用泥土封藏起來。但也有傳說當時火山爆發，故遭埋沒，直到十七世紀才被當地農民發現的。

我掏出手帕，擦去臉上的汗水，揹著相機，默默地走下婆羅浮屠佛塔。望著那眼前的青山綠水，聯想起一千年前的馬吉郎，人口稠密，土地肥沃，它是爪哇島上最繁華的地方。不然，何以在這座山坡上建築這麼巍峨的佛塔呢？我回首向佛塔留戀張望，又想到一千多年前，沒有吊車、沒有怪手，也沒有汽車，一塊塊巨大的岩石，是依賴人的雙肩扛上山的；一尊尊的石佛，是工人一斧一鑿雕刻而成的，這種人定勝天的創造力量，是何等偉大啊！

經過馬吉郎的途中，我看見蘇賓山上白雲繚繞，普羅戈河的溪水，歡暢地流淌著，灌溉了蔬菜園與稻田。這兒的稻米每年收成三季，人民每日三餐都吃大米，水果多，而且便宜，一只榴槤才合新臺幣二十元，足夠一家四口吃得過癮。眼前的一片美麗的熱帶農村景色，眞是讓人流連忘返啊！

但是，馬吉郎在印尼獨立初期，卻遭受砲火的洗禮。在一九四八年十二月到一九四九年七月間，荷蘭侵略軍的砲火，摧燬了馬吉郎的商店和旅館，因此有二十多年，遊客望之卻步。直到近十年來，新的現代化的旅店、游泳池和網球場，在靠近婆羅浮屠佛塔附近建立起來。從澳大利亞、美洲或亞洲等地來的遊客，川流不息，從雅加達搭國內班機飛到日惹，再轉到馬吉郎進行觀光活動。聽說最有興趣來爪哇觀光的則爲荷蘭遊客，他們抱著什麼心情來此？大概和日本年長的遊客，到臺灣觀光的心情差不多吧！

讓那些殖民主義者的夢醒了吧！那不合理的時代的垃圾，都投擲在滾蕩的普羅戈河的河水中，它已隨著波流沖進印度洋去了！

（註）Mendut，竹樹也。判係過去這兒是一片竹林。有些人尙不解，這座陵廟是「正

門」，Pawon是「後面」，它們與婆羅浮屠佛塔是相聯的建築，而非孤立的建築。

湖山椰林入畫來

站在霧氣濛茫的金打曼尼鎮的高坡，眼前呈現出一座圓錐形的的火山，它噴出來的黑色岩漿，把山坡下的荒草湖坡燬掉一圈兒，十幾個竹籬茅舍，星兒般地隱沒在黑色的岩漿之間；我裹緊了夾克，似覺寒意，向右方一望，但見那一片深藍色的峇都湖，恰似一面鏡子，嵌鑲在眼前的峇都山與湖後面的羅亞公山之間。這寧靜而美麗的景色，使我如夢如幻，拿起照相機，對著這如詩如畫的鏡頭，心底禁不住感喟地說：「峇里島是畫家來的地方，像我這般的凡夫俗子，來這兒做甚麼？」

如果用我國古代文人的話，「人在圖畫中」來形容這兒的人，實在最恰當。看那雲山霧湖、翠綠田野、古樸廟宇，以及畫盤似的層層梯田；那些善良的、摯樸的峇里島人民，一年到頭過著恬靜的農家生活，如果不受到外來觀光旅客的騷擾，峇里島眞是世外桃源啊！

也許受了印度教的影響，峇里島的人民，經年累月笑口常開，即使親人不幸去世，他們也不會輕易哭泣的；因爲他們認爲人死後可以轉世，走向另一個世界，由此推論，人活在世間猶如過客，這種瀟洒而豁達的人生觀，活得是多麼逍遙自在！

就拿眼前這座海拔一千七百一十米的峇都山麓的農家來說吧，每次火山爆發，總會燬滅了茅舍、人民和家畜。當地政府促勸農民搬家，可是他們卻堅持不搬，那種虔誠的宗教感情深入人心，似乎和我國儒家思想「死生由命，富貴在天」一樣，你想他們怎會懼怕火山？導遊向我講了一句玩笑話：「這兒的醫生開刀，開死人也沒關係，因爲當地人民認爲那是神讓他死的。」

這座被世界上矚目的鑽石似的小島，叫作峇里 Bali是不相稱的名字，古代的記載它叫極東島Pulau Dewata。早在一千三百年前，它還沒有受到爪哇人注意的時代，咱們中國已和峇里有了貿易往來。如今峇塘博物院中，還珍藏著「開元通寶」錢幣，這是讓碧眼黃髮的洋人無法否認的史實。這些純樸的善良的峇里島人民，無憂無慮的生活著，享受日光樹叢和新鮮的空氣。那皮膚稍黑、身材苗條的女人，赤裸著半身，頭頂祭物，到神廟中去拜神；而男人們卻悠閒地抱著雄雞跑到柳樹蔭下去鬥雞。根據史料記載，西元十世紀，印度文化已在爪哇、峇里普遍穩固。但自馬迦巴葉帝國覆亡，峇里島陷入艱苦的時期，由於島上的人民信仰堅定，隔離爪哇有一道海峽，雖然回教在中世紀擴張時，卻始終影響不了這個世外桃源。

儘管荷蘭早已佔領爪哇，但是荷軍攻打峇里島卻煞費苦心。一九〇六年九月二十日，荷軍先以軍艦靠泊山奴爾Sanur登陸，並以艦砲轟擊峇塘城，峇塘王自動放火焚燒王宮，親自率領兩百多名人民，換上白袍，拿著長矛短劍，抱著「寧爲玉碎」的教徒精神，向侵略者進行反抗。這是峇里島歷史上著名的Puputan戰爭。荷蘭直到六年以後，才眞正統治了這個美麗的島、畫家的島。

峇里島的雕刻，尤其是繪畫是享名世界的。這和峇里島的自然環境有關。剛才提到荷軍派軍艦到的山奴爾，它距離峇塘才六公里，是一個美麗的海灘。一九二九年，一位年近半百的比利時畫家賴梅斯來此旅行，他被這誘人的景色迷住。每年山奴爾有兩次浴水節，島上青年男女在節日的夜晚，在河溪中裸體游泳。賴梅斯在河畔築起畫室，雇了一位美女波露Plook作模特兒。後來，畫家和波露產生了愛情，他們便宣告結婚。如果賴梅斯還活在人間，已是一百零六歲了。不過他的那幅題名〈早晨〉的油畫，依然留在峇里，另一幅〈黃昏〉則早被蘇卡諾收購了去。

我對繪畫是門外漢。這次在峇里島的烏布Ubud村，看了那堆積如山的繪畫作品，實在驚訝不已。烏布村是畫家集中地。作品有的是神話人物，有的是農村風光，有的是峇里人民速寫。我出門向來不愛購物，尤其是不敢冒充行家，但這次我卻萬里迢迢，買了一幅油彩畫回來。在峇里一家茅舍門前，背景是一片葱籠的椰林，一座神廟隱沒在綠色的海中；東方破曉，一位少婦頭頂木桶，身著紗籠走出門去。這幅畫才花了美金二十元。唉唉，天下藝術家同樣可憐，怎不令人浩嘆！

通過我對峇里畫家的觀察，我姑且發表一點意見。因爲峇里的風光如畫，高山、湖泊、椰林、廟宇，這大自然給予青年無限的啓發，因而繪畫呈現一種奔放自由的生命氣息。峇里島重男輕女，男人可以娶四個女人，任何繁重工作皆由婦女擔任，而男人則終日躲在椰子樹下，作白日夢，這種藝術靈感便是從白日夢中得來。這恐怕不是我的謬論吧？

從考古學家鑑定，新石器時代石棺的發現，可以肯定印尼在西元前兩千年就有了文化。到了第一世紀，印度的成熟的文化傳到峇里島，更溶合與飽滿了峇里的藝術。這種從自然到幻想的過程，激發了峇里人民對繪畫藝術的創作熱情。總的來說，峇里畫的獨特風格是，整幅畫空白很少，畫面充滿粗細線條，落葉樹枝的筆法極似中國山水畫。說句坦率的話：目前臺灣的繪畫水準，比峇里島相差甚遠；最可貴的則是峇里島上見不著畫家，也從其作品中嗅不到絲毫商業氣息。

如果說峇里島人民受不到觀光客的不良影響，那是空話。過去，島上婦女一年到頭都是赤裸半身，不管下田勞動，上街購物，頭上頂著東西，兩隻泛紅的大奶子搖晃不停。後來外來的觀光客，老是盯著人家乳房，而且一些不學無術的人，用誇張而變態的筆法把它描寫成「裸女島」，最後引起峇里婦女的嚴重抗議，於是她們也「文明」起來了。

按照印度教規定，婦女去神廟膜拜時，一定要先洗盡全身的汗水泥垢，以示尊敬。峇里島氣候炎熱，婦女有時在河中沐浴也是很自然的事。我在丹巴西林Tampak Siring參觀「聖泉」，竟然看見兩個婦女半裸上身在河中浸水。聽說五十年前荷蘭皇家輪船公司爲了吸引遊客，故意招貼裸女海報，到處宣傳。可是峇里島人卻毫不知情。後來印尼獨立以後，爲了榮譽，已經強令婦女穿上衣服。這是一件讓人感慨的事情。

生長在峇里島的女孩是不幸的。目前全島二百五十萬人，男女比例一比三，聽說三十年前爲一比七。在男少女多的情況下，女人的命運可想而知了。峇里女孩十三歲成熟，一般到了十六歲結婚。結婚有「逃婚」、「搶婚」等多種，不外是由於門戶、貧富因素造成的。島上婚禮通常在傍晚五六點鐘舉行。新娘全身著白色衣服，保持印度教的習俗。新郎則用小刀扯去她的頭巾，便在新房中相擁而眠。外面，隔了一道布幔的親朋好友，拍手唱歌，由年老的男人問道：「喂，新郎新娘辦完好事沒有？」不久，一對新人相扶去浴室沖澡，然後再出來舉行婚禮，接受親友的祝福。

峇里女人結婚之後，一天到晚操持家務、農田，卻不敢和丈夫頂嘴。丈夫討妾，應向她作形式上的請示，她只得答應。一般男人可娶四個太太。唯一可取的，大太太有繼承丈夫遺產的權利，其他的妾年老後自己謀生。峇里女人是不敢離婚的，因爲離過婚的婦女都被認作「人間最低賤的人」。這種不合理的制度，如果不革除的話，峇里島永遠走不上現代文明的道路。

峇里島的女人，在二十世紀九十年代的今天，依舊保持著堅貞純潔的愛情，比起亞洲其他地區，應該引爲驕傲。我在峇塘看了一場傳統的「獅舞」。那出場的舞女，長髮披肩，頭戴黃花冠，中間插了一朵紅花，面貌清秀姣美，舞起來頭、肩、四肢，甚至連水汪汪的眸子，也配合得優美動人。直到現在，她們的美妙的舞影依然在我的眼前晃動……

赤道上的明珠

在這個被稱爲「千廟之島」的峇里旅行，到處都見到古樸莊嚴的廟。一九一七年大地震，曾經摧燬了峇里兩千四百座以上的廟，如今唯一可以辨認的舊蹟，則爲門上雕刻的一個巨人和一隻鷹。

峇里島每戶人家，都有神龕，看起來像一座小高塔，砌蓋在住家的庭院或後院，這是用來供奉祖先的靈魂。在每個村鎭都設有三個廟堂，一是公祠、二是普施Puseh、三是蘇柏克Subak。因爲印度教供奉的神，說是有三億三千萬個，最主要的是梵天、偏照天神和大自在天神。過去每年四月中旬，峇里島上八個土王都要到北沙基神廟參拜、焚香、舞蹈，到處瀰漫一片熱烈的宗教氣味。總的來說，在峇里島的任何角落，都可以發現廟宇，這豈僅是「千佛之島」呢？

也許島上氣候炎熱，許多農民的臥房，都是兩面靠牆，兩面臨院。高床擺在牆角，男女主人在床上睡覺，在床下蓆地談話，外面的人一目了然，毫無隱秘性。我有點納悶，那家男主人如有四個妻妾，他是如何安排住宿問題呢？峇里島上兩面臨院的臥房，固然通風涼爽，我想可能它有逃避地震的功用。峇里島的地震最多，嚮導談起一九七三年中國大陸唐山地震那日，峇里島也發生強烈地震，雖有八點五的強震，卻僅摧燬一家農舍，人畜毫無傷亡，這大概可以爲我的觀點作證。那嚮導還說，如果發生左右搖晃的地震，人民毫不在乎，只是對於上下顚動的地震，人民才走出房外，因爲那種地震最能造成災害。

由於島上人民的宗教情感濃重，對於「善有善報，惡有惡報」的意識，深植人心，因此極少發生盜竊或是詐騙事件。去年春天，一位從泰國來的旅客，在酒店遺失了五條黃金，他氣急敗壞地去報警。那個峇里警察堅決不相信發生這種奇事。在峇里人的觀念中，如果偷竊他人的錢財，「三代不吉利」，結果那位泰國旅客還是在他房間內找到了黃金。峇里人非常摯樸誠實，借貸不用單據，只是像上海人的口頭禪，「閒話一句」。有時我遇見面色黝黑醜陋的男人，有些害怕。其實那是我的敏感心理，對方不僅不厲害，而且是溫和有禮的人。如今回憶起來實在覺得慚愧。

早在荷蘭盤據時代，峇里已開始發展觀光事業，因此它帶來的污染也很嚴重。走到任何地方，兜售工藝品的小販，追得你眞是頭痛。當然有的商販，也學會了向老外敲竹槓了。不過，峇里人民還是比別的地方好，這和他們具有虔誠的宗教信仰有關。

我在風光如畫的丹巴西林，聽當地有關「聖泉」的傳說，古時候此地被妖魔陷害，人民喝了水便中毒而死。後來，土王便拔箭向地面射去，箭頭插進土中，竟會噴出甘美的泉水，從此解除了這場災難。泉水從葱籠的山裡流進第一池，只許病人洗浴，再流入第二池，供男人洗浴，最後第三池才准婦女洗浴。看起來峇里島的婦女們，永遠居於卑微的地位。

從聖泉抬頭向山上望去，林木蒼翠之間，現出一座現代化的別墅，連結的一條棧橋，掩映著濃鬱的樹蔭。我暗自讚嘆地想，這是那位幸福的人，住在這伊甸園中呢？聽嚮導說，五十年代初，蘇卡諾花了數百萬盾，在半山上蓋起這座迎賓館。每到度假時間，這位懂得生活享受的總統便住在這裡。嚮導指著半山腰的一間休息亭說：「過去男女都在池中洗澡。蘇卡諾拿著望遠鏡，最愛偷看美女出浴。」過去有人常發現蘇卡諾伴著他的日籍夫人在林蔭小道散步，所以傳說這座迎賓館是爲那個東洋婆子蓋的。

自從蘇哈托接任印尼總統，便下令不准人民在池內裸體沐浴，只作參觀。不過，我在聖泉外面的小池中，還看到不少男女穿著衣服在洗浴。泉水清澈涼冽，正是消暑的好地方。

在距離烏布五公里的南方，也有一個水池，水源從浮雕的神像手中流出來，流進池中。聽說這座水池是一九五四年從瓦礫堆中發現的。水池的北面，即是著名的古蹟象洞Goa Gajah，走進那低矮黑暗的洞，兩旁岩壁上有雕刻的樹葉與魔鬼，也有蠅與被縛的豬。洞口頂端有一個巨人頭，那是用以鎭守洞門的。象洞內部呈「T」字形，洞內有佛洞十五個。因爲佛像前燃著油燈燭火，洞內散發出嗆人的煤煙氣息。這象洞是十一世紀的遺物，聽說它原是一位教徒長官的住所。

我在峇塘酒店住宿，時常聽到年輕侍者發出「格渣，格渣」的叫聲，夾雜一片嬉笑。原來這是模倣猴子的啼叫。島上的尙額Sangeh村附近的山，俗稱「猴子山」，山上的猴子成群結隊，惹人喜愛。峇里的「猴子舞」，非常著名，它已演出了將近百年。演出時都在晚上，場中央點燃一盞高腳椰油燈，一群健壯的赤背的男人，團團圍繞在燈火的四方，至少有上百人，那代表了猴群。他們忽而雙手擎天，抖顫十指，亂擺雙肩疾聲呼嘯，忽而又仰後倒在地上。在表演進行時，不時發出粗啞的「格渣，格渣」聲，以及偶而發出的「卓，卓」聲。

這齣「猴子舞」的劇情，極其簡單，一位古代的國王，把美女拉芝瑪搶走，引起猴群的不滿，便急忙奔告美女的丈夫拉瑪。拉瑪奮不顧身前往尋找國王，但國王卻命其弟化妝魔鬼，並想以毒蛇害死拉瑪。結果是拉瑪求助天神，天神派出神鳥解救危難，結束了這個大團圓的舞劇。我發現在演出時，每個演員都非常賣力，坐在「猴群」中的領唱者，歌喉渾圓悅耳。出場的男演員右耳戴白花，女演員的花冠上點著一支香。雖然「猴子舞」上演了百年，但是它一直保留傳統的藝術風格，所以觀衆如潮，歷久彌新。

峇里人民富於藝術才華，乃是大自然環境促成的。島下的少女身材苗條，由於頭上頂物品，自小養成挺直腰幹的習慣，所以保持健美婀娜的身段。同時，她們愛好舞藝蔚成風氣，即使參加了職業舞蹈團體，也沒有商業化氣息，這是峇里藝術獲得蓬勃發展的潛在力量。峇里的舞蹈的特點是重於韻律而不重於旋律。但峇里的音樂旋律，基於一種琴的敲擊，而樂隊指揮則是執掌著銅製雙面鼓，用發出來的韻律來指揮演奏；也只有在動作、韻律合而爲一之後，演員才能恰當地表現出內心的眞實情感。

峇里少女的舞蹈，多靠膝部的活動，所以表情都集中在手臂與面部，如果她的情感不集中，是難以表達喜、怒、哀、樂的情緒。同時這些具有宗教意味的舞，大多在白天表演，而且和觀衆打成一片；在沒有燈光，佈景的遮掩下，峇里的舞者只有努力揣摹角色，研究劇中人物的心理變化，你想他們的演出怎不感人呢？

峇里島是詩人島、畫家島、舞蹈家的島，也是英雄島。在第二次戰大期間，日軍首先於一九四二年二月底，攻陷峇里島，作爲侵犯印尼的跳板，當時島上青年以宗教徒的堅強意志，和日軍進行戰鬥。後來日軍撤走，荷蘭軍捲土重來，峇里島青年拿起長矛、土槍，向荷蘭侵略者進行殊死的鬥爭。

陽光照耀著寂靜的大般南山，在山麓下有一個墓園，那兒埋葬著六百多個爲反荷獨立戰爭犧牲的青年。嚮導告訴我，這墓園內還有數位原籍廣東的英魂。目前峇里島有三萬華人，生活還都不錯。